戦争と弾圧

三・一五事件と特高課長・纐纈弥三の軌跡

纐纈 厚
koketsu atsushi

新日本出版社

はじめに　戦争と弾圧は表裏一体ではないか

纐纈彌三とは誰か、特高とは何か

読者の皆さんは、纐纈彌三《こうけつやぞう》（以下、本文では弥三と略字を用いる。著書名などでは「彌」のままとする）という人物を御存知だろうか。

一九二八（昭和三）年三月一五日に起きた、いわゆる三・一五事件、さらにそれに続く一九二九年四月一六日の四・一六事件。御存知の方は、この二つの日本共産党弾圧事件で陣頭指揮を執った警視庁特別高等警察の課長であった、と想起されるかも知れない。

以後特別高等警察を特高と略す。その場合には、警視庁だけでなく全国に配置された特高をも含めることにする。

警視庁特高課長の職名で纐纈弥三は、弾圧史や日本ファシズム史に少なからず登場する。だが、この人物が一体如何《いか》なる思想や社会観・歴史観を抱く人物であるかについては、余り関心の対象とはなってこなかった。

取り上げられたとしても、そこでは戦前期の日本共産党を撲滅《ぼくめつ》することに使命感を抱く天皇制官僚の典型的な人物として、徹底批判の対象でしかなかったのではないか。

その纐纈弥三を警視庁特高課長時代の日本共産党弾圧との関連だけで捉えるのではなく、一人の内務・文部官僚として、また戦後、政治家に転出する時代を含めて通観する試みは、これまで皆無と言って良い。

つまり、時代を映し出す鏡としての役割を負っていない、とする判断が少なからずあったのかも知れない。しかし、本書は彼が戦前戦後を跨《また》ぐ、一人の歴史の証人である、との認識のうえで書き進めている。

そもそも本書で繰り返し登場する特高とは、如何なる組織であったのか。その歴史を少し紐解《ひもと》いておきたい。

時系列的に言えば、警視庁の警視総監官房高等課から特別高等課（特高係及び検閲係）を分離した一九一〇年が一つの画期となる。この年は、朝鮮併合が強行された年に当たる。植民地帝国日本が、台湾に続き朝鮮の植民地支配を開始した年だ。

大陸進出の足場を築いた日本は、以後中国大陸に覇権を拡げ、大陸国家日本への飛躍を志向していく。

そのため大阪府にも、同年に大阪府警察部長直属の組織として高等課別室が設置され、それが翌年の一九一二年に特別高等課に昇格している。

警視庁の特高課と時を同じくして、特高が大阪府に設置されたのも、大阪や神戸が大陸との間のヒト・モノ・カネの流れの中心地であったからだ。言い換えれば、同地は大陸侵攻の出撃の地でもあったのである。

一九二八年の三・一五事件を契機に特高組織の拡充に拍車がかかり、東京府の警視庁や大阪府の警察部の事例に倣《なら》って、特高組織の全国化が図られていく。そして、満州事変の翌年一九三二年六月、警視庁の特別高等課は特別高等警察部に昇格する。[1] 以後、強大な治安弾圧機構として敗戦に至っている。

同時進行した戦争と弾圧

特高は日本の戦争政策を遂行するうえで、障害となり得る組織・団体・人物を徹底して監視・検挙・弾圧していく組織である。そこでの大義名分こそ、国体思想の厳守であった。

1　特高組織に関する文献は数多《あまた》存在するが、ここでは大野達三『日本の政治警察』（新日本出版社、一九七三年）、森川哲郎『拷問』（図書出版社、一九七四年）、「赤旗」社会部編『証言　特高警察』（新日本出版社・新日本新書＝一九八一、一九八一年）、荻野富士夫『特高警察』（岩波書店・新書、二〇一二年）等を挙げておく。

それによって戦争遂行の円滑化が図られる。戦争遂行の円滑化のために、強行されたのが一連の苛烈な弾圧であった。

逆に言えば、苛烈な弾圧なくして侵略戦争も植民地支配も、遂行・貫徹できなかったと言える。それが本書の書名を『戦争と弾圧』とした理由である。

日本の軍隊が侵略戦争の〝直接的な担い手〟だとすれば、特高は侵略戦争を内側から支えた〝間接的な担い手〟と言える。この二つの暴力装置が、日本の侵略戦争を日本の敗戦まで推し進めて行ったのである。

もちろん、その背後には財閥を筆頭に、右翼組織や宗教界など数多《あまた》の戦争支持勢力が存在したことは言うまでもない。

なお、本書で「戦争」という場合は、戦前期日本が行った侵略戦争のすべてを示す。なかでも本書では、一九二七年から一九二八年にかけて強行された三次にわたる山東《さんとう》出兵に注目している。山東出兵の間に三・一五事件が引き起こされたからである。それが、一九二八年五月三日に日中軍事衝突（済南《チーナン》事件）を引き起こし、同月九、一〇日には、日本軍の攻撃により済南の住民と兵士併せて死者三六〇〇名から六〇〇〇名余、負傷者二〇〇〇名前後の犠牲を強いることになる。中国の甚大な犠牲は日本軍による無差別砲撃と市内掃討作戦中に起きた虐殺によるものであった。

山東出兵は、満州事変を起点とする日中一五年戦争の呼び水となった戦争と位置づけられる。山東出兵で示された中国への侵略と虐殺の事実こそ、日本の戦争の本質そのものであった。それが形を変えて、先んじて国内で強行されたのが三・一五事件であったと言えよう。
その意味で、同時進行した戦争と弾圧を、表裏一体のものと把握すべきではないかと考える。

生き残った特高組織

最盛期には七五〇名余に達するとされた特高課員は、全国の知事に統制される県警察部長の指揮下に置かれた。だが実際には、内務省警保局保安課長の直轄下に置かれ、県を跨いで中央の命令によって自在な活動を行っていた。

本書の最後でも少し触れるが、特高の組織は敗戦を契機にＧＨＱの「人権指令」によって解体に追い込まれる。同指令の第四項には、「内務大臣、警保局長、警視総監、特高警察官を罷免《ひめん》すること」とされたからだ。

これによって合計でおよそ五〇〇〇名に及ぶ内務官僚や特高関係者が、その職を解かれ、その一部は公職追放される。

しかし、特高警察組織の存続と再生を求めた政府関係者や旧内務官僚たちは、解体される前に内務省警保局内に社会不安の除去や秩序維持を名目として「公安課」の設置を実現させた。一九四六年八月一日のことである。

そして公安課は、現在では公安一課（警備警察の運営に関する調査、企画及び指導等）、公安二課（警衛、警護などに関する業務等）、公安三課（警備情報の収集、整理などに関する業務等）に分けられる。

また、内務省には、一九四五年九月に調査部が設置され、翌年の一九四六年八月には調査局に格上げされた。これが種々の変遷を経て公安調査庁となっていく。

その一方で、内務省自体は一九四七年に解体され、自治庁（後自治省）、建設省、厚生省などの官庁に分岐していった。

現在、警視庁は公安部を設置し、道府県の警察本部には公安警察として警備部に公安課を設置している。

このうちで総勢一一〇〇名の陣容を持つ警視庁公安部の公安課は、五課体制を敷いた。また、地方警察においても公安課の充実が優先事項となっていた。

例えば、神奈川県警の警備部では、公安一課から三課までと外事課、警備課、危機管理対策課の計六課の体制を採っていた。また、大阪府警には警備総務課、公安一課から三課までと外事課、警備課、警衛警護課の計七課体制がある。

その後、組織改編や陣容に多少の変動もあったかもしれない。

しかし、このように自治体によっては、地域の事情により公安部門の体制に差異があるものの、現在においても特高組織を基底に据えた公安部門は、日本共産党を含め民主団体を、国家にとって危険な組織という視点から監視態勢も敷いている。

これらのノウハウには、戦前の特高組織の歴史と経験が活かされているのだ。特高組織については第三章でも触れることにする。

戦前日本国家と治安維持法

それでは現在まで形を変えて生き残った特高のような警察組織が、戦前において何故《なにゆえ》に創設されたのか、という疑問も出て来よう。それは戦前日本の国家体制から必然的に生み出された国家機関と言える。

つまり、戦前日本の国家の最高権力者は天皇であって、絶対的な権限を一手に掌握していた。大日本帝国憲法（明治憲法）の「第一章　天皇」の第三条には、「天皇ハ神聖ニシテ侵スヘカラス」とされ、天皇が憲法をも凌駕する存在であることを明記していた。そして、第十一条には、「天皇ハ陸海軍ヲ統帥《とうすい》ス」と規定し、天皇が天皇制を支える物理的装置としての陸・海軍最高司令官であるとされた。

明治天皇が日本軍隊に下賜《かし》した「軍人勅諭」（一八八二年）には「義は山岳《さんがく》よりも重く死は鴻毛《こうもう》よりも軽しと覚悟せよ」と記された。天皇への忠義が絶対であり、当時「臣民《しんみん》」とされた国民の命は鳥の羽よりも軽いものとされたのである。天皇のために死を強制された社会。それが戦前日本の本質であった。

そのうえで、天皇制を堅持していくため言論の自由を規制し、天皇制支配国家体制（＝国体）を永続化する目的で、実に様々な治安弾圧立法が制定されていった。

その最たる弾圧立法が、一九二五年四月二二日に制定された治安維持法（法律第四六号）であった。

その治安維持法を盾にして、苛烈な弾圧を繰り返していくのが特高であったのである。

同法では、「国体を変革し又《また》は私有財産制度を否認することを目的として結社を組織し又は情を知りて之に加入したる者は十年以下の懲役又は禁錮《きんこ》に処す」（第一条）とされた。ここで「国体の変革」を志向する者の排除が法的に明確にされた。

同法では、一九二八年三月一五日の三・一五日本共産党弾圧事件（以後、三・一五事件）以後に、一段と厳罰化が進められた。そこには、「国体を変革することを目的として結社を組織したる者又は結社の役員其《そ》の他指導者たる任務に従事したる者は死刑又は無期若《もしく》は七年以上の懲役に処し……」（一九四一年改正第一条）とした。

国体に異議を唱える者、これを変革しようとする者への最高刑を「死刑」に引き上げたのである。これ以後、治安維持法違反を口実とする弾圧体制が確立されていく。

例えば、一九四一年の治安維持法改正では、それまでの条文が七条から一気に六五条まで膨らみ、罰則のさらなる厳罰化、結社に至らない集団の禁止、検事の権限による被疑者の召喚・勾留、刑期終了者にも無期限の拘禁を認めるほか、朝鮮での予防拘禁など、法の適用が広められた。[2]

微かな記憶

話は少し変わるが、私も纐纈弥三と同じ纐纈の姓であり、弥三の故郷は岐阜県恵那《えな》郡、私の故郷は恵那郡と隣接する岐阜県加茂《かも》郡である。

その弥三と私の実家とは、少なからず縁があった。

私が小学生高学年時に戦後衆議院議員の身分となっていた纐纈弥三が、我が家にも挨拶に来訪したことを微かに記憶もしている。

季節は定かでないが、ダブルスーツに身を包んだ、当時にあっては比較的細身で長身の体躯《たいく》の持主であったことを、子ども心に覚えている。

纐纈弥三は、一九五五年に初当選して以来、四期一一年に亘って衆議院議員を務めていたのである。

私には四つ年上の兄がいる。その兄は鮮明に記憶していて、村会議員の経験を持つ私たちの祖父に、弥三が選挙応援を繰り返し依頼する言辞を口にしていたと言う。

票の取りまとめを依頼された祖父は、長らく村会議員の経験を持ち、そう広くない集落に、相応の人脈を持っていたのであろう。弥三と帯同して挨拶回りをしていたとのこと。いつもながらの選挙風景が、一九五〇年代中頃から六〇年代中頃にかけ、小さな山村地域であった私の故郷にも繰り広げられていたのである。

2　同法の変遷過程や歴史的な位置づけなどについては、中澤俊輔『治安維持法』(中央公論新社・新書、二〇一二年)が参考となる。

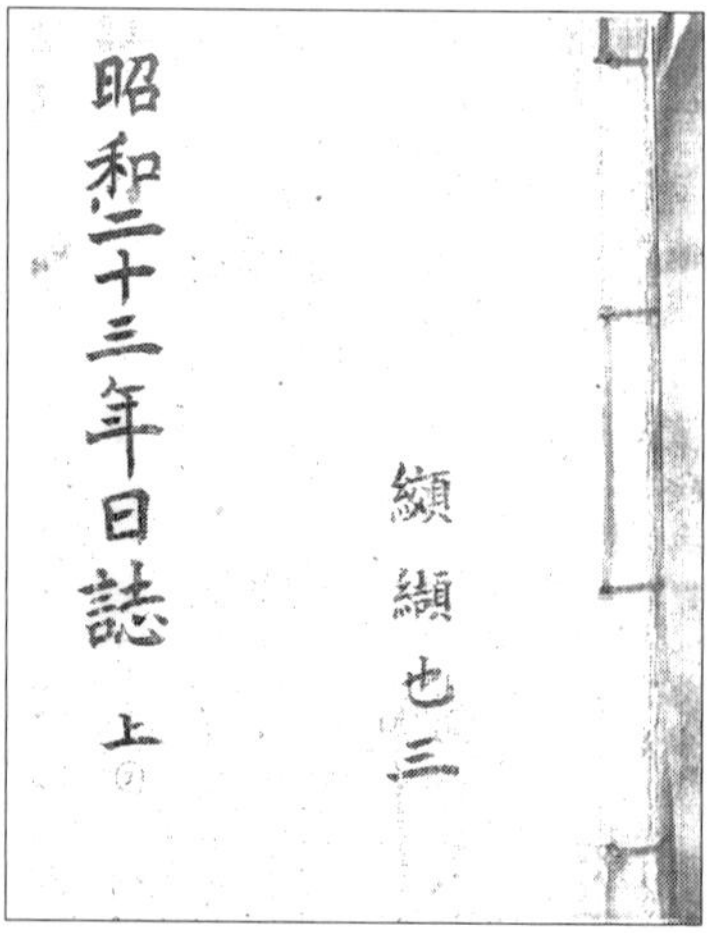

弥三日記の表紙

その後、研究者となった私は、いくつもの研究課題に向き合うことになる。その一つに官僚制も対象としてきたこともあり、官僚出身の政治家として活動してきた纐纈弥三について、少なからず関心があった。

取り分け、戦後日本における監視社会化の問題にも関心を寄せ、戦前の特高組織に関連する文献や資料にも馴染みを持っていた。

それで何時か弥三の軌跡を追いながら、同時に官僚の言動や弾圧の歴史の一部でも書いてみたいとの思いを抱いてきた。その思いを形にする機会を得た。弥三に関る貴重な資料を思いもかけず閲覧することができたのである。

その資料とは、日本共産党党史資料室が所蔵する「纐纈弥三文書」である。それは弥三の日記（タイトルに「纐纈也三」としているものもある）六年分や弥三自身が書き残した手書き原稿をはじめ、様々の資料を含む。なお、弥三の日記は、本書で「弥三日記」と称することにする。

日記は、あくまで個人史あるいは家庭史の範疇《はんちゅう》に属するものであって、それを公の歴史の資料として用いるのは限界もある。しかし、その書き手が公的な領域で歴史に深く関わった人物であれば、二次資料ではあっても、一定の限界と偏向を自覚しながら引用することは可能であろう。

プライベートな出来事を知ることになるが、一内務官僚を公人としてだけでなく、一人の人間としての側面からも照射しておくのも無駄ではあるまい。と言うのは、人権を剥奪《はくだつ》し、自由を棄損《きそん》し、精神的かつ肉体的な苦痛や拷問を指示する一公人と、家庭や故郷を大切にしようとする一私人との、あまりにも大きな乖離《かいり》にも目を向けておきたい、と思ったからだ。

本書で何を語るのか

以上の点を含め、本書では纐纈弥三という一人の内務・文部官僚の軌跡を追う。戦争国家日本を根底から支えた官僚たち。弥三は、なかでも最大の官僚集団を抱えた内務省の一官僚であった。そこでは、内務官僚から文部官僚に転身し、戦後になって国政に参画していく一人の官僚出身政治家としての言動に注目していく。

それと同時に、弥三が関わった日本共産党弾圧事件として知られる三・一五事件に焦点を当てる。同事件に続く四・一六事件を含め、これら弾圧事件については、すでに数多の文献や論文が存在する。

本書では、弥三との絡みを念頭に据えつつ、三・一五事件に関する若干の資料を引用紹介する。そして、同事件の衝撃と意義を再確認するために、ジャーナリストや作家たちが、如何なる文献や評論で同事件を後世に伝えようとしたのか。その作品や発言を取り上げる。

加えて日本共産党を始め、当時の労働運動や学生運動を国体思想厳守の観点から、徹底して排撃しようとする文献なども一部紹介しておく。

そうした出版物などが、当局の意図する反共思想の浸透に、一定の効果を上げたことは否定できない。そこで記録された誤った言辞が、実は現在的にも様々な形で蘇生《そせい》している現実も合わせて直視しなくてはならないと思う。

取り分け、本書で追及した弥三は、そうした反共主義と国体思想を戦後に持ち込み、紀元節復活の主張を国政の場で繰り返す。その結果が、「建国記念の日」の制定であったのである。

戦前期の戦争の時代に国体思想に迎合しない人々を徹底して弾圧し、その人権や生命すら奪った権力者たち。そこでは、特高の苛烈な拷問により生命を奪われた犠牲者の事例も少し紹介している。

戦前期の権力者たちは特高関係者に限らず、時を経て生き残り、再び戦後日本において、新たな国体思想を戦後社会に普及すべく活動していった。その観点から、弥三の言動を拾っていく。

旧内務官僚たちだけではないが、彼らの多くが戦後の保守政党の所属となり、その公認を得て国政に参画していった。その彼らが紀元節の復活などを国政の場で主張し、戦前回帰に奔走していくのである。その最も先鋭的な政治家となったのが、本書で追う弥三であった。

その言動は、安倍晋三《しんぞう》前首相が繰り返した、「戦後レジームからの脱却」の用語にも通底する。そのスローガンは、裏を返せば、〝戦前レジームへの回帰〟ではないか。敢えて言えば、弥三は安倍前首相の言動を先取りしていたと言っても過言でない。

戦前と戦後の結合を意図する、敗戦以後も連綿と続く戦前回帰志向の実態に迫る意味でも、「纐纈弥三」という典型的な旧内務官僚、そして保守政治家の軌跡を追うことの必要性は益々高まっているのではないか、と思う。

そうした政治家たちが、日本の保守主義や国家主義の体現者となって、平和憲法の形骸化を図ろうとしてきた。そうした言動をも視野に入れながら、戦後の弥三の言動を再録しておきたい。それによって、戦争と弾圧の歴史を同時的に捉えることが出来るのではないか、と考えるのである。

本書の結論は何か

本書は、纐纈弥三の原点を追うために、故郷である岐阜県蛭川《ひるかわ》村の案内から筆を起こす。恐らく弥三が成長する過程で育まれたと思われる国体思想の淵源《えんげん》が、故郷の風土や父秋三郎《あきさぶろう》の遺訓に所在していると思うからである。

京都帝大を卒業して内務省に入省し、しばらくの時を経て三・一五事件を指揮する警視庁の特高課長に就く。その後、各県の警察部長を務める。やがて知事となって地方行政のトップの地位に就く。その後、中央に復帰し、文部省の局長時代を迎える。

この局長時代に、弥三はいくつかの雑誌に寄稿している。官僚としての公式的発言が主ではあるが、その文言のなかに弥三の国体思想を看て取ることが可能だ。

官僚時代を終えて、敗戦まで会社経営に参画する。敗戦に伴い公職追放の身となり、神職に身を委《ゆだ》ねる。

追放解除後、時を経て国政に進出した弥三は、保守系議員として、自ら抱いていた国体思想を、紀元節復活の動きのなかで全面に展開する。それが「建国記念の日」制定に関る動きである。

このように本書は、弥三の軌跡を追うことを縦軸に、そして弥三が指揮した日本共産党弾圧事件を横軸に展開していく。

取り分け、三・一五事件をめぐる各界の反応を含め、同事件を懸命に教訓として後世に伝えようとした人々の思いを紹介する。そこでは、戦前における戦争と弾圧の歴史、及び戦後における復古主義や国家主義の再生の実情を述べていきたいと思う。

本書執筆の契機ともなった「弥三日記」を、特に前半で繰り返し引用している。そこから、弥三の視点から当該期の社会の実像をも覗いてみえよう。

そこには官僚ならではの行動記録もあれば、一人の公人としての視点から見た社会の実像も浮かび上がる。弥三が内務官僚の典型的人物であったかどうかは、簡単に結論を出すことは出来ないが、少なくともそこに彼らの共通性だけは見出せる。

昭和初期に本格化する中国侵略と、国内における自由主義や社会主義などへの徹底した取締りと弾圧の体制を敷くうえで、警察畑の内務官僚として任務を尽くした弥三の言動を追うことの意味は、頗《すこぶ》る重要に思われる。

表裏一体のものとして進められた戦争と弾圧。その弾圧側の当事者を、人間のレベルからも考察することは不可欠でもあろう。

本書は日記を度々引用するものの、決して弥三の評伝を書こうとするものではない。ましてや弥三の軌跡を顕彰するものでもない。

敢えて本書の目的を言えば、三・一五事件を頂点とする日本共産党弾圧事件が形を変えて戦後にも生き残り、それが紀元節復活による、国体思想の再生に結果したのではないか、という私なりの見解を示すことにある。

詰めて言えば、戦前期の日本共産党弾圧は反国体思想の排除を目指したものであり、戦後期の紀元節復活を目的とする「建国記念の日」の制定も、国体思想の普及を意図したものではないか、ということである。

象徴的な言い回しを敢えてするならば、「建国記念の日」制定は、もう一つの戦後版〝三・一五事件〟に相当するかも知れない、ということだ。

その制定をめぐる国会内外の論戦のなかで、先頭に立って反対運動を展開したのは、日本社会党と日本共産党であったことは、深く記憶に刻まれている。

その反対運動が極めて広範に繰り広げられたのは、日本共産党弾圧の歴史を教訓としていたからである。戦前の体験を教訓として、戦後の危険な動きに歯止めをかけようとしたのである。

戦前において三・一五事件による日本共産党弾圧の後に来たものが、日中一五年戦争の起点となった満州事変（一九三一年）であった歴史の事実を踏まえ、「建国記念の日」制定反対の声が、同時に戦争反対の声と連動していたのである。もちろん、そのことが当時にあって反対運動の担い手たちに、どの程度意識されていたかは別としても。

本書の目的に沿いつつ、やや結論的なことを言えば、戦前期には警視庁の特高課長として、日本共産党弾圧を指揮した弥三は、戦後には国会議員として、国体思想の定着を意図しつつ、紀元節復活に奔走したのではないか、ということだ。

三・一五事件を頂点とする日本共産党弾圧と、「建国記念の日」制定とは、「纐纈弥三」という一人の内務・文部官僚を通して繋がっている、というのが私の考えである。本書は、そのことを結論として述べていく。

それもあって、国会の場で繰り返し事実上の紀元節復活を唱える弥三の発言を多く引用した。そこで本書の構成及び骨子は、以下の通りである。

本書の構成

本書の冒頭に、「I　出生地と自分史を語る」を配している。そこでは、「纐纈弥三文書」に含まれる「弥三日記」から、家族や子どもたちへの愛情に満ちた記録と、周囲の人たちとの交流や就職の斡《あっ》旋《せん》に汗をかく弥三の行動を追う。

読み進めるなかで、これがあの苛烈な弾圧を指揮した人物なのかと、ふと疑いたくもなる。

その一見、真逆の関係を繋ぐものこそ、出生地蛭川村の風土と父秋三郎によって育まれた弥三の国体思想ではないか、と推察する。そこでは、弥三が抱く国体思想の深淵を探ろうとした。

以上を本書の前段としつつ、以下の部と章は本書の三つの課題に沿って構成されている。第一に日記などを通じ、昭和初期から始まる戦争の時代において、特高課長時代を中心とする弥三の行動原理は、如何《いか》なるものであったのか。そのことを三・一五事件に焦点を当てつつ、「Ⅱ　日本共産党弾圧を指揮する」で追う。ここでは三・一五事件の真相を明らかにしている。

第二に内務官僚として文部行政に係る過程で、弥三の国体と教育に係る思想は、どのようなものであったのか。そのことを「Ⅲ　戦争を内側から支える」で追う。ここでは官僚の戦争責任を問うている。

第三に敗戦後、弥三は公職追放されてからは神職に一時は身を委《ゆだ》ねながら、戦後国会議員として、紀元節復活に奔走する。その背景には如何なる国体思想が据え置かれていたのか。そのことを「Ⅳ　紀元節復活に奔走する」で追う。ここでは新たな戦前の開始に警鐘乱打している。

そうした諸課題を踏まえて、本書のタイトルを『戦争と弾圧』とはしたが、三・一五、四・一六両共産党弾圧事件と同時並行的に、一人の内務・文部官僚として、また一人の人間としての弥三の生き様のようなものも追っている。

それは、あの苛烈《かれつ》を極めた拷問や検挙など、その徹底した弾圧ぶりを担った一官僚が、一体如何なる人物であったか知っておきたい、と思ったからである。その意味を含め、サブタイトルを「三・一五事件と特高課長・纐纈弥三の軌跡」とした。

ところで、弥三のような経歴を携えた官僚は、決して珍しい訳ではない。

日本ファシズム、官僚制、戦後政治に関心を抱き続けてきた私としては、本書執筆の動機のひとつに、同郷同姓という理由もあったことを正直に告白しなければならない。

同時に弥三の足跡を追う中で、内務・文部官僚の実相と、彼のようなキャリアを持った政治家が、戦後日本の保守政治と保守思想を支えてきた歴史事実に少しでも肉迫したい、との思いを抱いたことも確かだ。

中曽根康弘《やすひろ》や後藤田正晴《まさはる》のように、旧内務省官僚として首相や自民党の大幹部となった政治家とは異なり、弥三は決して著名な政治家ではない。しかし、戦前日本政治と戦後日本政治の実態を検証しようとするうえで、弥三は格好の人物だと思う。

戦前と戦後は、天皇制と国体思想を架け橋として制度的にも思想的にも深く繋がっている。弥三のような官僚政治家たちが、その架け橋の橋脚の如くの役割を担っていると指摘できよう。

因みに、彼等旧内務省出身の官僚や政治家たちは、現在でも大霞会《たいかかい》という名の親睦団体を通して、縦横に拡大した人脈を形成している。[3]

公人と私人の狭間で

先ほども述べた通り、本書を執筆するに至った理由のひとつに弥三が残した日記を入手する機会を得たことがあった。

官僚や政治家に限らず、戦前には日記を丹念に綴る習慣を持つ人が多かった。実は私の父も長年日記を認《したた》めていた。就寝する前に枕元に置いた小さな戸棚から日記を取り出し、眼鏡をかけて何やら走り書きをしていたことを記憶している。

恐らく多くの日本人が、日記を書き残すことが生活の一部となっていたのであろう。自らの歩みを、そして家族のことはもちろんのこと、己の周辺に起きる些細なことも含めて、薄れていく記憶を文字で記録しようとしたのであろう。

日記という個人の記録ではあっても、何れの日にか他者に読み込まれることを意識しての記述も少なくなかったと想像される。「弥三日記」の場合においても、たとえそれが個人史であったとしても、公的にも記憶化される対象とも成り得る。そこから、戦前期日本の様相を示した歴史の一側面を知ることも可能となる。

同時に私は、弥三のように戦前を生きた官僚が、戦後国政の場に再登場し、戦前期日本の再生に活動した事実を追うことに深い関心を寄せてきた。

内務官僚であり文部官僚でもあった弥三。本書の内容からすれば、特高官僚と形容するのが相応しい纐纈弥三の軌跡を追うなかで、三・一五事件、四・一六事件の弾圧側の指揮者という面だけでなく、弥三という一人の人物の軌跡にも注目してみた。

3　なお、同会については、『大霞会』（明治百年叢書　第二九六、原書房、一九八〇年）を参照されたい。

国家権力の担い手であった弥三が、何を考え、何のために弾圧に手を染めたのか。天皇制官僚として忠実な振る舞いであったことには違いないが、ステレオタイプ的なアプローチとは異なり、戦前から戦後にかけ、官僚として、さらには戦後には国会議員として国政に携わった弥三の言動をも追うことで、弥三のような官僚が生まれて来た経緯と結果を探りたいと思う。

官僚職にあった人物が権力を握るとき、あるいは上級の権力による命令により動くとき、人間弥三の側面が片鱗を見せることもなく抜け落ちていく様は、一人の人間の問題を超えて権力の恐ろしさを思わずにはいられない。

なお、本書は弥三の軌跡と三・一五事件の真相を同時に追っていくが、必ずしも時系列で書き進めてはいない。必要に応じて時間軸を前後させている個所があることも予《あらかじ》め承知願いたい。

【付記】本文中に資料を多数引用しているが、少しでも読み易くするために、原則として片仮名は平仮名に改め、句読点を適時追加し、併せて改行位置を変更している。また、〔 〕は引用者による訂正又は補足説明を示す。さらに、旧漢字はすべてではないが新漢字に、また「あつた」の表記は、「あった」と促音便を用いていることを御断りしておきたい。

I　出生地と自分史を語る

～国体思想の淵源～

第一章　岐阜県蛭川村と父秋三郎

1　出生地の風土と環境

纐纈姓の由来

纐纈弥三は、一八九三（明治二六）年一二月一九日、岐阜県恵那郡蛭川《ひるかわ》村一七一三番地（現在、中津川市蛭川地区）に生まれた。日清戦争の前年である。

戸籍謄本上は「纐纈彌三」の文字だが、先に述べたように、以後「弥三」と略字を用いる。多くの文献では、この略字を使っている。父は蛭川村長などを務めた纐纈秋三郎（一八七三～一九三九年）、母はひろと言う。弥三は長男であった。

弥三は、一九二〇（大正九）年二月二八日に辻久子と結婚する。

だが、一九二六（大正一五）年一二月二三日に久子が死去。その後、一九二九（昭和四）年四月八日、秋田県北秋田郡阿仁合町水無《あにあいまちみずなし》字大町の宮越惣兵衛《みやこしそうべえ》とツルの二女であったシマと再婚する。

そして、一九三六（昭和一一）年六月一〇日、父秋三郎が隠居生活に入ったため、弥三は家督相続者となった。弥三が四三歳の時である。

弥三は、前妻であった久子との間に康夫（長男）、利男（次男）、道雄（三男）、巌（四男）、博（五男）、シマとの間に吉三（六男）、浩三（七男）、公子（長女）、百合子（二女）等と子宝に恵まれた。当時においては決して珍しいケースではない。

また、直弟《じきてい》に熊雄、忠行、八郎がおり、それぞれ幸、耐子、純子と義妹《ぎまい》がいる。甥に正雄、康輔、盛道、姪に純子、宇子、禮子、孝子らがいる。

当時の父親がそうであったように、弥三はその日記に子どもたちの様子を頻繁に書き付けている。

少し横路に入るが、「纐纈」の苗字は、特に岐阜県の美濃地方では決して珍しい姓ではない。それは染物の一種である纐纈染に由来する。

蝋纈《ろうけち》染、狭纈《きょうけち》染と並ぶ纐纈《こうけち》染として、日本では桓武《かんむ》天皇の天平の時代に中国は唐から伝来してきた絞り染めの一種ともされ、これらを纏めて「天平の三纈《さんけち》」と呼ぶと言う。

纐纈姓の由来は、岐阜県可児《かに》市久々利《くくり》が起源地とする説も有力である。同地は奈良の時代に「泳」と呼称され、地名として「八十一鱗」と表記されていた。いずれも「くくり」と読む。[4]

古代史の分野に属し、かつ神話の世界に近い話だが、「泳」は『日本書紀』（養老《ようろう》天皇四年・七二〇年）に表記された当地に存在したとされる「泳宮《くくりのみや》」から来ているとの説があり、「八十一鱗」も『万葉集』（巻十三）に表記されている。

久々利が起源地とされる理由は、纐纈染の染色技法である「括染《くくりぞめ》」から「久々利」の地名が生まれたとされるからである。「纐纈」が姓として登場するのは、平安時代の儀式・故実の書である『西《さい》宮記《ぐうき》』に記されたように平安中期以降のことである。

先ほどの事例で言えば、「泳」→「八十一鱗」→「久々利」→「纐纈《くくり》」と当て字が変化したのかも知れない。この他に纐纈の読み方には、「あやめ」「はなぶさ」「はなふさ」「こうげつ」「きくとじ」「きくとち」「こうしぼり」「こうけん」などがあり、多様である。美濃地方では、大方が「こうけつ」と発音する。

染物に関する研究によれば、纐纈絞りは江戸中期まで上級武士の晴れ着に珍重され、その後廃《すた》れはするが、現在まで鹿子《かのこ》絞りや目結《めゆい》として、その技法が残されているという。

なお、「纐纈」の「纐」は一字で「しぼり」とか「ゆはた」とも読む。いずれも絞り染めのことを意味する。そして、「こうけち」は、いつの間にか「こうけつ」の発音となった。奈良東大寺の宝物殿である「正倉院」には、現物が保管されている。[5]

また、恵那郡蛭川村役場が編纂発行した『纐纈翁回想録』の冒頭に以下の説明がある。纐纈翁とは、弥三の父秋三郎のことである。

「纐纈は一にハナブサ（英）と読み、又、ククリと訓じたものがあって、美濃久々利に関係のある事も考へられ、久々利村はこの字を書いたもので、今、くぐり神社がある。某地名辞典に纐纈氏は可児郡御嵩《みたけ》町に住せりと見えている。然《しか》して今可児郡中村に纐纈神社があり、纐纈姓を名乗るものの多く、或は、これが直系となすものと考へる。[6]」

文中に登場する纐纈神社の所在地は、「岐阜県可児郡御嵩町中二一七七番地」である。インターネットで検索すると「由緒由来」には、以下の文面が表示されている。観光案内のようだが、参考のために紹介しておく。

「俗に大明神社と称す。往古源頼朝《みなもとのよりとも》鎌倉に幕府を開し、時に当たりて、京都登りの武士纐纈源《げん》

4　羽賀祥二「泳宮と喪山—美濃における古代伝説と遺蹟」（『名古屋大学文学部研究論集』第一二八号・一九九七年）を参照。
5　滝村謙『日本のきもの』（中央公論社・中公新書、一九六六年）を参照。
6　恵那郡蛭川村役場編刊『纐纈翁回想録』（一九四〇年、一頁）。

吾《ご》盛康《もりやす》と唱ふる者、頼朝に縁故ありて関東に下向致したる折しも、美濃国一の児郷上中村拝領土着せし。以来子孫連綿相続して今に至るまで、此の地に住して、交告《こうけつ》氏の宗家《そうけ》となる。就中《なかんずく》源吾盛康の孫修之助は勇猛の士なり。

故に歿《ぼつ》後《ご》人尊敬しての余り、其の神霊を祭祀せし旨、当村交告氏家記に記せり。然《しか》りと雖《いえど》も鎮座年月詳《つまびら》かにせず、右家記の文に同じく修之助生涯勇猛なり。死後里人号して纐纈大明神中村大通用（三字不明）九月朔日《ついたち》祭日也と記せり。濃州志略にも大明神祠と載りたり。

廻り一丈三尺余の老樹境内に並立して最も神寂たり。古棟札《むなふだ》に至りては、―中古紛失せしにや、慶長六年再建の棟札のみ存せり。明治七年七月大明神の社号を改め、纐纈神社と称し、是まで無格社なりしを、明治十二年村社《そんしゃ》に列せらる。[7]」

伝説そのものの由来だが、一八七九（明治一二）年に「村社」となったとされており、文字通り村の鎮守様的な位置づけであったのであろう。祭神は「纐纈縫《ぬい》之助《のすけ》」だという。

村社とは旧制度の社格のひとつで、郷社の下、無格社の上に位置する。多くは、村の鎮守の社などが列格され社掌《しゃしょう》が置かれていた。

因みに、先ほど纐纈神社の「由緒由来」でも出てきた「交告」は、美濃地方では「纐纈」の表記を「交告」と略する場合が多いことにもよろう。それは、「纐」の字が、糸と頁の真ん中の「交」になっていることから解るものの、「纈」の字を略するからといって、「吉」でなく告白の「告《けつ》」となる理由は、字が似ているとはいえ不明である。

蛭川村の地形と風土

次に、弥三の出生地である岐阜県恵那郡蛭川村を紹介する。

岐阜県は濃尾《のうび》平野の拡がる美濃地方と、主に高原と山岳の地である飛騨地方とからなる。なので岐阜県人と一言で言っても、美濃か飛騨では、地理的な環境の違いもあってか、随分と文化も風土、それに方言にも少しばかり違いがみられる。

さらに細かく言えば、美濃は東濃・中濃・西濃、場合によっては北濃（奥美濃）に分ける場合がある。弥三の故郷は東濃に分類される。現在で言えば多治見市、土岐《とき》市、瑞浪《みずなみ》市、恵那市、中津川市の五市からなる。

私の故郷はその東濃に隣接する中濃とされる地域で、関市、美濃加茂市、加茂郡、可児《かに》郡など五市二郡七町一村からなる。

これらは他県などと同様に行政単位ではなく、地理的な意味に加え、ここでも文化や風土が異なる。しかも東濃と中濃では、区分けする意味もあまりなく、また曖昧である。私など岐阜県は美濃、

7「縣縣神社詳細―岐阜県神社庁」（www.gifu-jinjacho.jp/syosai.php?shrno=559、法人番号7200005006998）。

それも東濃出身と答えてしまうことも多々ある。中濃出身意識は希薄である。

ただ、私自身の経験をも重ねて言えば、岐阜県内の中学校間での部活動の対抗試合では、最初郡大会から始まり、それを勝ち抜くと中濃大会、最後は県大会の順で勝ち進んだ。それで、「中濃」の用語は、まったく使わない訳ではない。

それはさておき、弥三の出生地蛭川村（現在、中津川市蛭川地区）は、南に木曽川が流れ、その向こうに白川《しらかわ》を挟んで加茂郡白川町黒川《くろかわ》と切井《きりい》に接している。その二つの川との間に二ツ森山脈が走る。蛭川地区からは、西方面に二ツ森山、東方面に笠置山《かさぎやま》が眺望できる。

この山脈が蛭川地区を三方から囲み、峠を経ないのは恵那市方面だけである。蛭川村の面積は四四・二一㎢、田畑が占める割合が八・三％に過ぎず、典型的な山間地域である。

蛭川地区の人口は、一八七二（明治五）年以来増加を続けていたが、一九五〇（昭和二五）年の四八九四人をピークに減少に転じた。弥三が出生した一八九三（明治二六）年に近い記録を辿ると、一八九二（明治二五）年で二一八五人となっている。[8]

旧恵那郡蛭川村は、木曽川を挟んで恵那市の北部に位置し、人の流れも恵那市の方が結びつきは強いとされた。他の恵北町村に倣《なら》って、二〇〇五年の「平成の大合併」の折に中津川市と合併。南端では木曽川が恵那峡を形成し、北端では遠ケ根《とおがね》峠を挟んで加茂郡白川町と接する。

蛭川村には砒《ひ》素やタングステンを採掘していた遠ケ根鉱山、化粧品や医薬品の材料として用いられるビヒマス（蒼鉛《そうえん》）を産出する日本でも数少ない鉱山であった恵比寿《えびす》鉱山など、全国にも知られた鉱山があった。

弥三の出生地である蛭川村の土地柄は、典型的な農村のそれであった。

一つ注目されるのは、その地に「済美《さいび》図書館」が設営されていることだ。「済美」の名称の由来は、は、蛭川老壮連合会の会誌『済美』の第二二号によると、一八九〇（明治二三）年一〇月三〇日に制定された「教育勅語」の「世々《よよ》厥《そ》ノ美ヲ済《な》セルハ」の一節からとする。

確かに、「教育勅語」の冒頭は、「朕惟《ちんおも》フニ我カ皇祖皇宗国ヲ肇《はじ》ムルコト宏遠《こうえん》ニ、徳ヲ樹《た》ツルコト深厚ナリ　我カ臣民克《よ》ク忠ニ克ク孝ニ億兆《おくちょう》心ヲ一《いつ》ニシテ、世々厥ノ美ヲ済セルハ、此《こ》レ我カ国体ノ精華ニシテ教育ノ淵源《えんげん》亦実ニ此《ここ》ニ存ス」である。

その成果が認められたのか、先ほどの『済美』（第二二号）に掲載されている「発刊のことば」（会長奥田穂波）には、以下のような記述がある。

すなわち、一九一〇（明治四三）年に、「本村（旧蛭川村）が全国に於《お》いて優良村として、内務大臣より表彰を受けた時、村の先人各位が考え出されたものだという。それで、将来立派な村人の輩出には先ず学問をとの考えであったので、記念事業として図書館が建てられ、その名をつけられて今日に至

8　以上、内務省地方局編刊『優良村蛭川』（一九一三年）、蛭川村史編集委員会編『蛭川村史』（岐阜県恵那郡蛭川村、一九七四年）等を参照。

纐纈秋三郎

って居ることはご承知の通りであります。」と。[9]

済美図書館建設の骨子として人材育成こそ、地域社会の発展の方途とする確信が読み取れる。

本州のちょうど真ん中あたりに位置する岐阜県美濃地方。そこは、かつて織田信長が天下取りのための絶好の戦略的位置と見立てたものの、近世以降において地域発展の原動力となる資源に必ずしも恵まれてこなかった歴史がある。

そうした中で人材育成が、大きな目標として強く意識されてきた地域の一つでもあった。[10]

2　父秋三郎と報徳思想

日露戦後の蛭川村と父秋三郎

日露戦後の日本の政治状況に絡め、蛭川の当時の風景を少し描写してみよう。

日本は、明治国家創設以来、最初の本格的な対外戦争となった日清戦争に勝利し、朝鮮半島に侵略と支配の大きな足場を築いた。だが同時に、中国東北部から朝鮮半島への進出の機会を窺っていたロシアとの対立関係を深めていた。一九〇二年に日英同盟を締結したのも対ロシア戦争に備えるためでもあった。

遂に日露戦争（一九〇四〜〇五年）となり、日本はおよそ一〇〇万名に及ぶ大軍と、当時二〇億円に達する軍事費を投入（当時の国内総生産は約三〇億円）。一〇万余名に上る兵士が戦死するなか、日本はイギリスやアメリカの支援を受けて辛くも勝利を得る。

勝利したとは言え、ポーツマス講和会議によって賠償金を一銭も得ることなく、戦争に費やした戦費や数多の戦争犠牲者、そして、極度の国力の消耗を結果した。

日露戦争が終わった後も、ロシアが捲土重来《けんどちょうらい》を期す可能性があり、ロシア再戦論が問題となった。

9　『済美』第二二号・一九八二年三月、一頁。
10　ここまでの参考文献・資料に、蛭川村役場企画政策課編「平成一三年度蛭川村功労者表彰　特別功労恵比寿鉱山株式会社」（『蛭川村報』二〇〇二年四月一日、一一頁）、岐阜県編刊『地下資源調査報告書休閉鉱山』（第一巻、一九六六年）、蛭川村史編纂委員会編刊『蛭川村史』（一九七四年）、蛭川村編刊『蛭川村　昭和・平成の30年　あゆみつづける故郷』（二〇〇三年）などを参照した。また、済美図書館については、済美図書館編刊『みんなの図書館　蛭川村立済美図書館創立七十周年記念誌』（一九八一年）、同『蛭川村立済美図書館目録』（第1巻・2巻、一九八一年）、済美図書館〔中津川市〕蛭川済美図書館一〇〇周年記念事業実行委員会編刊『みんなの図書館　蛭川済美図書館一〇〇周年記念誌3』（二〇一一年）等が参考となる。

勝利による犠牲は、敗戦による犠牲と同様に変わりなく、日本国家と国民の上にのしかかっていたのである。

日露戦後の日本は世界一の陸軍大国ロシアを敗北に追い込み、帝国日本としての外面は整えつつあった。しかしながら内面では、国力進展の高揚感とは裏腹に、とりわけ地方での衰退ぶりが顕在化もしていく。

こうした日本の現状を打破し、とりわけ兵士の供給源となっていた地方の民力に梃入れしていく政策が、大々的に展開されることになる。それが地方改良運動の名で知られた政策である。

それは日露戦後に疲弊《ひへい》した地方と市町村の改良を目的とする官製運動であり、第二次桂太郎内閣の下、内務省を主導者として展開されていった。

取り分け深刻であったのは、地方財政の窮乏・破綻《はたん》問題であった。同時に注力の対象となったのは、国民意識の国家統制による帝国日本国家の臣民（天皇の民。つまり国民）としての適合性を高める教育改善であった。

それで地方自治や地方財務の見直しの他に、普通教育や青年教育などを目的とする講習会などが開催され、青年会や在郷軍人会、婦人会などが組織され、国家奉仕の重要性を習得させることになっていく。

それが、帝国日本の展開に伴い、国家統制下により軍国主義の思想が培養注入されていった。[一一]

岐阜県も一九〇七（明治四〇）年六月、「市町村及市町村吏員表彰規定」が定められ、蛭川村は一九〇九（明治四二）年七月に恵那郡加子母《かしも》村、山県《やまがた》郡保戸島《ほどしま》村、大野郡大八賀《おおはちが》村と並んで県第一回表彰（五〇万円受納）の対象とされた。いわゆる、公民づくりの模範村と認定されたのである。その件につき、『纐纈翁回想録』には、「闔村輯睦《こうそんしゅうぼく》（村中が穏やかで仲睦まじいこと）勤倹の風に富み協力一致自治の発達を図り、且《かつ》教育の振興、産業の改良、村有林の経営及基本財産の増殖等其《その》成績殊《こと》に良好なり。[12]」と記されている。

全国各地で展開された地方改良運動には、必ずその地方の名望家や指導者が存在した。こうした蛭川村の地方改良運動を含め、村の発展に尽力した人物に弥三の実父秋三郎がいたのである。大橋博明「岐阜県恵那郡蛭川村における明治期公民教育の展開」によれば、秋三郎は、一八八九（明治三二）年から一九〇三（明治三六）年まで郡会議員を務め、さらに一九〇六（明治三九）年一二月からは蛭川村長に就任したとある。就任中には、特に計画造林に尽力したとする。[13]

11　以上、石田雄『近代日本政治構造の研究』（未来社、一九五六年）、宮地正人著『日露戦後政治史の研究』（東京大学出版会、一九七三年）など参照。
12　前掲『纐纈翁回想録』五四頁。
13　大橋博明「岐阜県恵那郡蛭川村における明治期公民教育の展開」（『中京大学論叢』第一九巻第三号・一九七八年一二月、一五頁）。

蛭川村編集委員会が編集した『碑と道標』には、「纐纈秋三郎は本村の元勲《げんくん》であり、村に寄与された功労功績の大なることは、村民の等しく心底にまで心得ているところである。[14]」と記されている。

報徳思想の普及

秋三郎は、村民意識の在り方にも深い関心を寄せ、二宮尊徳《そんとく》が説いた報徳思想に心酔していたようである。報徳思想の実践組織として日露戦争時の一九〇五年に結成された報徳会は、一九一二年に中央報徳会と名称変更した後、資本主義の発展に伴い動揺し始めた農村共同体秩序を再編強化するために活用されていく。

蛭川村でも、中央組織が創設される以前から報徳思想を説く報徳講が組織された。一八八四（明治一七）年一月には、安弘見《あびろみ》報徳社が結成され、秋三郎が幹事に就任する。秋三郎は、しばらく自宅を同社の本部に提供するほど熱心であった。

地方改良運動を推進するうえで、内務省は定期的に模範村をリストアップして公開し、モデルケースとして宣伝する。蛭川村は岐阜県の代表の如く頻繁に模範村として登場する。

例えば、市川伝吉の『模範自治町村』は、蛭川村が登場した模範の理由として「安弘見報徳社」の存在を挙げている。[15] また、弘民社編輯《へんしゅう》部編纂の『優良町村と其治績』には、「第二八　岐阜県恵那郡蛭川村」が紹介され、優秀なる治績として安弘見報徳社の役割を評価している。[16]

秋三郎は青年の農学知識の普及にも努め農事講習を開催して、その知識と教養の向上を図ったとされる。

その秋三郎は『蛭川村暦』の扉に、青年たちが「勤勉及び修徳」に励むことこそ「国を豊《とよ》ます〔とどろかす〕所以《ゆえん》なり」と、自らの思いを肉筆で書き込んでいる[17]。

当時日本は典型的な農業国であった。その農村部では、依然として貧困に喘《あえ》ぐ状況下にあった。貧困から抜け出すために、村落秩序の確立、人材育成のための公教育の充実が叫ばれていたのである。だが、公教育といっても乏しい財源では、勢い地域の名望家主導の地域振興策や教育機会の設営などに依存する他なかった。

この蛭川村でも、秋三郎らに代表される名望家による地域振興や人材育成の事業が推し進められていたということだ[18]。

14　蛭川村編集委員会編『碑と道標』（蛭川村、一九八〇年、二二四～二二五頁）。
15　市川伝吉『模範自治町村』（隆文社、一九一〇年、三九～四三頁）。
16　弘民社編輯部編纂『優良町村と其治績』（弘民社、一九二八年、一三二頁）。同様に埼玉県入間郡編刊『全国優良町村案内　内務省選奨』（一九二二年）にも、選奨理由として「報徳社等の設けあり」（一六頁）と記している。
17　済美会編刊『蛭川村暦』（一九一四年、頁無し）。

弥三が生まれたのは、貧困と向き合い、新たな活力を得ようと尽力した人々が、懸命に未来を切り開こうとした時代であった。

弥三は亡き父秋三郎への「追悼文」で以下のように記している。

「父は常に読書に親しみ、就中《なかんずく》『日本及び日本人』の愛読者で、常に侃々諤々《かんかんがくがく》の議論をなし、日本精神に徹していた。尤《もつと》も若い頃から二宮尊徳先生の報徳の教《おしえ》に心酔しておりましたので、この報徳教から享《う》けた影響は少なくなかった事は、申すまでも無いことです。[19]」

文中に出てくる『日本及び日本人』は、一九〇七年に哲学者三宅雪嶺《みやけせつれい》が中心となって創刊された雑誌。西欧化政策を進める明治政府に批判的立場を採り、国粋主義を基調とする評論などで読者を集めた。

先程の説明と重なるが、報徳教とは二宮尊徳が広めた一種の経済哲学であり、経済と道徳との融和を説く。私利私欲を諌《いさ》め、身を棄てて社会貢献に努めることが、何時《いつ》かは自らに還元されるとした。そこでは節約と勤勉を奨励する。しかし、社会に潜在する構造的な矛盾や不平等に立ち向かう姿勢と思想は希薄であった。何よりも国家権力に孕《はら》まれた暴力性や差別性には無頓着であった。それゆえに昭和初期の時代には、体制内に取り込まれ、国体思想に収斂《しゆうれん》されていく課題を背負っていたと言える。

報徳教から報徳思想を会得《えとく》した秋三郎の影響により、弥三も報徳教に傾倒していった。弥三が終生持ち続けた報徳思想や国体思想は、その意味で父譲りであったかも知れない。

こうして復古主義的かつ国粋主義的な日本精神を強固な国体思想の形で受け継いだ弥三は、戦前期の天皇制官僚の資質や条件と合致し、それがまた日本共産党弾圧の苛烈な陣頭指揮を採り得た一因でもあったのではないだろうか。

独自の文化環境

そうした風土や人材の存在もあってか、蛭川村には岐阜県神国教《しんこく》の本部が置かれた。大日本神国教

18　大橋博明「井口丑二と神国教―いはゆる地方改良との関連において」（『中京大学教養紀要』第一九巻第四号・一九七九年三月）には、秋三郎の略歴を以下のように紹介している。「明治25年　学務委員（明治34年まで）、27　安弘見報徳社幹事（明治39年まで）、29　収入役、31　農会副会頭（明治35年まで）、32　郡会議員（明治36年まで）、34　村会議員（明治39年まで）、36　学校交親会総裁（大正9年まで）・教育会理事（明治39年まで）、39　報徳社副社長（大正8年まで）、村長・教育会会長（大正2年まで）、41　産業組合理事（大正3年まで）、大正3年　産業組合長（大正7年まで）、9　報徳社社長（昭和12年まで）、10　村長・教育会会長。農会会長（昭和2年まで）」（六頁）。
19　前掲『纐纈翁回想録』（一九四頁）。

（本部の現住所は岐阜県中津川市蛭川鳩吹《はとふき》区二一七七番地の三）は、神道系の新宗教であり、現在でも旧蛭川地区住民の八割が信者であるという。

蛭川の地に本部が置かれた神国教は、明治初年に全国的に強行された廃仏毀釈《はいぶつきしゃく》により、信仰の精神や道徳が失われることを危惧《きぐ》した村の指導者たちと、農商務省嘱託職員であった井口丑二《いのくちうしじ》が共同して、一九〇八（明治四一）年に立教したものであった。

井口は二宮尊徳を敬慕し、尊徳関係本を相次ぎ出版している。[20] 弥三は、日記のなかで尊徳の思想に深く共鳴していたことを記している。神国教への寄附を行ったのも、すでに述べた父秋三郎と同教との深い関係があったからである。

弥三自身も井口と同様に、二宮尊徳への深い敬慕の念を抱いていた。秋三郎は、蛭川村の村長、指導者として報徳社の充実に意を用いたが、この井口との出会いを通して、井口の支援のもと神国教の導入に活発に動いたとされる。

これに関連して蛭川村教育委員会が編集した『碑と道標』には、「神国教の教祖は井口丑二であり、神国教の生みの親は秋三郎であると言っても過言ではない。[21]」と記してある。

ただ、これに客観的な分析を加えた場合、評価は自ずと異なってくる。例えば、大橋博明「井口丑二と神国教」によると、「（蛭川）村民の大部分が神道を奉じ、報徳が浸透し、いわゆる模範村であり、しかも他地域との交渉の少ない山間の盆地にあって極めて好都合な場であった。[22]」と指摘している。神国教とは、報徳を補修した宗教とみなされていたのであった。

報徳社の充実から神国教の普及の過程で仏教信仰者との間に軋轢《あつれき》なども生じたが、紆余曲折を経ながら、現代にまで続く神国教が普及していったとされる。

しかし、大橋論文によれば、「神国教は、大正一四年になっても、地元の恵那郡、加茂郡をはじめとする一道一府一八県において、わずか六〇〇戸（蛭川村を含む）の信徒を得たのみであり、他地域への浸透力をほとんど持たなかったが、この事実は蛭川村においても井口と神国教が、さして大きな村民教化力を持たなかったことを裏付けるものであろう。[23]」と結論づけている。

秋三郎を顕彰する目的で編纂された前述の『纐纈翁回想録』には、秋三郎の写真が掲載されている。それには、第二次大隈重信《おおくましげのぶ》内閣で文部大臣や内務大臣などを歴任し、報徳思想の啓蒙活動に力を

20　井口の著作で主なものには、『二宮尊徳報徳教要領及び其の処世法』（内外出版協会、一九〇九年）、『二宮翁金言集』（中央報徳会、一九一五年）、『大二宮尊徳』（平凡社、一九二六年）、『報徳物語』（内外出版協会、一九一〇年）、『二宮翁伝』（内外出版、一九〇九年）、『二宮金言集』（中央報徳会、一九一五年）、『報徳溯源』（内外出版協会、一九一〇年）等がある。
21　前掲『碑と道標』（二八頁）。
22　前掲「井口丑二と神国教―いはゆる地方改良との関連において」（五頁）。
23　同右（二二頁）。

入れ、大日本報徳社の社長を務めた一木喜徳郎《いつききとくろう》が題字を寄せている。

蛭川村で展開された報徳思想や神国教の普及は、その後国体思想に収斂されていき、それが村落秩序や国家主義の徹底に帰結していく。それは蛭川村の特徴でもあったが、国家はこうした村落を全国にいわば配置することで天皇を頂点とする国家体制を創出していったのである。そうした蛭川村の文化環境こそ、弥三の国体思想の淵源ではなかったろうか。[24]

学歴を重ねる頃

弥三は、蛭川村下垣内《しもかきうち》に所在した蛭川簡易科尋常科小学校を卒業する。同小学校は一八八六（明治一九）年に蛭川小学校から改称している。当時小学校への入学率を挙げる目的で必ずしも裕福でなかった子弟のため、読書・算術・作文・習字のみを履修する簡易科を設けていた。つまり、小学校は一八九〇（明治二三）年に簡易科が廃止されるまで、尋常科と簡易科の二科体制を採っていたのである。
一八九七（明治三〇）に蛭川簡易科尋常科小学校に四年制の高等科が新設されているので、弥三はそこに進み、高等科を二年で卒業したと思われる。
因みに、資料によると蛭川尋常小学校の在校生は一八八七（明治二〇）年に三二六名、一八九七（明治三〇）年に三三八名、一九〇七（明治四〇）年に四九五名との記録がある。[25]
その後、弥三は岐阜県立東濃中学校に入学している。東濃中学校は、現在の東濃高校である。所在

地は岐阜県可児《かに》郡御嵩《みたけ》町御嵩二八五四番地一号。

東濃高校の沿革史を見ると、一八九六（明治二九）年四月に岐阜県尋常中学校東濃分校と称し、御嵩町立小学校を仮校舎として創立され、同年一一月に御嵩町赤坂に新校舎落成、移転する。

さらに、一八九八（明治三一）年四月に岐阜県東濃尋常中学校と改称する。翌一八九九（明治三二）年四月に岐阜県東濃中学校に改称。翌年の一九〇〇（明治三三）年三月に第一回卒業式で、一〇名の卒業生を送り出す。

その後、一九〇一（明治三四）年六月には、岐阜県立東濃中学校と改称されるので、弥三が入学した当時の正式な学校名は「岐阜県立東濃中学校」であった。

一九二三（大正一二）年四月に再び、岐阜県東濃中学校と正式名称の変更があったので、弥三は岐阜県東濃中学校の卒業生となる。こうして、東濃中学校は、戦後の一九四八（昭和二三）年四月に東

24　こうした問題を考えるうえで参考となる論文を二本挙げておく。三羽光彦「一九三〇年代における農本的全教育の実践(3)　岐阜県恵那郡蛭川村の「興村教育」」（『芦屋大学論叢』第五一号・二〇〇九年）、梶龍輔「地方改良運動と葬祭儀礼の関係—岐阜県蛭川村における神道的葬祭儀礼の歴史と実体を事例に」（『駒沢大学大学院　教学研究会年報』第四七号・二〇一四年五月）。
25　ふるさと蛭川編集委員会編『ふるさと蛭川』（蛭川村、一九八五年三月）。

濃高校と改称されるまで、その名を保持した。

弥三は東濃中学校から第一高等学校（旧制一高）に進学する。言うまでもなく、旧制一高は旧制高等学校のなかで最初に創設された。一八八六（明治一九）年創設当時は、第一高等中学校と呼称されたが、一八九四（明治二七）年に第一高等学校と改称された。

弥三は、その一高の最初の試験に失敗する。

旧制一高の就学期間は三ヶ年であり、帝国大学の予科として役割を果たした。一部に法学、政治学・文学・二部に工学・理学・農学・薬学、三部に医学があった。弥三は、一部の法学に籍を置いた。

弥三が通った当時、出身の旧制中学校名を追うと、一九〇七（明治四〇）年当時で府立一中（現在、都立日比谷高校）、府立四中（現在、都立戸山高校）、東京高等師範附属中学校（現在、筑波大学付属中・高校）、早稲田中学校など東京府下の有名校からそれぞれ三〇名ほどの入学者数を出していた。

このなかで東京府以外の地方の出身者が旧制一高に進学するのは、並大抵ではなかったはずである。

旧制一高の学生のほとんどが東京帝国大学に進学するが、弥三は京都帝国大学の法学部に入学した。成績上の問題か、郷里の岐阜に近いためだったのか。

京都帝大時代の弥三の学生生活ぶりを推し量る資料は乏しい。けれども、エリート官僚養成所的な傾向と雰囲気を持していた東京帝大に進まず、比較的に自由で文化と歴史の香り高い京都を敢えて選んだとすれば興味深い。

弥三の後輩にあたるが近衛文麿《このえふみまろ》が京都帝大に進学し、河上肇をはじめとする自由主義者や社会主義者と評せられる教授連から、何らかの影響を受けていたことは周知の事実である。

時代は少々異なるとは言え、そうした京都帝大に進んだのは、後の弥三にどのような影響力があったのか。やはり、興味深い。

因みに近衛文麿は、五摂家《ごせつけ》（近衛家・九条家・二条家・一条家・鷹司《たかつかさ》家）の筆頭筋にあたり、藤原氏嫡流《ちゃくりゅう》で公家の家格の頂点に位置する。京都を基盤とする出自であれば、京都帝大に進んだ理由もわからない訳ではない。また、一説には、東京帝大の官僚臭が文麿の肌に合わなかったとも言う。

だが、弥三が東京帝大ではなく、京都帝大を選択した理由は定かでない。また文麿と比較するのも意味がないかも知れない。蛭川村の有力者であった父を持つ地方名望家の出自であれば、官僚臭のする東京帝大に進むのが、ある意味で通常の感覚と思われるからだ。

第二章　日記のなかの家族と弥三

1　家族史点描

官僚への道

弥三は、一九二〇（大正九）年京都帝大を卒業し、七月に内務省に入省する。官僚人生のスタートである。そして、同年一〇月に愛知県属となる。入省直後はしばらく地方に出向させられるのが、官僚としての慣行であった。

さらに同年一〇月、高等文官試験行政科試験に合格する。

高等文官試験は、一八九四年から日本敗戦後の一九四八年まで続けられた高級官僚採用試験のこと。一九一八年までは高等試験令（大正七年勅令第七号）と呼称されたが、それ以後は高等試験の名称に変更された。通常は、高文《こうぶん》とか高文試験と呼ばれた。

この高文試験の合格者は、「高文官僚」とも称され、異例の若さでスピード出世していく道が開かれた。[26] 高文試験に合格すれば、高級官僚に登用される道が開かれるが、それだけに高難度の試験であった。

それは、第二次世界大戦後の一九四八年に廃止される。現在では人事院が実施する国家公務員試験（高等文官試験行政科）と法務省が実施する司法試験（高等文官試験司法科）に引き継がれている。さらに、二〇一八年以降で高等文官試験行政科を継承するのは、国家公務員試験総合職試験である。

なお、弥三が合格した一九二〇年には、商工省に入省した岸信介《のぶすけ》がいる。岸は満州国（満州帝国）での経済運営を一手に握り、親軍的立場を採り続け、一九四一年一〇月、東条英機《ひでき》内閣の副総理格と

26　行政史や行政制度の研究者である川手摂《しょう》は、これに関連して、「戦前期において、高文官僚―高文試験に合格して各省に採用された官吏―は、それ以外の者と人事処遇上明確に峻別」され、「それ以外の者と比較にならない速度で昇進し、幹部ポストを独占していた。」（「昭和前期の官僚制度改革構想―高文官僚優遇の制度的基盤(2)」後藤・安田記念東京都市問題研究所編刊『都市問題』第一〇六巻第七号・二〇一五年七月号、九五頁）と指摘している。

して商工大臣に就任する。戦後、A級戦犯に指名されるも三年余の刑期を経て政界入りし、内閣総理大臣まで昇り詰める。安倍晋三前首相の外祖父《がいそふ》でもある。

高文ということでは我妻栄《わがつまさかえ》がいる。彼は東京帝大に一番で入学し、一番（首席）で卒業したとされる著名な法学者である。東京帝大の教授を務め、戦後は日本国憲法の制定に携わるため、貴族院議員となった。その我妻は東京帝大在学中に試験に合格している。

また、一八九四（明治二七）年から一九四七（昭和二二）年までの期間中、高文試験合格者数で一頭地を抜いている大学は、東京帝大の五九六九人、次いで弥三の母校である京都帝大で七九五人、その後は中央大学四四四人。

以上の三校に続くのは、日本大学の三〇六人、東京商科大学（現在の一橋大学）の二一一人、東北帝国大学の一八八人、早稲田大学の一八二人、逓信官吏練習所の一七三人、明治大学の一四四人、九州帝国大学の一三七人の順であった。

高文試験に合格した弥三は、エリート官僚の道へと進む。弥三が選んだ官庁は内務省であった。戦前の内務省は、「官僚勢力の総本山」とか「官僚の本拠」と称された最大最強の官庁。文字通り、地方行政から警察関係まで強大な権限を有していた。

その長官である内務大臣は閣内にあっては、大半は内閣総理大臣に次ぐ副総理格として重きをなした。弥三が、どのような理由で内務省入りを決めたか明らかでないが、国内政治に強い関心を抱いていたことは想像できる。

任官以後、弥三は一九二一年（大正一〇）一二月に北海道保安課長、一九二三（大正一二）年三月に北海道石狩支庁長、一九二三（大正一二）年一〇月北海道空知支庁長、一九二四（大正一三）年一二月に北海道庁事務官、一九二五（大正一四）年一月に兵庫県外事課長とキャリアを積んでいく。

そして、一九二六年の日記を綴った折の勤務先は兵庫県であった。それまで北海道勤務が続いた訳で、関西圏への勤務は随分と雰囲気も異なっていたであろう。

官僚生活と家族風景

ここで、一九二六（大正一五年～昭和元）年の「弥三日記」から、当時の家族や生活の一端を追ってみよう。

大学卒業後、何故に官僚への道に進んだのか、その経緯や心模様を示す日記は入手し得ていない。また、既述の通り、子宝に恵まれた弥三は、多忙のなかにも子煩悩《こぼんのう》ぶりを示す記述が多々ある。

一九二六年一月の末から風邪を患《わずら》い、体調を崩していたようで、一月三〇日の日記には、「今日は大分気分もいい様であるが土曜でもあるから、もう一日役所を休むことに決めた。一日、小供《（ママ）》達にゃんやとたのしくせめたてられる。」と嬉しそうに綴る。

また、「今日は道雄〔弥三の三男〕の誕生日。赤飯をたいて祝う。」（一九二六年一月三一日の項）など、子どもの成長に喜ぶ様は、どこの父親とも同じである。

だが、その弥三に不幸が訪れる。長男康夫の病死である。子煩悩であった弥三にとって、長男康夫の病死は辛く耐え難いものであった。

一九二六年一〇月初めから病を得た康夫が臨終を迎えた様子を、悲しみに堪えながら、日記には「亡きからをひしとだきついて、人目もかまわず泣くのみである。」「折角に七才にまで育って、これからと云う時に。」（一九二六年一〇月一八日の項）と悔しさを率直に記す。

そして、翌月の日記には、「I have experience the deepest grief of the life over the death of my eldest son.」〔私は長男の死という人生で最も深い悲しみを経験する。〕」（一九二六年一一月三日の項）と英文で書きつける。

この康夫の死は、弥三にとり終生忘れえぬ痛恨事として、深く心に強く刻まれることになる。さらに、弥三に悲しみが襲う。妻久子の病死である。

続いて、一九二七（昭和二）年の日記に入る。

その正月の日記に、「悲しき思いでの大正十五年（昭和元年）を送って、茲《ここ》に新らしく昭和二年の元旦を迎える。……諒闇《りょうあん》の中に年を迎え、我は亦《また》長子を失ひ、最愛の妻に先立たれ、重なる悲愁の中で、まずはこの年を迎える。神よ、今年は我等の上に幸いを与え給《たま》えかし。」（一九二七年一月一日の項）と祈るような思いを吐露する。

長男の死を追うように逝った妻久子への思いは、「まだ三十の身空で死んだ久子のことを思うと、全くあきらめられぬ。」（一九二七年一月三日の項）と悲しみと悔しさが率直に綴られる。

相次いだ悲しみ

長男康夫と妻久子の病死は、弥三の終生一貫した悲しみとなって刻印されたのであろう。相次いだ家族の死に遭遇するなかで、弥三の子どもへの愛情は深まっていく。その様子が日記に幾度となく登場する。

康夫を失った後、兄弟たちが体調を崩した折には、ひどく心配する気持ちを隠さない。

三男の道雄が高熱を出した折には、「道ちゃん。相変わらず熱が三十八度計《ばか》りある。元気はいいが心配でならぬ。午後橋本先生が来て診て下さった。風邪で助膜炎《ろくまくえん》〔胸膜炎のこと〕や肺炎の心配はないとおっしゃる。早く熱が引いて呉《くれ》ないと心配でたまらぬ。」（一九二七年一月四日の項）等々。

道雄は、それ以後も何度も熱を出す。二度と康夫の二の舞としたくない、との思いが切々と伝わる文面である。

その後も子どもたちの成長ぶりを繰り返し、切り取るように書きつける。

「子供は確かに可愛いものだ。家族に賑やかさを齎《もたら》すものである。」（同年一月七日の項）と。子どもを持つ親であれば、誰もが感じる思いだ。家族の賑やかさに幸せを感じると同時に、弥三は、「それにつけても最愛の子供の成長を見ずに身まかりし妻の身の上は如何にも気の毒である。可哀相である。」（同年一月七日の項）とも記す。

子どもがもたらしてくれる幸せを感じることもなく逝った妻久子への思いは、深まるばかりであったようだ。

妻久子を失った寂しさは、己ばかりではない。母を亡くした子どもの心情を、「母なき子供の如何にも可哀相に思われてならぬ。思ふ存分抱きしめて泣いて見たい様な心持ちになる。」（一九二七年一月一二日の項）との文面で悲しみを表現する。

子どもへの愛情に満ちた心情は、時代を下って一九三〇年代後半の日記にも頻繁に登場する。

ここで時代は少し下る。

弥三は、一九三八（昭和一三）年の年末、一二月二六日に胃潰瘍《かいよう》が原因で吐血《とけつ》する。正月を病院（県立神戸病院）で過ごす。ここでも子どもたちについて触れている。

「子供達打揃《うちそろ》って見舞いに来てくれる。利男一九、道雄一七、公子一六、吉三一〇、浩三八、百合子六、他に郷里に巌一六、博一五が郷里に居る。」と子どもたちの成長を喜びながらも、「巌、博、公子何れも体は、余り丈夫でない。どうしたものか。大勢の子供の前途を思ふ時、全く暗然たらざるを得ない。」（一九三九年一月四日の項）と。相変わらず子どもへの心配を吐露《とろ》する。

弥三が大分県知事となり、四七歳の誕生日を迎えた日の日記には、同様の心配が吐露されている。すなわち、「今日は小生の誕生日なり。四十七回目を迎ふ。過去を振り返って努力の足らざることを悔やむ。亦父、祖母を続いて亡ひ、一層寂しきを覚《おぼ》ゆ。子供は長男を亡ひ、二男の健康を害し一人前の人間にはなれず。三男以下大勢の子供も一人として現に心配をぬけない。」（一九三九年一二月一九日の項）と。相変わらずの心配性ぶりである。

2　弥三の社会観念

追善寄附

さて、「弥三日記」には、家族のこと以外にも、趣味などの話も頻繁に綴られている。再び一九二六年の日記から。

日記帳に弥三の性格を窺《うかが》い知る材料は多くないが、日記の「今日の修養」の欄には、「もう一月も過ぎた。一月中は何をやったかと顧みるとき、なさけない。毎日毎月毎年、そして一生こんな風に過ごすのか。」（一九二六年一月三一日の項）と書き込んだ。慌ただしい日々を嘆息しているのか、恐らく現代人の多くに共通する心情を吐露する。

その一方で、たくさんの趣味を愉しむが如《ごと》きの記述もまた多い。剣道、乗馬、麻雀、ビリヤード、山登りなどを嗜《たしな》む趣向の話も頻繁に出てくる。「役所で一寸マージャンをやって帰宅。」（一九二六年二月一八日の項）といった具合だ。

お酒は余り強いほうではなかったらしい。

例えば、猪飼《いかい》という名の人物と大和ホテルで会食し、「夕食を御馳層《（ママ）》〔走〕になり、カクテルだのベネデクティンなど飲まされて、すっかり酔う。」（一九二六年二月一六日）とある。因みに、ベネデイクティン（Benedictine）とは、フランス産のブランデーをベースとするアルコール度数四〇度程のリキュールである。

心模様を綴った文面も散見される。

「頗《すこぶ》る気持ちのいゝお天気になった。ガラス窓を通して射す光線は全く素晴らしい。何処からか鶯の音でも聞こえてくるくらい上々である。」（一九二六年二月二一日の項）といった具合に。

また、弥三は多くの官僚や政治家がそうであったように、多忙のなかにも面倒見の良さを披瀝《ひれき》している。

「三木玄俊君の妻君と子息とがこられて、三木君のこと色々と頼まれた。出来る限り、一つ労を折ってやろうと考える。鐘紡か三菱電機を希望する。」（一九二六年二月二五日の項）等と。弥三は、翌日早速に三菱電機と接触し、就職実現に向けて動いている。

政治家であれば、いわゆる口利きは、選挙活動の一環として頻繁《ひんぱん》に行われるものだ。だが、一官僚の身でありながら、口利きを快く引き受けている。この積極的な対応ぶりは、戦後政治家へと転身していくなかでも、引き継がれていく。

これは面倒見の良さやフットワークの軽さを示すものであろう。弥三は決して寡黙《かもく》の人ではなく、多くの人士との交流を趣味や酒宴の場などを利用して活発に動いた官僚であったようだ。

また、人徳を重んじる姿勢を貫いた。

妻久子の死去にたくさんの人たちが慰めの声をかけ、御見舞が寄せられた。弥三は、その御返《おかえ》しとして、多くの組織団体に追善寄附を行っている。

寄付の事実は、当地発行の新聞に記載されている。弥三は、一九二七年二月一〇日の項に、その新聞切り抜きを張り付けていた。その新聞の文面は次の通りである。

追善寄附

本県外事課長纐纈彌三氏は故久子夫人逝去の際に寄せられた各方面の同情を記念し、かつ故人の冥福を祈るため、今回左の如く各慈善団その他に寄付した。金額百円（岐阜県神国教本部）、同（同蛭川村奨学資金）、八十円（戦役記念保育会）、同（神戸孤児院）、同（同婦人同情会）、六十円（同明保育園）、同（女子教育院）、同（神戸養老院）、同（岡田修養保護院）、同（神戸報国義会）、同（武庫の里）、同（神戸警隣館）。

弥三の寄附先として注目されるのは、神戸婦人同情会である。

「社会福祉法人　神戸婦人同情会」のホームページによれば、同会は「信仰・希望・愛」「与えて思わず・受けて忘れず」を基本理念に城ノブ（一八七二年〜一九五九年）によって一九一六（大正五）年に創設されたキリスト教精神に基づいた児童の支援を目指す団体とのことである。

この城ノブの履歴は注目される。

城は、一八九〇（明治二三）年に松山女学校を経て、同年に聖経女学校神学部（後の青山学院大学神

城ノブ（中央）と立て札

学部）を卒業し、その後教師としてキリスト教の伝道に従事。一九〇三（明治三六）年に社会主義者の伊藤智二郎と結婚。伊藤は、安部磯雄・片山潜《せん》・幸《こう》徳秋水《とくしゅうすい》等を主要メンバーとする社会主義研究会（一八九八年結成）の一員であった。

ノブは一子をもうけるが、伊藤が国外に脱出。実家に戻った後、一九一六（大正五）年に神戸婦人同情会を結成。自殺志願者や崩壊家庭の母子などの支援に当った。神戸市内に同会第一母子寮や青谷愛児園などを開設。恵まれない女性たちの救済に貢献した。

因みに城ノブは、自殺の名所と言われた須磨の海岸や飛び込みが増えていた鉄道線路際に、「一寸《ちょっと》待て。神は愛なり。死なねばならぬ事情のある方は、いらしてください。ご相談に預かります。」との立て札を立てたという。

第一次世界大戦が終了した一九一八（大正七）年のことである。

日本は当時、大戦景気で「成金《なりきん》」が各地で出現する時代であった。しかし、一方で貧困と差別に呻《しん》吟《ぎん》する人たち、なかでも弱者であった女性や子どもには冷たい風が吹いていたのである。

そうした社会の状況のなかで、弥三は貧困や差別に心を寄せている。

弥三の寄付対象は、この他に犯罪に手を染め、釈放後にも住居が定まらなかった人たちへの宿泊場を提供する保護院や、身寄りなき高齢者への救済場である養老院など、社会的弱者救済施設への寄付・献金に集中している。

恐らく弥三にしてみれば、秋三郎が蛭川村で実践してきた報徳運動の根底にある社会秩序を保つためには、弱者救済事業が不可欠だとする認識を抱いていたからであろう。

貧困や差別など社会矛盾から社会秩序の混乱が派生すると捉えたとき、民衆の内側から相互扶助の精神を基底に据えた救済活動は、矛盾の深刻化に伴い活発化していたのである。

本来であれば近代国家は、そうした弱者を救済するための政策を履行することが求められていたはずだ。

だが、国家の貧困対策や弱者救済対策が不十分である場合には、勢い民間の活動が必要とされた。また、そうした社会矛盾が生まれる構造的な背景への関心は、いわゆる社会主義者やキリスト主義者など宗教者のなかに拡がっていった時代でもあったのである。

日本の近代化が進む中で、それに比例して村落共同体秩序が揺らぎ始め、同時に貧困や差別などが深刻化するとき、これに如何に向き合うのかが真剣に問われた時代でもあった。

ともあれ弥三が、こうした社会矛盾への関心を少なからず抱いていたことは、その寄付対象により想像に難くない。

相反する行為

日本共産党をはじめ、無産政党は、深刻化する構造的な社会矛盾の解決のために全力を尽くした。しかし、弥三は警察畑を専門とする内務官僚としての立場から、これを弾圧する側に身を置いたことは、一見不可思議なことのようにも思える。

苛烈《かれつ》な弾圧や拷問を敢えて行い、天皇制官僚としての職分を果たす。他方で慈善事業に理解を示す。この二つの行為を一人の人間が行うのである。一体この相反する行為は、如何なる心情と意識によって繋がっているのだろうか。それを行い得るのは、人間の強さなのか弱さなのか。

妻久子の死去は一九二六年一二月。そして、慈善事業を進めながら、三・一五事件は、一九二八年三月である。慈善事業と弾圧指揮とを同じ土俵に上げて吟味するのは、無意味なことかも知れないが、沈思せざるをえない。

貧困や差別の改善を志向する思いを抱きつつ、その貧困や差別を生み出す社会構造への切り込みに生命を張った日本共産党員や、そのシンパへの弾圧・拷問の行為。この矛盾と乖離への自覚は、本当に不在であったのだろうか。

職務に忠実でありたい、と願う心情は普遍的な心理に違いない。弥三とて戦前日本社会の貧困や差別に気づかなかった訳ではあるまい。その証拠が慈善事業の一環としての寄附行為であったはずだ。しかし、その貧困や差別の温床が何処に存在していたかの洞察なり、それを正面から受け止めようとする姿勢は見られない。

天皇制官僚ゆえだったのか、それとも一人の人間としての限界であったのか。その深刻な乖離や矛盾が生じた背景なり、理由なりを知りたいと思う。

官僚となった弥三は、その権力行使を社会矛盾の解決のために行使するのではなく、天皇の官僚として、天皇制秩序（国体）を乱す存在としての、日本共産党をはじめ、社会主義諸団体・諸組織の弾圧に奔走することになる。

さて、同時期の弥三の日記を追うと、大正から昭和にかけての日記に、政界の動きへのコメントを少しばかり記している。

例えば、一九二六年一月二八日、加藤高明首相（憲政会所属）の逝去の報に接したこの日、「然《しか》し条理は若槻《わかつき》内相に大命下るべきものであろう。とにかく加藤首相の死は、相当大きな渦巻を政界に生ぜしめるであろう。」と記している。若槻内務大臣への信頼と尊敬の念もあってか、このような思いを残したと思われる。

弥三の政界読み解きは、翌日（一九二六年一月二九日付）の日記にも表れる。

後継内閣をめぐり政界は揺れ動く。「新聞には大方後継内閣の問題が論ぜられている。政友会は吾党に来べきだと云って居る。憲政会は勿論若槻氏の大命降下を期して居る。そして、一般の人達も大体はそう云う観察をして居る。」と。

さらに弥三は書く。「本年還暦の齢。最近の首相としては最も若少であろう。然し頭脳も明晰。」と高く評価する。

大蔵官僚出身であった憲政会の若槻礼次郎は、手堅い手法を用いる政界重鎮の一人であり、比較的リベラルな政治観念の持ち主であった。その若槻を弥三が評価しているのは、意外と言えば意外である。

というのは、やはり憲政会の政党人で加藤内閣の幣原喜重郎《しではらきじゅうろう》外務大臣は、対中国政策が融和的だとして、対中国強硬外交を主張していた野党政友会と、軍部急進派から非難されていたからである。そして、一九二七年に発生した金融恐慌の折、台湾銀行救済勅令案が枢密院で否決されたことを契機に若槻内閣は総辞職する。代わって内閣を組織したのが陸軍大将で、政友会総裁に就いていた田中義一《ぎいち》である。

三・一五事件が引き起こされたのは、この田中義一政友会内閣のときのことであった。

多様な読書傾向

弥三が、少なからず読書家であったことは確かである。日記には、読書遍歴を示す記述が目立つ。例えば、「エレン・ケイの恋愛観など共鳴する。」（一九二六年二月二三日の項）とある。

エレン・ケイ（Ellen Key 1849–1926）は、スウェーデンの思想家・教育家であり、近代化・工業化の進展するなかで労働弱者としての女性あるいは児童の存在に着目。その救済のために「生の信仰」を提唱。そこでは母性尊重・家庭教育重視・児童の自由で自発的な活動の必要性を説いた。とくにその母性至上主義は、女性解放運動にも多大な影響を与えたとされる。

エレン・ケイの何を読んだのか題名は記されていない。エレン・ケイの恋愛観や理念を知る上では、『恋愛と結婚』（原田実訳、新潮社、一九一九年）、無政府主義者であった大杉栄の妻伊藤野枝《のえ》が翻訳した『恋愛と道徳』（一九二六年、大杉栄全集刊行会編『大杉栄全集』別冊として刊行）などがある。エレン・ケイは大正デモクラシー期に日本でも多くの読者を集めた著名な思想家であった。刊行年に近いということであれば、弥三が読んだのは、『恋愛と道徳』の可能性が高い。

この他にも『婦人運動』（原田実訳、大日本文明協会事務所、一九一六年）、『戦争平和及将来』（本間久雄訳、大日本文明協会、一九一八年）、『母性の復興』（平塚らいてう訳、新潮社、一九一九年）、『児童の世紀』（原田実訳、冨山房百科文庫、一九三八年）等々。

いずれにせよ、大正デモクラシー期における女性解放運動に多大な影響力を発揮したエレン・ケイの著作に触れていたのである。

エレン・ケイの著作は当該期の知識人の、いわば必読書に近い感覚で捉えられていた著作群であり、そうした流行作家の著作と、何よりもその内容に何かしらの関心を抱き続けていた弥三の精神の在り様が髣髴《ほうふつ》する。

弥三は、このほかにも、日記のなかでマルクスやクロポトキン、ラッセル、トルストイ、モリス、カーペンターなどの著書の名前を挙げている。

このうちマルクスやトルストイ、あるいはバートランド・ラッセルは説明不要だろう。クロポトキンは（Kropotkin, Pëter Alekseevich, 1842-1921）は、ロシアの無政府主義者であり、相互扶助論や自発的な生産者組合組織による無権力社会を提唱した人物。

弥三がこうした人物の著作を読んでいたのは興味深いが、一体何を読んでいたかは明記していない。クロポトキンで言えば、『相互扶助論』（春陽堂、一九〇二年）か、それとも『パンの略取』（平民社、一九〇九年）の何れかの可能性がある。前者は、大杉栄による翻訳本が出版されている。

また、モリスとは恐らくウイリアム・モリス（Wiliam Moris 1834-1896）のことであろう。モリスは多くのロマンスをテーマとした作品を残し、「モダン・ファンタジーの父」と評される作家である。同時にマルクス主義者でもあった。

また、カーペンターとは、エドワード・カーペンター（Edward Carpenter 1844-1929）のことであろう。ウイリアム・モリスと親しく、社会主義思想家で社会民主同盟に参加し、日本のアナーキストであった石川三四郎と親交があったとされている。

この他にも弥三は、文学作品にも随分と関心を持ち、読書を愉しんでいたようだ。

例えば、「谷崎潤一郎の『痴人の愛』（一九二五年）を読み終わる。」（一九二七年二月二七日の項）と記し、あるいはパール・バックの『大地』（一九三九年四月二日の項）等の記述が散見される。

弥三の日記に登場する作家たちは、ごく一部であろうが、面白いことに、共通することは社会主義者や無政府主義者など、既存の権力から疎外・排除され、社会変革を強く志向する知識人作家の作品に関心を抱いていることである。

当該期、弥三は外事課長として外国事情への関心を仕事柄持たざるを得ない環境にあった。それゆえに、そうした作家に影響を受けた日本の社会主義者や社会主義運動、さらには共産主義運動に勢い関心と警戒心とから、作家の作品を積極的に目にしていたのかも知れない。

弥三は大分県知事就任後にも寸刻を惜しむかのように、時間が出来れば読書を楽しむ習慣を続けた。その一部を知事就任前後をも含めて、日記から拾い出してみよう。

弥三は、日本の作家の作品も時間があれば愉しんだようだ。

例えば、「大菩薩峠の三冊目を読み始める。」（一九三九年五月二一日の項）とある。『大菩薩峠』は中里介山《かいざん》の時代長編小説（未完）であり、全四〇巻ほどもある。弥三が、どこまで読み続けたかは不明だが。

弥三は知事時代にも県内各地を視察の折、また記念式典など参列して宿泊する場合にも必ず書物を持参していたようだ。

一九三九年五月二七日、別府陸軍病院（正式には小倉衛戍病院別府分院、現在は国立別府病院）の記念式典に参列し、別府の旅館に投宿した折にも、『大菩薩峠』の第三冊を読了し、「山岡鉄舟《てつしゅう》講述の武士道を読み始める。」（一九三九年五月二八日の項）と記す（読了は、一九三九年六月三日）。

山岡鉄舟の著作は、戦後の現在まで実に多くの出版物が刊行されている。弥三が読んだと記す『武士道』は一九〇二年に初版が出版されたものか。

「武士道」なる言葉が流行し、日本研究家で東京帝国大学でも教鞭を執ったバジル・ホール・チェンバレン（Basil Hall Chamberlain, 1850-1935）が、*"Things Japanese"*（『日本事物誌』）で「新宗教の発明」と呼んだ「武士道」論が論じられていた時期でもあった。

また、弥三は西郷隆盛《たかもり》への尊敬心を抱いていたことを髣髴とさせる文面を書き残す。「政教社編大西郷遺訓を読む。」（一九三九年六月四日の項）とある。これは恐らく小谷保太郎編の『立雲頭山満先生講評　大西郷遺訓』（東京政教社、一九二六年）であろう。「廟堂に立ちて大政を理するは、天道を行ふことなり。」で始まる同書は、戦後の現在も広く読み継がれたもの。西南戦争で最後は天皇に弓引《ひ》く謀反《むほん》人となり、鹿児島の城山で自害して果てた西郷隆盛の人気は、当時も今も変わらない。そこには天子（天皇）への徹底した敬愛の精神が盛られている。その西郷遺訓への、弥三の心酔ぶりが窺える。

自由主義から国家主義まで

さらに続けよう。

「杉浦先生の倫理御進講草案などを読む。」（一九三九年六月一一日の項）とある。杉浦重剛《じゅうこう》（一八五五〜一九二四年）は、明治と大正時代を代表する国粋主義者。教育者でもあった。特に昭和天皇や秩父宮・高松宮の三兄弟に帝王学を伝授したことで著名な人物である。

弥三が読んだと記す「倫理御進講草案」とは、『倫理御進講草案』（猪狩又蔵編纂、杉浦重剛先生倫理御進講草案刊行会、一九三六年）と思われる。類書に『倫理御進講草案』（猪狩又蔵編纂、杉浦重剛先生

倫理御進講草案刊行会、一九三七年）、『選集　倫理御進講草案』（第一書房、一九三八年）等がある。

それらを読んでいた一九三九年の中頃、胃潰瘍の後遺症で安静を余儀なくされた弥三は、その分好きな読書に時間を得る。

「七月中日の項」には、これまで日記に書き留めた書名の他に、一九二六（大正一五）年に制作公開され、長編劇映画の原作ともなった大佛《おさらぎ》次郎『照る日くもる日』のほか、「おい見ねえ。むこうから洒落狂《しゃれきち》が来る」の言葉が流行ったとされる、美女お花を主人公にした本田美禅《びぜん》『御洒落狂女』、「戦時国民の覚悟」の章で始まる永田秀次郎『国民の書』（人文書院、一九三九年）等々。

因みに永田は、弥三と同様に内務官僚出身。三重県知事（第一八代）を経て、東京市長や拓殖大学総長、貴族院勅撰議員、広田弘毅《こうき》内閣の拓務大臣、阿部信行《のぶゆき》内閣の鉄道大臣などを務めた官僚出身の政治家であり、俳人でもある異色の人物であった。

社会主義思想への関心

一九三九年一月一七日からの日記は、弥三自らの体調を詳細に記録する。二月一六日まで続く。弥三は、三月に入ってようやく退院の身となった。弥三は三月一五日付けで、知人友人宛に病気回復を知らせる葉書を投函する。葉書の後半部分は以下の如くである。

「性来さまで頑健には御座《ござ》なく候《そうろう》ひしも、今回の如き重病に悩み申候《もうしそうろう》ことは無之《これなし》（重病に悩んだことはなかった」、何分にも時局多端の折柄病魔の為とは申乍《なが》ら、長期間に亘り各方面に多大の御迷惑と御心配を相《あい》かけ誠に申訳も之なき儀と恐縮に存居候《ぞんじおりそうろう》。今暫《しば》らく予後の静養を致し、更に郷里に於て亡父の本葬をも取済まし、捲土重来の意気を以《もっ》て粉骨砕身非常時局下の重大時期に処し、邦家《ほうか》の為《ため》微力を致度《いたしたき》所存に御座候間《そうろうあいだ》、何卒《なにとぞ》今後一層の御指導と御鞭撻の程、伏して御願申上候。」

実は胃潰瘍で長期入院を強いられたとき、父秋三郎が死去する。この葉書にあるように、秋三郎死去の折には郷里蛭川村に帰省すること叶わず、後日、本葬を催す結果となった。

死去の報せを病床の折に耳にすることになった弥三は、父秋三郎の事に触れて次のように記している。

すなわち、「厳格で近づきにくい面もあった父でも子供にはやさしく味のあった父、学生時代には色々と教訓を授けて身にしみた思い出は尽きない。晩年は家の借金のこと、村のことが気にかかり、必ず帰省の時にそれが出た。」（一九三九年一月一五日の項）として、厳父の思い出を語りつつ、蛭川村への献身的な働きを記す。

具体的には報徳社の創設、郡会議員に就いた後にも、「村の福利開発が父の頭を支配していた。」とも。地方行政に身命を賭《と》して懸命に働いた父への敬慕の思いを語る。

確かに秋三郎は家を報徳社に提供し、私財をも蛭川村のために投じていた。それが借金となって残ったのであろう。また、晩年において秋三郎の思いとは裏腹に、必ずしも思い通りに村の経営が運ばなかったことも事実として記している。

秋三郎の本葬は、一九三九（昭和一四）年五月一四日に執り行われた。これに触れて、「弥三日記」には、「埋葬の儀を行ひ、井口先生の隣に埋める。」（同年五月一四日の項）とある。秋三郎と井口丑二《いのくちうしじ》の関係の深さを物語る。

因みに弥三は、その後も胃潰瘍の後遺症に悩まされ続け、例えば大分県知事時代に県内視察の途次、三重町（現在は豊後大野市）で貧血で倒れる。日記には、「恐らく胃潰瘍の再発、内出血の結果なるべし。」（一九三九年六月二八日の項）と記す。

弥三は温泉地湯布院《ゆふいん》に投宿する。療養をも兼ねてのことであろう。「気持ちのよい太陽の光を浴びて、藤椅子に横になり乍《なが》ら友松円諦《ともまつえんたい》師の人生と死を読む。」（一九三九年一〇月一八日の項）とある。

友松円諦（一八九五～一九七三年）は、宗教家で仏文学者。全日本仏教界の創立者でもある。弥三が読んだという「人生と死」と題する著作はない。

友松が一九三〇年代に著した著作に『現代人の仏教概論』（第一書房、一九三三年）、『法句経講義』（第一書房、一九三四年）、『不二の世界』（第一書房、一九三四年）の三冊があるので、その何れかであろう。

敗戦の前年（一九四四年）に弥三の読書歴は、際立って国家主義や国粋主義の色彩を強く帯びた著作群に集中しているかのようだ。

例えば、江戸末期の思想家で水戸学の創設者藤田幽谷《ゆうこく》の次男であり、尊王攘夷派を主導したことで著名な藤田東湖《とうこ》（一八〇六～一八五五年）の『東湖全集』にも目を通している。

同書は、一八九八（明治三一）年に随筆集誌発行所から最初に出版され、次いで一九〇九（明治四二）年に博文館から出版されている。弥三がどの出版社からの全集を読んだのか定かでないが、「東湖全集第四巻を読み初《（ママ）》〔始〕める。」（一九四四年七月二七日の項）と記す。

日記には以後も様々な読書歴が綴られているが、全体を通してみると、先に紹介したカーペンターやクロポトキンなど社会主義思想や自由主義思想の立ち位置にある作家の作品にも、少なからず関心を寄せている。それ自体、本人の思想的な立場とは直接に関係なく、当該期の読書人に見られる一般的な傾向とも言えた。

弥三の場合、それが警視庁特高課長に任じた前後において、特に顕著であったように思われる。しかし、時代が下るに従って、読書傾向はいわゆる国家主義思想で括れる傾向を強めていく。これも時代の流れに符合するのかも知れない。

自由教育に疑問

日記に示された弥三の社会観念や自由教育への認識は、どのようなものであったであろうか。

一九二七年五月に警視庁特高課長兼外事課長に就任し、そして三・一五事件で指揮を執る弥三の社会観念と弾圧とを直接に結びつけるのは、やや乱暴の誹《そし》りを免れないかも知れない。

しかし、弾圧の指揮を執った弥三が、一体如何なる社会観念を抱いていたかを知ることは無駄ではあるまい。だからと言って、弾圧の指揮ぶりを左右した訳でないとしても。

繰り返すが、弥三が父秋太郎の影響なのか、二宮尊徳の思想に傾倒していたことは確かなようだ。一九二七年一月八日の項には、「報徳思想の枝折より（一月一日の項）」と題して「報徳書類として最も著名なもの」として、㋑報徳記（富田高慶著）から㋶大二宮尊徳（井口丑二）の合計二二冊が紹介されている。

これは弥三がすべて読破しているという訳ではなく、文字通り報徳研究の必読文献としてリストアップしたのであろう。一官僚としては、特定の思想家に偏在した言動は、公には慎む必要が当然ながらあった。

それもあってか、「報徳研究」の時間を割くことは無理であった。しかし、報徳研究は、実父秋三郎が蛭川村を舞台に心血を注ぎ普及に努めた思想であっただけに、弥三も深い関心を抱いていたのであろう。

また、「自由教育」について触れている点も注目される。

当時、国家や権力の介入を前提とする公教育に対抗する自由教育、あるいは新教育と言われる教育運動が活発となっていた。

大正デモクラシー思想のひとつの反映でもあったが、自由教育とは、国家や権力に従順に奉仕し、生活の糧を得るためのスキルを習得することを主な目的として施行されていた公教育と異なり、リベラル・エデュケーション（liberal education）の発想から、教育をあくまで人間の教養を身に付ける手段と捉える教育である。それを実践する学校が、共に一九二一年に設立された自由学園や文化学院などであった。

弥三は日記のなかで「〇自由教育」とタイトルを冠して、それが「自由教育と云ひ、或は人道教育と呼ぶべきものであって、範囲は極めて混乱したるものがある。」（一九二七年五月一日の項）と、その狙いを理解しつつ、懐疑的な感想を記す。

さらに、「自由教育と呼ぶ次のものは畢竟《ひっきょう》〔つまるところ〕するに、この探検と変わらないのである。」（同年五月二日の項）と、やや結論的な物言いをしている。

つまり、自由教育は「人道教育」であるが定まったものではなく、結局のところ、結果が予測できない「探検」であると。そこには正面から否定するのではないが、信用できる対象ではない、とする思いを赤裸々に綴っている。

後述するが、弥三は戦後国政の場に立つ。そこでは文部行政にも深い関心を持ち、深く関わりを続ける。蛭川村での尊徳運動の影響も、当然にあったろう。

結論を急ぐべきでないが、弥三の思いのなかでは、公教育による社会秩序の安定こそ、教育の本来的な役割とする認識を強く抱いていたと思われる。

もうひとつ、アジア思想に触れている個所がある。「〇亜細亜《アジア》思想とは何か（室伏高信《むろふせこうしん》）抄録」と、これもタイトルを付して以下の如く記す。

「就中《なかんずく》近代世界の様は、ヨーロッパとアジアとは全体として二つの対立する世界であり、二つの思想、二つの芸術、二つの生活、二つの生活の理想の地球の表面を二つの別々の世界とに分割して来たのである。

就中アジアの立場に身をおくものにとっては謂《い》ふところの世界なるものはただある西洋であり、そして云ふところの世界史なるものはただある西洋史であることを知る。」（一九四四年五月六日の項）

ここで登場する室伏高信《むろふせこうしん》は、『二六新報』や『時事通信』、『朝日新聞』などで健筆を振るった政治記者。その後はしばらく在米日本人社会主義集団を訪問し、片山潜の自伝を改造社に取り持って社会主義思想に関心を抱くも、満州事変以後は狂信的な国粋主義者となった人物である。

弥三は恐らく室伏の『亜細亜主義』（批評社、一九二六年）を読んだのであろう。同書は三章立てだが、各章とも「欧羅巴《ヨーロッパ》的から亜細亜的へ」と同じタイトルで（一）～（三）と区分してあるだけの構成本である。

そこでは、これからの世界は既存のヨーロッパ中心の国際秩序からアジア中心のそれへと変転していることを強調する。そして、国際社会の現実は、思想・芸術・生活の諸側面において対立的かつ並立的な二つが存在すると言う。

確かに思想・芸術・生活の内容や形態は二つに区別することは可能だが、恐らくその向こうに政治や経済、そして軍事などの諸側面においても対抗的な関係にあるとする。

室伏の言う「亜細亜的」なる概念や位置づけが、単に地域的な差異だけでなく、その地域性に規定された思想や文化の相違性から、それが将来的に直ちに衝突することはないにしても、矛盾の深刻化が予測されるとする内容である。

弥三がこうした室伏の言う「亜細亜的」なるもの、あるいは思想としての「亜細亜主義」に、どの程度傾倒していたかは、日記の叙述を読んだだけでは判断はできない。

ただ、「欧州は物質的、アジアは精神的である。」（一九四四年五月七日の項）としつつ、同日の日記に原稿用紙を張り付け、そこに「実にわれわれアジアはヨーロッパの外的自由の観念に対して、内的自由の思想を持っていたのである。」と記した。

「内的自由」とは、精神のレベルにおいて自立的であるが、制度や法律によって担保された「外的自由」とは対照的な「自由」として認識されていたのであろう。

精神の自由は許容されるが、国家の権力によっては「外的自由」が許容されず、個々の人間は国家に従順でなければならない、という意味とも受け取れる。そうだとすると、弥三の自由や国家あるいは権力に対する観念が、おおよそ明白となる。

Ⅱ 日本共産党弾圧を指揮する
～三・一五事件の真相～

第三章　日本共産党弾圧の理由

1　警視庁特高課長に就任

上海赴任を逸す

弥三の日記を捲《めく》っている間に、少し時間軸を先に進めてしまったようだ。もう一度、一九二〇年代初頭に時間軸を戻そう。

弥三は一九二一年一二月、北海道警察部保安課長に就任し、さらには、一九二五年一月、兵庫県外事課長に就任する。三一歳の時である。

一九二七（昭和二）年五月には総監官房特別高等警察課長兼外事課長に就任するが、一九二五年一月には警視庁警視に昇進していたから、それまでに二年四か月過ぎたことになる。

外事警察は、すでに明治時代に設立されており、当初は内務省警保局保安課が外事警察活動を統括していた。国内に居留する外国人への監視活動が徹底され、日本が朝鮮を植民地として以降、特に朝鮮独立運動への監視業務が強化されていく。

外事警察は上海やハルビン、それに亡命朝鮮人が多く居住した「満州」の間島《かんとう》（간도）などの領事館を拠点としていた。このうち間島は、現在、中華人民共和国吉林省東部の延辺《イエンピエン》朝鮮族自治州一帯を指す。

ロシア革命以後、ソ連への監視と調査が強化され、その実行度を増すために外事警察協議会が組織された。これには内務省だけでなく、陸・海軍や外務省のメンバーも加わり、言わば国家の総力を挙げてのスパイ狩り機関となっていく。

弥三が一九二五年に外事課長に就いていた兵庫県の神戸は、日本有数の外国人の出入りの多い場所であり、重要人物の神戸来訪も多かったようだ。

一九二七（昭和二）年の「弥三日記」には、「戴天仇《たいてんきゅう》が夫人同伴で今朝別府より来神。オリエンタルホテルに投宿の筈《はず》。」（一九二七年二月一一日の項）とあり、中国国民党右派の有力政治家で、中華民国の建国の父とされる孫文《そんぶん》の側近である戴天仇（戴季陶《タイチータオ》）の来神を記録している。

確かに同氏は、国民党右派の主張を日本において宣伝普及するため、神戸・東京・大阪など各都市を回っている。そこでは、日本の中国侵略の企画を放棄し、日中和平合作を訴える講演会を開催している。だが、田中義一が首相に就任後、第一次山東出兵（一九二七年七月四日）が強行される。

戴天仇は、翌年国民党政府の考試院（日本の人事院に相当）院長に就任し、長らく国民党の文教政策の重鎮であり続けた日本通の政治家であった。

さて、当該期弥三にしては珍しく自らの処遇を巡り、大いなる不満を書き付けている。

その経緯は定かではない。どうやら弥三には、上司から上海領事館勤務の話が持ち上がっていたようだ。外国勤務を頗《すこぶ》る期待していたようである。ところが、上海行の件は赤木朝治《あかぎともはる》が担うことになった。

赤木は、一八八三（明治一六）年一二月一六日の生まれだから、弥三より一〇歳年長である。後の二・二六事件（一九三六年）に遭遇した岡田啓介《けいすけ》内閣の折、内務次官を務めた人物である。戦後は、日本赤十字社副社長、日本医療団清算人、社会事業会館理事長、済生会会長など主に医療関連の指導者となった。

その赤木にとって、弥三は後輩である。それでも弥三がライバル心を抱いていたということか。よほどに悔しかったのであろう。

日記には「上海行きは昨年ハルピンに行ったから赤木君にゆずれとの長官の話。アブラゲをトンビにさらわれた感」と記したうえで、「面白くなし。昨年の頃から部長と約束したのに蹴られては全く浮ぶ瀬もなし。」（一九二七年二月二三日の項）と、上海行を「アブラゲ」と例えながら、長官への愚痴とも思われる思いを書きつける。

さらには、この一件に絡めて「暗い気持ちになる。こんな時に久子でも居れば慰めてもらえるのにと思ふと、亡き妻の恋しさ一入《ひとしお》なり。」（同右）と弱音を吐く。

少々気弱な感情を露わにするほど、残念至極だったのであろう。中国行のチャンスを失ったことへの思いを、ある意味では誰憚《はばか》ることなく書き留めたのは日記ゆえであったのか。それは同時に、弥三の血気盛んぶりの証明でもあろう。

その悔しさは収まらず、三月五日付けの個所に張り付けた原稿用紙に「〇九州旅行印象記」を以下の如く記す。

すなわち、「長官の御覚《おんおぼ》え芽出度《めでた》からず上海行も遂《とげ》るものにならず。赤木君にしてやられた。その代わりとして、九州一巡の出張を許される。外事課長としては、全《うつ》に面目も丸潰れ。」（一九二七年三月五日の項）と。

上海行のチャンスを逸したのは、「長官の御覚え芽出度からず。」と、その原因を探る。反省の念からか、どうかは定かではない。ただ、この一件について実際に人事案件であり、なにゆえに赤木に上海行の命が下ったのかは定かではない。

弥三より赤木は先輩であったことは確か。弥三が知るように、外事課長という職責からして、上海行ではなく、結果的に国内視察を命じられる結果については、内心忸怩《じくじ》たる思いを抱いたのは確かであろう。「面目も丸潰れ」とまで書き込む心境には、外事課長としての誇りも存分にあったのであろう。

ただ、弥三に対し、長官が九州への出張命令を出す。このあたり人事の妙なのか、ただ弥三を慰撫《いぶ》するためなのか。弥三は九州出張をそれなりに満喫し、下関や福岡など訪問地について詳細に、その印象や見聞を記録する。因みに部長とは、兵庫県警察部長阿部嘉七《かしち》のことである。

警視庁特高課長に就く

兵庫県の外事課長を辞し、一九二七（昭和二年）五月、弥三は警視庁警視・総監官房特別高等警察課長兼外事課長に就任する。三四歳の時である。

地方勤務から中央に戻るのだから、言うならば〝栄転〟である。何故、この重要ポストに就くことが出来たかは定かではない。兵庫県時代に特別目立った功績を上げた訳でもない。

外事課長時代に上海勤務を熱望したが果たせず、その代わりに中央復帰を果たせたのだ。弥三としては溜飲《りゅういん》を下げた思いがあったに違いない。

警視庁特高課長に就任した弥三自身の言動を追う前に、ここで、この警視庁特高課長時代に相対峙《あいたいじ》することになる日本共産党と、当時の日本政治の状況に少し触れておく。

日本共産党は、一九二二（大正一一）年七月一五日に創立されて以来、戦前の日本にあって一貫して監視と弾圧の対象となった。

それは、ひとえに近代日本の政治体制が天皇制を基盤にした天皇制国家であり、それこそが日本の政治から文化、人間の価値観に至るまでの根本原理を深く規定してきたからである。

まさに天皇制国家支配体制である。それを「国体」の用語で集約する。この国体こそ、戦前の日本を最終的には侵略戦争へと駆り出した政治的精神的な要因であった。

そうした内容と可能性を秘めた国体であればこそ、日本共産党は断固これに抵抗し、その解体を目標とした。日本人を国体の呪縛《じゅばく》から解き放ってこそ、初めて自由と平等を担保する民主主義が実現する、という確固たる判断があったのである。

言い換えれば、天皇制解体は、民主主義を実現することであった。

それゆえにまた国体に縋《すが》り、唯一無二の政治体制と信じて疑わない人々や組織にとって、天皇制解体の主張は、到底許せるものではなかったのである。

そのために国体信奉者たちは、治安維持法をはじめ、数多《あまた》の治安弾圧立法を制定することで、国体に抵抗する人々や組織・政党などを徹底して監視し、弾圧していった。

もちろん、戦前の日本が国体支持者と反国体支持者に二分されていた訳ではない。国体が放つ復古主義的で国粋主義的な主張や思想を嫌悪する人々も、また数多存在した。

しかし、それが一つの声となって、あるべき民主主義の確立のために団結し、国体の是正から、さらには解体へと実践的な活動に身を投じた人たちは、日本共産党以外は多く存在しなかったのも事実であった。

ここで一連の弾圧による犠牲者数について記しておこう。

治安維持法犠牲者国家賠償要求同盟中央本部が、二〇一五年五月、国会請願用に作成した精緻《せいち》な調査記録からの引用である。

それによると警察署の拷問による虐殺者九三名、服役中・未決勾留中の獄死者一二八名、服役中、未決勾留中の暴行・虐待、劣悪な環境などによる発病で出獄・釈放後死亡した者（獄死者に準ずる者）二〇八名、弾圧、周囲の圧力で再起できず自死した者二五名、宗教弾圧での虐殺・獄死者・準獄死者六〇名、一九二八年から一九四五年五月までの検挙者数六万八二七四名、起訴者数（送局者数）六五五〇名、起訴猶予七三一六名であった。検束・勾留者数は約一〇万人に及んだ。[27]

また、特高研究で優れた研究実績を持つ荻野富士夫の『特高警察』は、「戦前を通じて日本国内では拷問による虐殺八〇人、拷問による獄中死一一四人、病気による獄中死一五〇三人と数えられている。[28]」と記す。

それにしても、これだけの弾圧や圧殺を不可避とする国体とは、一体何であったろうか。そこまでして堅持しなくてはならなかった国体という装置が、何故必要であったろうか。

数多の犠牲者とその関係者の苦しみと怒りは、現在なおも胸深く刻まれている。その解答は、戦前の歴史を超えて、実は今日的な問題として考え続けなくてはならない課題だ。未来を切り開くためにも、その思いを確実に受け継がなくてはならない。

弾圧事件と田中義一内閣

日本共産党への監視と弾圧が常態化していく歴史の背景として、海外領土と市場を侵略戦争により獲得していった帝国日本の基本構造があったことは間違いない。

欧米先進資本主義諸国と比べて遅れて出発した日本資本主義は、資本と技術の低位性を補完するために、勢い軍事力に依存せざるを得ず、そこから軍事権力の優位性が実体化していく。

日本資本主義は、この軍事権力を支援することで利益を拡大し、成長する基本路線を選択していく。

もちろん、日本資本主義とは言っても決して一枚岩ではなく、旧財閥と新財閥との抗争・対立が存在した。また、その軍事権力との距離の採り方をめぐっても、必ずしも意思一致ができていた訳ではない。

しかし、近代戦争が国家の総力を挙げての、いわゆる総力戦の戦争形態を不可避とするや、この総力戦を担うべく構築されていく軍部主導の国家総動員体制の枠組みに、旧財閥も新財閥も包摂《ほうせつ》されて

27　治安維持法犠牲者国家賠償要求同盟編刊『治安維持法と現代』（第三七号・二〇一九年、一六七頁）。

28　荻富士夫『特高警察』（岩波書店・新書、二〇一二年、三頁）。この荻野が紹介した数字と、治安維持法犠牲者国家賠償要求同盟が出版した『ふたたび戦争と暗黒政治を許すな』の新版（一九九三年）に挙げられた数字とは同じである。同右『治安維持法と現代』（第三七号・二〇一九年）の一六五頁に、その犠牲者数が明示されている。

田中義一（首相時代）

いくことになる。ここに軍部と財閥との深い関係性が成立していく。いわゆる「軍財抱合」と称される実態である。

日本陸軍を筆頭に、日本の支配層に通底する国家総動員体制構築への展望は、すでに日露戦争期から、その萌芽を認めることができる。

日露戦争は「勝利」した日本側にとっても、砲弾・燃料などの消耗が予想をはるかに上回り、継戦能力の点で日本は大きな弱点を抱えたままであった。

戦争自体は、ロシア国内における革命気運の醸成のなかで、ロシアの戦力が十分に展開できないこともあって、日本の有利なうちに戦争は終結した。だが長期戦となった場合、補給線が伸び切り、備蓄した砲弾・燃料が枯渇《こかつ》し始めていた日本には、敗北の可能性さえ存在したのである。

そうした可能性を読み取った一人に、日露戦争に従軍経験を持ち、後に政友会総裁に抜擢《ばってき》され、総理大臣に上り詰めた陸軍大将の田中義一がいた。

田中が日露戦争の教訓として会得していたのは、第一に来るべき未来の総力戦に対応可能な国家総動員体制の構築、第二にそれをリードしていく強力な権力の存在であった。

そこで田中は、将来生起する総力戦に対応するためには、国家総力戦体制の構築が急務だと痛感し、そのことを講演や論述で朝野《ちょうや》に訴え続ける。

それがゆえに田中は政界への道を躊躇《ちゅうちょ》なく選択し、政友会内閣の総裁に就任するのである。[29]

そして、田中がもっとも強く意識したのが、物的動員と表裏一体の関係にある戦争発動に自発的能動的に同調する民衆の育成であった。そこから田中は、国防思想の徹底注入と、国防の大義名分を血肉化するために、天皇が主導する日本国家という意識づけを重視した。

田中は、天皇の臣下としての日本人の育成を、地域あるいは農村・都市部の特性に対応した国民教育に求めた。そこでは国防意識を注入していくうえで、天皇を核とする日本固有の国体への強い関心を示していく。

それは純粋な天皇崇拝の精神の持ち主という以上に、天皇制国家を中心とする日本の国家体制＝国体への自発的かつ積極的な同調を求めたのである。

その意味で、その国体から逸脱する行為や思想、組織や運動の存在は絶対に許せない対象であった。

換言すれば、国体と相容れない社会主義や共産主義、そして天皇制を否定することで階級差別を解

29　田中義一が早い段階から総力戦の戦争形態の出現に着目し、国家総動員体制の構築を射程に据えて軍部を背景に政界に進出し、内閣総理大臣に就任していく過程を追った纐纈の著書に、『近代日本の政軍関係　軍人政治家田中義一の軌跡』（大学教育社、一九八七年）と『田中義一―総力戦国家の先導者』（芙蓉書房出版、二〇〇九年）がある。

消しようとした日本共産党の存在は、否定と憎悪の対象であり続けたのである。

そして、日本共産党への苛烈な弾圧が強行された時代は、軍人政治家田中義一の政権下であった。

私はこの軍人政治家である田中義一に、日本近現代政治軍事史研究者として、以前から強い関心を抱き続けている。拙著『田中義一―総力戦国家の先導者』のなかで、田中内閣が強行した日本共産党弾圧を中国侵略戦争との関連から以下のように記した。


「日本帝国主義は、中国大陸で進行する〝国共合作〟―国民党と共産党の合作による武漢政府樹立（二月）をみて、日本軍精鋭部隊（海軍陸戦隊）を漢口《かんこう》・上海に進攻させた（四月）。中国の「反封建・反外国勢力」の国民革命への、英米仏伊各国と結んだ露骨な干渉である。

金融恐慌の責任を取る形で若槻内閣が総辞職した（四月）あと、政友会総裁であり陸軍大臣でもあった田中義一が、新内閣の首班となった。田中内閣は、外に向かっては大がかりな中国侵略政策を、国内では民衆運動の徹底した弾圧政策をとった。[30]」


この問題に肉薄する場合、多様な視角から接近が試みられてきた。

天皇制という政治システムの解析、国体という思想的文化的な装置の解析、国体を守護するための治安維持法に代表される一連の弾圧法規の制定過程及び発動事例の解析、そして、監視や弾圧を担った権力機関と担い手の解析などである。

もう一つ当該期のメディアのうち、いわゆる右翼メディアが圧倒的に優位な状況下にあった。比較的にリベラルな姿勢を採り、対中国政策にも外交交渉を主軸に妥協の途を模索しようとした若槻礼次郎民政党内閣には、批判の論陣を張ることが大方であった。

特に政友会系メディアに多い論説であったが、そこでは「若槻内閣の思想放任下に培養せられたる共産党及び無産党の発達展開の速度は、まことに一瀉《いっしゃ》千里の趣があった。」[31]としたうえで、若槻内閣が総辞職した後に登場した田中義一内閣を、以下の如く評価してみせていた。

すなわち、「田中義一を首相とする政友会内閣が生れ、閣内には小川平吉、原嘉道《よしみち》あり、能《よ》く思想界の戦慄すべき現状を熟知し、首相田中又克《よ》く国防の要義に徹して之が禍害に深き理解を有し、日本新聞の旨趣《ししゅ》とするところと幸ひにして相黙契《もっけい》〔無言のうちに合意すること〕し、茲《ここ》に漸《ようや》く赤化撃滅の戦線はその拠点を堅固にするを得て、歩《ほ》一歩《いっぽ》、兇徒の牙城を衝《つ》かんとするの途は開かれた。」[32]と。

若槻民政党内閣の外交方針を軟弱外交と批判し、また国内にあっては共産党及び無産政党の発展に温和的姿勢を見せたと論難し、これに代わった田中内閣の対中国強硬外交を支持し、田中内閣の方針

30　前掲『田中義一——総力戦国家の先導者』（一九八頁）。
31　日本新聞社編纂『日本新聞十年史』（日本新聞社、一九三五年、二一三〜二一四頁）。
32　同右。

に抵抗する諸勢力を徹底排撃する。

ここには田中義一内閣と、三・一五事件との関係を、ある意味分かり易く説明もしている。

総選挙結果の衝撃

田中義一内閣が共産党弾圧に及んだ背景には、一九二八年二月二〇日に施行され、日本憲政史上の一大画期となった普通選挙法に基づく最初の総選挙の結果があった。すなわち、ここでいわゆる無産政党所属の候補者八名が当選したのである。

この普通選挙で有権者は、前回の約三〇〇万人から四倍に相当する一二〇〇万人に増大した。これを機会に無産政党が、一気に国政の場に進出する。社会民衆党、日本労農党、労働農民党、九州民憲党の各党である。

経済学者で『小林多喜二《たきじ》伝』（論創社、二〇〇三年）の著書もある倉田稔は、「総選挙と三・一五事件」と題する論文のなかで、「共産党は、非公然であるから、名乗りをあげることはできなかった。労農党からの立候補者四〇名のうち、共産党員は徳田球一《きゅういち》、山本懸三《けんぞう》、南喜一ら一一名が含まれていた。[33]」とする。

労農党から山本宣治《せんじ》、水谷長三郎、社会民衆党から安部磯雄《いそお》、西尾末広《すえひろ》、鈴木文治《ぶんじ》、亀井貫一郎《かんいちろう》、日本労農党から河上丈太郎《じょうたろう》、九州民憲党から浅原健三と合計八名が当選を果たしたのである。

加えて倉田論文には、特に当時の北海道における選挙戦の実態が克明に記されている。無産政党からの候補者の選挙演説は、北海道各地において盛況を極め、官憲の妨害をも打ち破って果敢な選挙活動が展開されたとしている。

そのなかで、一九三三年に特高の拷問によって虐殺された小林多喜二は、北海道一区から出馬した山本懸三を果敢に応援した様子を記している。小林は、この時の選挙応援の様子を小説『東倶知安《ひがしくっちゃん》行《こう》』に書き込み、一九二八年九月五日に完成している。

『東倶知安行』は、『改造』（一九三〇年一二月号）に発表された。同小説は、一九二八年二月の総選挙において、労農党から北海道で立候補する「島田正策《まささく》」の応援の様子が描かれる。ここに登場する「島田正策」とは、山本懸三のことである。

同小説は、『蟹工船《かにこうせん》』と並ぶ小林多喜二の代表作と言ってよい[34]。

33　倉田稔「総選挙と三・一五事件」（小樽商科大学『商學討究』第四九巻第一号・一九九八年七月、二一頁）。

34　なお、『東倶知安行』は、『日本プロレタリア文学集26　小林多喜二集』（新日本出版社、一九八七年）、『小林多喜二全集　第2巻』（新装版、新日本出版社、一九九二年）、『愛蔵版　ザ・多喜二―小林多喜二全一冊』（第三書館、二〇〇三年）に収載されている。また、『小林多喜二名作ライブラリー1　一九二八年三月十五日　東倶知安行』（新日本出版社、一九九四年）もある。

なお、この時山本懸三は、二八八七票（得票率二・五％）を得たが落選する。

しかし、北海道を始め全国における無産政党の動きと選挙結果は、田中内閣に衝撃を与えずにはおかなかった。なりふり構わない選挙干渉によっても、八名の無産政党出身者が当選したのである。この選挙結果が、三・一五事件を誘発したとする見解は有力である。

倉田論文が「三月一五日が選ばれたのも、選挙違反取締りに便乗できるからであった。[35]」とする判断は間違いないであろう。日本共産党弾圧の全国指令を、メディアに気づかれないまま強行可能であったからである。

特高警察の変遷

ここで特高官僚とは、如何なる存在であったか。何故、特高組織が成立したのか、その歴史を少し遡《さかのぼ》ってみる。既述の「はじめに」（五〜一〇頁）の内容と角度を変え、改めて整理しておきたい。

特高は、政治や思想に関わる事項を担当する。つまり、政治警察や思想警察を高等警察と呼んだ。従って、高等警察が対象とする事案は、社会主義運動や労働・農民運動である（以後、全国民が対象となっていたことは旧知のことである）。

その歴史の発端は、明治天皇暗殺計画を口実とした幸徳秋水はじめ、多くの社会主義者や無政府主義者を逮捕・処刑した、いわゆる一九一〇年の大逆《たいぎゃく》事件である。

歴史を辿《たど》れば、そもそも明治国家は徳川政権に対し、薩長土肥《どひ》を中心とする藩による政変（クーデター）として成立した。それもあって民衆に支持基盤も正統性も持たない政権であり、政体であった。

明治政府は、その正統性を得るため、封建時代には全国諸大名と比べても、中程度の藩財政規模しかなかった天皇を利用し、政府権力を天皇制によって強固とする政体を案出した。

天皇によって権威づけが図られ、その一方で民衆に支持基盤を置かないことから、勢い権力の絶対化を目指した。そして、これに従属しない民衆を監視・弾圧するため、明治政府は一八七五（明治八）年制定の讒謗律《ざんぼうりつ》を皮切りに、出版法（一八九三年）や新聞紙法（一九〇九年）など相次ぎ制定していく。

民衆の弾圧体制は法整備のレベルだけでなく、組織の上でも急速に整備されていった。そのなかで際立っているのは、自由民権運動への呵責《かしやく》なき弾圧の動きである。

例えば、西南戦争（一八七七年）の翌年に起きた近衛兵らを中心とした軍隊反乱である竹橋《たけばし》事件の理由は、西南戦争に動員された兵士たちの論功行賞が充分でなかったことへの反発とされていた。しかし、実際には自由民権思想が天皇を護衛する役割を担った近衛兵に伝播《でんぱ》していたことが判明している。これへの対処として山縣有朋《やまがたありとも》は、軍隊への自由思想の浸透を防ぐため、参謀本部を設置して

35　前掲「総選挙と三・一五事件」（一二二頁）。

政治と軍事との間に楔《くさび》を打ち込もうとした。それによって、軍隊への政治思想の波及に歯止めをかけようと図ったのである。

さらに、自由民権運動以後、これに代わり活発化し始めたのは社会主義や無政府主義、さらには労働者・農民の運動、これに加えて国家主義の思想や運動が活発となるや、これに対抗するために高等警察が創設されたのである。

とりわけ大逆事件を口実にして、一九一一（明治四四）年に、それまでの高等警察事務の主要な業務とされた社会主義思想など危険思想取り締まりのために、内務省管轄下の警視庁官房内に特別高等課が設置される。同課は、内務省警保局保安課の直接指揮下に置かれた。

さらに、一九一三（大正二）年、警視庁官制改正により、特別高等課は、特別高等警察・外事警察・労働争議調停の三部門を担当する課として再編強化された。

また、一九二二（大正一一）年七月一五日、日本共産党が結成されるや、同年から一九二六年までの間に、北海道・神奈川・長野・愛知・京都・兵庫・山口・福岡・長崎などの主要府県の警察部にも特別高等課が設置された。

中央と地方に跨《また》がり、治安弾圧体制が整備されていくなか、一九二五年に治安維持法が制定され、特高が縦横に動き得る監視弾圧体制が組織と法律の面で、ほぼ同時的に強化されていく。

特高はその後、全府県に悉《ことごと》く設置され、主な警察署には特別高等係が配置された。そして、一九三二（昭和七）年六月、警視庁の特高課は特別高等部に昇格し、組織強化された。

特別高等部に昇格後においては、内務大臣の直下に警保局がおかれ、保安課・検閲課（図書課）・外事課の三課編成からなり、保安課の下に警視庁特高部が置かれたのである。

元特高課員であった宮下弘は、インタビューに答える形式で纏められた『特高の回想　ある時代の証言』のなかで、「三・一五事件の頃、警視庁特高課の総勢は特高係、労働係、検閲係を加えて総勢七十ぐらいだ。その年の八月に大増員があって、三百八十名となった。[36]」と語っている。

宮下は一九二九年の四・一六事件後の機構拡充に伴い、警視総監官房特別高等課特別高等係勤務に就いている。

2　三・一五事件の真相

陣頭指揮

弥三は警視庁特高課長時代に、三・一五事件（一九二八年）、四・一六事件（一九二九年）という二つの日本共産党弾圧事件の陣頭指揮を執る。

36　宮下弘『特高の回想　ある時代の証言』（田畑書店、一九七八年、六六頁）。

大阪地裁に入る三・一五事件の被告たち

特高警察で内務省の保安課長や事務官のポストを占めるのは、高等文官試験を合格した内務省のエリートである。通常は入省後、大体五年で小規模県の特高課長となり、その後に二年から三年の時を経て全国の特高課長に就任する。

そして、入省から一〇年ほどを経過すると本省に戻り、保安課の事務官クラスに昇進する。特高課長や外事課長は内務省の「指定課長」であり、内務省警保局保安課長が任命権限を握っていた。

特高には、弥三のように高文試験を経て内務官僚となった、今で言うキャリア組あるいはエリート組とは別に、特高の実践部隊とも言える各府県警察特高課や各警察署に所属する特高係が存在した。

三・一五事件や四・一六事件でも現場で追尾・逮捕・拷問を実行したメンバーは、言わば叩き上げ組と言える。こうしたメンバーで有名な人物となった者に、警視庁特高課労働係に配属された毛利《もうり》基《もとい》や宮下弘がいた。

特に毛利は、一九一五年に警視庁巡査に採用されて以来、巡査部長、警部補と進級し、三・一五事件で上司となる弥三の下で現場での弾圧に当たった。

同事件後特高課労働係次席として、引き続き日本共産党対策の最前線で活動した。一九二九年の四・一六事件でも功績があったとされ、特高課係長に昇進している。

さらに、一九三二（昭和七）年に警視庁特別高等課が特別高等警察部に昇格し、そのなかに特別高等課が置かれた。その初代課長として毛利基が抜擢された。同課は二課に分かれ、第一課が左翼、第二課が右翼を担当することになる。

戦後になって毛利は、『文藝春秋』（一九五〇年九月号）に「元特高課長・毛利基　旧特高警察の第一線―共産党検挙の苦心」[37]と題する一文を寄せている。そのなかで、三・一五事件については一切触れず、四・一六事件についてだけ語っている。

毛利は共産党内にスパイを潜らせ、共産党弾圧の口実を創り出すために様々な事件を仕掛けさせたとされる。

また、毛利で忘れてならないのは、一九三三年二月二〇日、小林多喜二が虐殺されたとき、安倍源基警視庁特高部長の下で拷問に直接手を下したとされたことである。

だが、毛利は拷問の事実を否定し、多喜二を心臓麻痺による病死と語っている。拷問の傷跡が生々しい写真を知る私たちは、特高課員の誰の手によるかは別としても、それが虚偽の談話であることを

37　前掲『特高の回想　ある時代の証言』（二八〇～二八九頁）に所収。

知っている。

宮下は職工の身分から警察練習所を経て巡査となり、警部・警部補試験に合格し、特高に配属された。その後、警察署長から富山県特高課長に出世している。しかし、日本敗戦後、GHQから罷免・追放処分を受けることになった。

毛利　基

この点では、一九三六年一一月二七日、日本共産党の壊滅に功績があったとして勲五等旭日双光章《きよくじつそうこうしよう》を受賞し、さらに日本敗戦後、東久邇宮稔彦《ひがしくにのみやなるひこ》内閣から「功績顕著」として特別表彰を授与された毛利とは扱いが異なった。

しかも、毛利は戦後、公職追放の憂き目に遭うこともなく、埼玉県警察部長など歴任して引退している。

さて、弥三の話に戻そう。

弥三が内務省入りして七年後に警視庁特高課長に就任するのは、異例のスピード出世と言ってよい。

一九二九（昭和四）年五月に茨城県警察部長に転出するまでの、二年間に及ぶ特高課長時代の始まりである。

弥三をして、歴史上の人物として名前を刻印する一大契機となったのは、この警視庁特高課長時代の共産党弾圧事件であった。いわゆる一九二八年の三・一五事件と、中間検挙を挟み、翌年一九二九年の四・一六事件である。

特高警察や三・一五事件の法的根拠とされた治安維持法などについては、既に多くの優れた研究や証言集などが公刊されている。

荻野富士夫の『特高警察体制史―社会運動抑圧取締の構造と実体』（せきた書房、一九八四年）、『戦後治安体制の確立』（同、一九九九年）等の一連の著作や、荻野が編集責任者として刊行された資料集として『特高警察関係資料集成』（第Ⅰ期三〇巻、不二出版、一九九一〜一九九四年）、『治安維持法関係資料集』（全四巻、新日本出版社、一九九六年）などが先ず挙げられる。

そして、特高関係資料のダイジェスト版とも言うべき主要な資料群を選りすぐって収載した資料集に、同じく荻野富士夫の『特高警察関係資料解説』（不二出版、一九九五年）がある。

同書は題名通り、長年にわたり特高警察関係の資料収集と分析に注力された荻野氏ならではの的を射た解説が施され、この種の論文など執筆するうえでは欠かせないものとなっている。

また、私自身も特に一九三〇年代以降における軍機保護法や国防保安法による弾圧と抑圧の歴史を追った『監視社会の未来―共謀罪・国民保護法と戦時動員体制』（小学館、二〇〇七年）を出版している。

それは明治の時代から昭和の時代を跨《また》ぎ、現在まで続く権力の民衆弾圧・抑圧の歴史を治安法規の内容を踏まえて論じたものである。

以上の基本文献を参考としながら、三・一五事件が当時の世論にどのようにして伝えられたかを中心に迫っておきたい。そこでは、いくつかの権力側の資料をも引用しておく。そして、事件自体の内容を主に取り上げていく。

苛烈な弾圧の実態

日本共産党への苛烈《かれつ》極まる弾圧の実態は、既に多くの文献や資料に明らかにされている。先ずは、関連本などに記された事件の実態を示す数字を拾っておきたい。

既に第三章で弾圧による犠牲者数を明示したが、弾圧側が公表した数字も戦前において公表はされている。

例えば、三・一五事件で主導的な役割を演じた毛利基が池田克との連名で編んだ『思想犯編』に収められた「共産党事件小史」には、「三・一五事件」（八三〜八五頁）と「四・一六事件」（八五〜八九頁）とが要約されている。

このうち、「三・一五事件」については、「同年三月十五日早暁《そうぎょう》、一道三府二十に亘る一斉検挙に遭《あ》ひ、多数の党員相次いで検挙せられ、治安維持法違反として起訴せらる丶者四百八十四名、組織は壊滅に瀕《ひん》し、一時党活動を中止するの止むなき状態に陥った。之が世に所謂三・一五事件である」[38]と記されている。

そして、何よりもここで注視しておきたいのは、三・一五事件を始め、治安維持法によって検挙され、文字通り苛烈な拷問を受け、それゆえに生命をも奪われて行った数多の犠牲者の存在であった。

そのうちの一人として、伊藤千代子の事例を挙げておきたい。

伊藤千代子は、日露戦争が起きていた時代の一九〇五年七月、長野県諏訪《すわ》郡湖南《こなみ》村（現在の諏訪市南真志野《まじの》）に生まれた。養女として伊藤家に入り、長野県下の自由教育運動に触れながら、多感な青春時代を送る。そして、諏訪高等女学校（現在の諏訪二葉《ふたば》高校）に進む。

そこで後にアララギ派の重鎮となる歌人で、戦後に明治大学文学部の教授となる土屋文明《ぶんめい》と出会う。万葉集の優れた研究者でもあった土屋から、千代子は深い薫陶《くんとう》を受ける。

優秀な成績であった千代子は、関東大震災以後、貧富の格差が拡大する一方であった日本社会の矛盾と正面から向き合うことになった。

伊藤千代子

千代子は二年間の代用教員を務め、給料を貯めて東京女子大学（所在地は東京府豊多摩郡井荻村、現在の杉並区善福寺）に進学する。そこで学窓の知人たちと社会科学研究会を立ち上げ、社会主義思想に触れて行く。
社会の矛盾を克服し、すべての人びとが平等で自由に生きられる社会を求め、勉学と運動の両面に、その若きエネルギーを注い

38 毛利基・池田克『防犯科学全集　第六巻　思想犯編』（中央公論社、一九三六年、八四頁）。

でいった。それは、多くの青年たちが志向する純粋で自然な感情と意識であった。

千代子は、一九二八年二月から日本共産党中央事務局での活動を開始する。そして、翌三月一五日の日本共産党弾圧事件に巻き込まれ、検挙されてしまう。

警視庁に連行された千代子は、毛利基警部による取調べを受けたとされる。そこで拷問の様子を藤森明『伊藤千代子の生涯とその時代』は、次のように記している。

「千代子は拷問で体が衰弱し、そのうえ不衛生な獄中での生活で発熱したり、皮膚病や頸部《けいぶ》リンパ腺炎で苦しみながらも、獄中の仲間を励ましつづけ、自分のことより他の同志のことを気づかい、不屈にたたかっていました。[39]」

獄中の人となった千代子は、病魔に襲われ、拷問により精神に異常を来す。充分な治療をも受けることもなく、急性肺炎が直接の死因となって、一九二八年九月二四日に生涯を閉じる。僅《わず》か二三年と二ヵ月の人生であった。

多くの同志や知人・友人たちが千代子の死を悼んだ。恩師である土屋文明も、千代子のために次の歌を詠む。この歌は、千代子が眠る曹洞宗龍雲寺（長野県諏訪市大字湖南四七九七番地）の顕彰碑（一九七七年建立）に刻まれている。

まをとめのただ素直にて行きにしを
囚《とら》へられ獄に死にき五年がほどに
こころざしつつたふれし少女よ
新しき光のなかにおきておもはむ
高き世をただめざす少女等ここに見れば
伊藤千代子がことぞかなしき

真摯《しんし》に社会と向き合い、その矛盾から目を背けることなく、ただただ純粋に人間らしく生きようとした千代子に、襲い掛かった国家権力。人間が人間らしく生きられる社会こそ、土屋の言う「高き世」であり、誰しもが追い求め、実現する責務を負うものだ。

39　藤森明著・治安維持法国家賠償要求同盟長野県本部編刊『伊藤千代子の生涯とその時代―夜明けをめざす不屈の青春』（一九九四年、一六～一七頁）。なお、同様に伊藤千代子を論じた著作に、藤田廣登『時代の証言者　伊藤千代子』（学習の友社、二〇〇五年）、広井暢子『時代を生きた革命家たち』（新日本出版社、一九九八年）と『新しき光のなかに―日本共産党の歴史と人間像』（同、一九九七年）、原菊枝『女子党員獄中記』（春陽堂、一九三〇年、復刻版に三多摩いしずえの会発行、一九八一年）がある。

千代子は権力に翻弄《ほんろう》され、その尊い志を奪われる。その志の純粋さと深さに胸打たれる人たちが、現代社会の矛盾の克服に立ち向かっている。それゆえ千代子は、現在もなお多くの人たちの心の奥底に生きている。

一連の弾圧で犠牲者となった人たちは、圧倒的に男性が多いが、千代子や「日本のうたごえ」運動の指導者関鑑子《あきこ》の妹で、プロレタリア演劇運動に力を尽くした関俶子《としこ》[40]〔よしことも読む〕のように女性の犠牲者も存在する。また、厳しい獄中体験を強いられ、後に『女子党員獄中記』（一九三〇年）を発表した原菊枝や、野呂栄太郎の夫人となる塩澤冨美子《ふみこ》らもいた。

彼女等の貴重な体験は、現在なおも多く出版物で継承されている。[41]

犠牲者や獄中経験者たちが、今を生きる私たちに語りかける平和と自由の尊さに、繰り返し耳を傾けなければならない。

三・一五事件と弥三

さて、本書のベースとなっている「縷縷弥三文書」には、弥三の日記や弥三自身が戦後にアメリカの陸軍防諜部隊（ＣＩＣ）に要請されて執筆した日本共産党関連の記録や封書など多岐にわたる資料が含まれている。

その中で、「三・一五日本共産党検挙通牒《つうちょう》其他一括」の表題で収録されている資料には、「三・一五」弾圧の警視庁指示文書との説明がある。有名となった資料だが、同事件をリアルに感じ取るためにも一部引用する。

「明十五日午前五時を期し検事局と協力日本共産党の一斉検挙を開始するに付、大凡《おおよそ》左記に従ひ、万《よろず》遺漏なきを期せられ度《たく》、依命此段及通牒候也

記

一、機密の保持

署長は全責任を以《もつ》て絶対に秘密を厳守するに務め、特に左記事項に留意する

1、不時に部下を召集し又は電話を以て命令を通達し、或《あるい》は打合会議をするときは、他に覚知《かくち》せらるゝの虞《おそれ》あるを以て成《な》るべく之等のことを避け、而《しか》も命令は機宜《きぎ》巧妙〔それをするのに好都合の折〕なる方法に依《よ》り、其の徹底を期すべし。

40　関俶子については、山岸一章『革命と青春―日本共産党員の群像』（新日本出版社・新日本選書、一九七〇年）など参照。

41　塩沢富美子には、『野呂栄太郎の想い出』（新日本出版社、一九七六年）、『野呂栄太郎とともに』（未来社、一八九六年）等の著作がある。

2、執行前班を組織して班長を定め（官房班に応援のものは班員のみを定め）、班長に対してのみ其の目的を知らしめ、班員に対しては単に集合場所同時刻班長の氏名等を知らするに止め、現場に集合する迄、成るべく班員相互の氏名をも知らしめざるに務め、且《か》つ一警察署限りの事件として行動すべし。

3、班長は適任者を選び、顔色態度の緊張感は、相互間の私語等に依り他に感知せらるゝことなき様注意すべし。

4、執行前俄《にわ》かに張込尾行、その他の警戒を始むるときは、他に感知せらるゝ虞あるを以て、成るべく常態を保持すべし。」

用意周到な準備と協議が重ねられた実態を明らかにした資料である。

「纐纈弥三文書」に含まれた資料のなかで、弥三が『警察新報』に「特高講話　日本共産党事件に就いて（一）　警視庁特別高等課長　纐纈彌三」と題して書き残した文章がある。

そこでは活発な行動を展開し始めていた日本共産党に対し、次のような対応を行っていたと記す。

「予《かね》て之が活動に対し極力捜査内偵の歩を進めつつありし我等は、彼等の主義行動が根本より我が国体を破壊し、労農独裁政治の樹立を企画せるものにして、寸時も容認すべからざるものたるの確証を得るに至れり。

司法当局と協議の結果三月十五日未明を期して、全国一斉に之が検挙の手を下すに至りたるものにして、一味の検挙は今尚ほ継続して行はれつつあるのである。[42]」

当初、特高は共産党再建の動きを察知はしていたが、しばらくは内偵の成果は挙がらず、実際に次のような苦境の状態にあったことを、「只管《ひたすら》その内偵に努め、苦心惨憺日も是れ足らざるの思をなし、半歳以上の日子《につし》を費し、漸《ようや》く準備万端整ひ、三月十五日を持って一斉検挙をなし得るに至ったのである。[43]」と赤裸々に記す。

さらに検挙と弾圧は、これだけに留まらず四・一六事件へと続いた理由について以下の如く記している。

42　纐纈弥三「日本共産党事件に就いて（一）　警視庁特別高等課長　纐纈彌三」（『警察新報』二三頁・通算二二六頁）。なお、本資料は「纐纈彌三文書」在中の複写資料である。発行年及び巻号数は不明。国会図書館では、同誌の一九二八年六月〜一二月・第一三巻六号〜一二月号までが欠本となっており、現物は不在だが、この期間中の寄稿と思われる。本資料には纐纈彌三自身の書き込みがあり、弥三自身が収集していたもので、日本共産党党史資料室が所蔵する「纐纈彌三文書」のなかに収められている。

43　同右。

「四月末日迄に起訴せられたるもの、全国に於て三百四十余名の多きに達して居る。我が東京のみに就《つ》いて見るも、起訴者百五名、強制処分中の者十名にして、尚警察署に於て取調中の者も多数あるを以て、今後相当進展する見込である。

是を暁民《ぎょうみん》共産党の八名、大正十二年の日本共産党事件の二十九名、起訴者に比較するときは、その数の激増に驚嘆せざるを得ない。度《たび》を重ねる毎にこの種運動が益々進展し、而《しか》もその戦術の巧妙にして深刻となりつつあるの実情を思ふとき、実に邦家《ほうか》の為め憂慮に堪《た》へざるものがある。」[44]

ここで登場する暁民共産党とは、早稲田大学学生であった高津正道、高瀬清等を中心に一九二〇年五月に結成された暁民会があり、同会は翌年の一九二一年年三月に日本共産党暫定執行委員会が結成されると、これに組織として参加した。これが当局によって暁民共産党とされた。実際には、結成とまでは進んでいなかったともされている。

そして、アメリカ帰りの社会主義運動家である近藤栄蔵等と共同して共産党結成に向けて動いたが、同年一一月二五日に近藤が逮捕され、翌一二月一日には暁民会関係者が相次ぎ逮捕されていく。これを暁民共産党事件と言う。

また、彼らは軍隊に向けた宣伝活動を果敢に展開していたこともあり、軍隊赤化事件とも言われる。なお、暁民会のメンバーは、一九二二年七月の日本共産党創立大会に参画している。

ところで、三・一五事件で指揮を執った表の顔が纐纈弥三とすれば、言うならば裏の顔が毛利基であった。

また、戦後になってからの弥三は、三・一五事件など特高時代の思い出を記す機会も少なくなかったが、頻繁に引用紹介されている『文藝春秋』に掲載された「赤色戦線大検挙」で、以下のように述べている。

「突如として行われたこの全国に亘《わた》る一斉検挙は共産党に一大衝動を与え、その組織の上にも大混乱を来《きた》したことは明らかである。彼らの秘密組織は縦の連絡はよく保たれていたが横の連絡がない。従ってこの検挙が何処まで及んだものか最高幹部にも急には見当がつかなかった。[45]」

リードには「当時の警視庁特高課長が自ら描く三・一五、日本共産党大検挙の種々相《しゆじゆそう》」とある。弥三が、戦後になって誇らしげに語る件《くだり》である。そこには、戦後になっても、ある種の高揚感や勝利感が赤裸々に感じられる。

44　同右、一二三頁（通算二二七頁）。
45　『文藝春秋』（第三三号・一九五五年八月、六〇頁）。

軍隊宣伝状況を見る

ここで少し当該期の当局による資料から、日本共産党が行ったとされる軍隊宣伝状況に関する資料を紹介しておく。先ほど触れた暁民会関係者らは、果敢に軍隊への呼びかけを行った。

田中義一政権下で、中国の北伐《ほくばつ》に対応するとの名目で、三次にわたる山東出兵が強行され、日本軍隊による中国侵略が本格化しつつあった時期である。

例えば、陸軍省調査班が、一九二八（昭和三）年六月二七日付で提出した「密受第四四三号　日本共産党一派ノ対軍隊宣伝状況送付ノ件」に収められた「極秘　日本共産党一派ノ対軍隊宣伝状況　昭和三年六月　陸軍省」には、「一、概況」として、以下の文面が記されている。

「軍隊破壊の目的を以《もっ》て共産主義者の行ふ宣伝は、従来各種の手段を以て縷々《るる》実施せられたる所なるが、今次日本共産党の分派たる日本青年共産同盟の宣伝は、其手段方法等に於て、軍隊幹部の考慮を要すべき点尠《すく》なからず。《ゐ》」

資料中に登場する「日本青年共産同盟」とは、正しくは「日本共産青年同盟」である。

日本共産青年同盟は、一九二三年四月五日に現在の新宿区西早稲田にあった暁民事務所で結成されるも、同年六月五日の第一次共産党事件で中心メンバーが検挙される。一九二五年七月に再建され、さらに翌年一九二六年八月に全日本無産青年同盟（ユース）として結成された。しかし、一九二八年四月一〇日に一連の日本共産党弾圧のなかで解散させられてしまう。日本の軍隊が日本共産党を始め、自由主義や社会主義の思想に強い警戒心を抱いていたことは知られている通りである。

日本の軍隊は、天皇を大元帥《だいげんすい》で最高指揮官として位置づけ、そこから日本軍を「皇軍《こうぐん》」と呼んだ。個々の日本軍兵士たちは、自らを「皇軍兵士」として捉えていた。

日本帝国陸・海軍の軍人は、そこから皇軍意識なる特別至上の意識を抱いていた。それゆえ、その天皇及び天皇制を中核とする国体に異議を唱える共産主義や日本共産党の存在は、天皇制を否定し、天皇制解体を目標とする危険な存在と見なしていたのである。それと同時に、「皇軍」（＝帝国陸・海軍）を溶解する危険な存在だと規定していた。

そこから、日本陸・海軍は、日本共産党の存在に常に神経を尖《とが》らせていた。それゆえ日本共産党対策が講じられてもいたのである。

陸軍調査班は、その対策について次のように分析していた。

46　陸軍省調査班「日本共産党一派ノ対軍隊宣伝状況ノ件」（防衛省防衛研究所蔵『密大日記』第一冊　昭和三年六月　陸軍省調査班〔アジア歴史資料センター　Ref.C01003794200：画像頁一八〇四〕。

「日本共産同盟は、無産階級が徹底的に勝利を得んが為には軍隊を獲得して之を自己の軍隊となすを絶対要件なりとして、徒《いたず》らに軍隊赤化の困難を喞《かこ》つことなく、凡《あら》ゆる機会を捉へ各種の手段を講ぜざるべからずとなし、在営兵卒及在郷軍人に対して策動せしのみならず、将来軍隊を構成すべき青少年に特に注目し、之に反軍思想を注入し、その環境を之に導き、其目的遂行を期せり。[47]」

陸軍の調査班は、徴兵の対象者である青年層に共産主義が浸透していくことに強い警戒感を抱く。それは結局のところ、天皇制を支える物理的装置としての「皇軍」の内部崩壊に結果することを予測してのことである。

そこから、青年教育の在り方が改めて問われることになる。こうした観点からする青少年と軍隊の連携強化が、必須の教育条件として認識されていくことになったのである。

陸軍の危機感を示す資料を、もう一つ引用しておきたい。

それは、司法省刑事局が作成した「日本青年共産同盟ノ軍隊関係[48]」と題する文書である。以下の引用は、その冒頭の一文である。ここでも「日本共産青年同盟」を「日本青年共産同盟」としている。

「日本青年共産同盟は、二十五歳以下の青年を以て組織し居る結果、其年令の関係に於て成年に比し、特に軍隊内の兵卒と密接の関係を有す。各国に於て、反軍国主義宣伝は、青年の役目たると同じく、日本青年共産同盟も亦《また》反軍国主義運動を為《な》す事を以て目的の一に数へり。而《しこう》して、其機関紙にも「青年衛兵」の名さへ用ゆ。[49]」

天皇制が民主主義を溶解する統治システムであったのと反対に、当局の言う反軍国主義は、その天皇制の解体に直結する思想であり、それを体現実行する組織として「日本青年共産同盟」〔日本共産青年同盟〕を位置づけていたのである。

ここで出てくる「青年衛兵」とは、フランス、イタリア、スウェーデン、ハンガリー、ブルガリアなどヨーロッパ諸国で、入営時に黒リボンの徽章《きしょう》を付け、革命歌を歌いながら入営を行ったとされる反軍国主義を標榜《ひょうぼう》する青年組織を言う。

同資料によると、「昭和二年十月十六日同々盟関西地方委員会」が、「青年の五要求を定め、工場青年等に対し之か獲得運動を激発し、促進し指導する事を決議し」としたうえで、次の五つの要求を掲

47　同右〔画像頁一八〇七〜一八〇八〕。

48　司法省刑事局「日本青年共産同盟ノ軍隊関係」〔防衛省防衛研究所蔵『陸軍省大日記　密大日記　第一冊　昭和三年』〔アジア歴史資料センター　Ref.C01003794100〕〕

49　同右〔画像頁一七三四〕。

げたと記す。

それは、「一、青少年労働者保護法の制定実施、二、満十八歳以上の男女の選挙権、被選挙権、三、政党加入、言論、集会、結社の自由、四、一年兵役制の即時実施、除隊後の復職、五、青年団の自由、補助金の五割増額」[50]との内容であった。いずれも極めて穏健妥当かつ先進的な要求であった。

それだけに軍部のみならず、田中義一内閣はこうした動きへの警戒心を一段と深めていく。三・一五事件の前年に提起された日本共産青年同盟の動きを内務省だけでなく、むしろ司法省が監視警戒していた様子を知ることができる。

北一夫の『日本共産党始末記』にも、日本共産党が軍隊への働きかけを行ったとする以下の記述がある。


「第二次共産党大検挙の発表以来、憲兵隊、参謀本部、海軍省からは連日東京地方裁判所に塩野《しおの》検事正、松阪次席検事を訪問し、打合せを行ったが、これは今次の検挙によって、共産党の怪物いはゆる細胞組織が極めて巧妙なる方法によって、軍隊内、官営工場などに浸じゅんせんとしていた事実が明かにされたので今後の対策を講じたものである。

今日までに現はれたところによると、海軍関係において共産党の魔手《ましゅ》の存していたのは舞鶴の海軍工廠で、この大検挙に当って有力なる前衛分子六名の検挙を見た。

その他、呉、横須賀、佐世保の各海軍工廠でも徹底的に捜査中で的確な証拠が上ったところもある。」[51]

以上は、軍隊への侵入と工作が確実に実行されていたことを裏付ける資料と出版物の記録である。徴兵制の時代、徴兵された兵士たちも、農民や労働者であり、日本共産党を含め、無産政党も直接間接に連帯の動きを果敢にしていたことに、当局は目を光らせていたのである。それは、天皇制の物理的基盤としての軍隊の瓦解《がかい》を恐れてのことだ。

軍関係者の証言記録

こうした一連の動きと、三・一五事件による日本共産党弾圧事件との関係については十分に明らかではない。

しかし、田中内閣下によって強行される山東出兵に象徴される中国侵略という対外強硬政策と、日本国内における反軍国主義の組織・団体への監視と弾圧が、表裏一体の関係として引き起こされたことは想像に難くない。

50　同右（画像頁一七三五）。

51　北一夫『日本共産党始末記』（塩川書房、一九二九年、三〇～三一頁）。

日本共産党が弾圧を繰り返し受けるなかで、侵略戦争の実働部隊としての日本軍隊への工作を重要視していたことは間違いない。それがどれほどの実効力を発揮したかは、未知数である。とは言え、その浸透力への警戒心から、権力者側が神経も尖《とが》らせていたことは多くの見解に吐露されている。

例えば、二・二六事件（一九三六年）で事件との関係性を疑われ、憲兵隊に拘束された教育総監を務めた真崎甚三郎《まさきじんざぶろう》大将は、次の如く述べている。

すなわち、「君、世間は知らないだろうが、二・二六事件の青年将校たちをふくめて、みんなアカなんだよ。統制派も皇道派もそんなものはありやしないんだよ。アカがなにもかも仕組んでいろいろことをやっているんで、軍もアカに撹乱《かくらん》されているんだよ[52]」との発言を、宮下弘が『特高の回想　ある時代の証言』のなかで紹介している。

教育総監は、陸軍大臣や参謀総長と並び陸軍三長官ポストの一つである。その地位に就いた真崎大将の弁である。真崎大将は皇道派の重鎮と見なされ、叛乱《はんらん》事件が成功した暁《あかつき》には、軍事政権を担う筆頭人物と目された軍人だった。

また、同様に敗戦の年、一九四五年の二月一四日には、近衛文麿が昭和天皇に向かい、「終戦」の決断を迫ったとされる、いわゆる「近衛上奏文[53]」のなかでも敗戦による共産革命の可能性を示唆し、昭和天皇を説得しようとしたことは良く知られているところだ。

権力者たちは、根絶やしにしているはずの日本共産党の力を恐れ、それへの警戒心を緩めることがなかったのである。

日本共産党の一連の動向に現役の軍人や内務官僚、財界人などが多く寄稿している『軍事警察雑誌』（軍警会編）にも、憲兵大尉福本亀治の巻頭論文「共産党事件に鑑み「インターナショナル」の本質を考察す」と題した論文がある。そこに記載された一部を以下に引用しておく。

「共産党事件の勃発当初、当局より概要として『日本共産党は革命的プロレタリアートの世界第一インターナショナル日本支部として云々』なる旨が発表せられて居る。日本共産党自体に対する研究は暫《しばら》く之を措《お》き、基本部たる第一インターナショナルに就《つ》き本質、歴史過程並に世界革命への

52　前掲『特高の回想　ある時代の証言』、一五三頁。

53　近衛上奏文の有名な冒頭部分は、「敗戦は我が国体の瑕瑾《かきん》たるへきも、英米の輿論は今日までのところ、国体の変革とまでは進み居らず、（勿論一部には過激論あり、又将来いかに変化するやは測知し難し）随《したが》つて敗戦だけならば、国体上はさまで憂うる要なしと存候。国体護持の建前より最も憂ふるべきは、敗戦よりも、敗戦に伴うて起きることあるべき共産革命に御座候。」である。この近衛上奏について現在も様々な歴史解釈が発表されている。例えば、山口富永『告発コミンテルンの戦争責任　近衛上奏文と皇道派』（国民新聞社、二〇一〇年）、新谷卓『終戦と近衛上奏文』（彩流社、二〇一六年）、林千勝『近衛文磨　野望と挫折』（ワック、二〇一七年）等。

進出情勢等を明らかにすると共に、併せてインターナショナルの沿革、種別、伝統、活動情勢等を統制的に考察することは、現時の世相に照応し、強《あなが》ち徒爾《とじ》〔無益なこと〕ならざるをことと信ず。[54]」

福本憲兵大尉は、この他にも同誌に「思想戦に就いて」等をも寄稿し、「我国に於ける社会主義運動の概勢[55]」を記すなど、活発に日本共産党弾圧を実行すべしと論じていた。

なお、憲兵隊が如何に共産党弾圧に腐心していたかについては、私は拙著『憲兵政治』のなかで、「「左翼狩り」が最大の関心対象」の見出しで、資料を紹介しつつ論じている[56]。

3 関連資料の紹介と日本共産党

夥しい資料群

ここでは、三・一五事件について官憲資料から、同事件の位置を探っていきたい。

この種の資料は現在では夥《おびただ》しい量が確認・閲覧可能となっている。ここにはもちろんのことだが、弥三の個人名は出てこない。

しかし、以下に示された内容は、弥三を現場指揮官とする日本共産党弾圧を知る上での不可欠な内容と言える。

最初の資料は、一九二八（昭和三）年八月二七日付けで、東京地方裁判所検事亀山愼一が、東京地方裁判所検事正鹽野《しおの》季廣《すえひろ》に提出した「日本共産党と「コミンテルン」との具体的連絡関係に関する件報告」[57]と題する文書である。そこには司法当局の日本共産党撲滅《ぼくめつ》推進の理由が要約されている。

「一、日本共産党と「コミュンテルン」との関係
日本共産党は、大正十五年十二月四日大会開催に至るまでは未だ正式の党を結成せず。所謂《いわゆる》「グループ」組織に過ぎずして、党中央部を単に「ビューロー」と称し、中央委員会を「ビューローメンバー」と称し居りたるものなれども、該《がい》〔この〕「グループ」組織は「コミュンテルン」の一国別支部として、其《その》結成を見たるものにして、常に「コミュンテルン」の指導の下に諸般の活動を為《な》

54　『軍事警察雑誌』（第二三巻第三号・通算第二五六号・一九二九年一二月、四頁）。
55　同右（第二二巻第一二号・通算二五三号、四頁）。
56　纐纈厚『憲兵政治　監視と恫喝の時代』（新日本出版社、二〇〇八年、四〇〜五九頁）。
57　「日本共産党雑件／共産党事件関係調書　第1　日本共産党事件ニ関スル東京地方裁判所並司法省作成調書　分割2」（外務省外交史料館編『戦前期外務省記録』司法省刑事局、昭和四年一〇月二五日〔アジア歴史資料センター、Ref.B04013168600〕）。

し、且《かつ》「コミュンテルン」より活動資金の供給を受け居りたるものなり。

而《しこう》して、「コミュンテルン」に於て採用し居りたる各国別支部たる各国の共産党に対する指導方法の原則は、各国に独立したる事務局を設け、之に指導者を派遣し其指導者は「コミュンテルン」を代表して其国の党との連絡を掌《つかさど》り、「コミュンテルン」の政策、命令を党に伝達し党の活動状態を「コミュンテルン」に報告して、常に党指導の任に当るものなり。

然《しか》も該指導者の権限は絶大にして、常時党の中央委員会に列席し又必要ある場合には、党中央委員会所属の凡《あら》ゆる機関会合に出席し得べく、又必要に応じては党員の何人たるを不問《とわず》之と会合する権能を存するものとなり。

然《しか》れども日本に於ては共産党が公認の存在を許されざるの特殊事情存《そん》ずる為《た》めに、「コミュンテルン」に於ては、日本に独立の軍務局を設くること能《あた》はず。

其の指導者は自由に党中央委員会に列席することを得ざるところより、日本における「ソヴィエットロシア」大使館内に其事務局を設け、同大使館の中に其代表者を置きて、党との連絡を掌《つかさど》らしめて居るものにして、其連絡の方法は常に党中央部の主脳者が右大使館に至り、館内の一室若《もし》くは邸内の一部に於て右代表者と会見し居りたるものなり。[58]」

現在となっては、この分析自体皮相なものだが、当時の司法当局が日本共産党の国際上部団体としての「コミュンテルン」との関係を特に強く意識していたことも窺わせる。

いわゆる、国際共産主義運動や思想が、日本共産党を媒体として日本に流入しており、それが国体を棄損するものと捉えていたのである。

この資料中にも日本共産党中央委員長佐野文夫、同中央本部政治部長北浦千太郎、同党中央委員中尾勝男らがロシア大使館と頻繁に接触していたことを記録している。この他に党の運動資金なども詳細に記録されている。

同資料内に収録されたものには、「日本共産党幹部の遊興関係並資金調達報告」（東京地方裁判所検事局思想部調査　昭和三年十二月十日、同資料、六五〇～六五三頁）をはじめ、以下の資料が含まれている。

すなわち、「昭和三年三月十五日日本共産党検挙後に於ける党中央機関紙赤旗の発行に関する状況」（六五四～六五七頁）、「日本共産党検挙後に於ける無産者新聞活動に関する状況」（六五八～六六〇頁）、「ロシア留学生帰朝後に於ける党の活動概況」（六六一～六七九頁）、「日本共産党事件の梗概《こうがい》」（七一三～七二七頁）など、三・一五事件以後の四・一六事件を挟み、一九三〇年代をも含めた詳細な資料群が掲載されている。

その内容は現在周知の事実であるが、当該期にあっての調査能力の高さを示してはいる。

58　同右（画像頁六四三～六四四）。

日本共産党弾圧の理由

特高は、なぜこれほどまでに日本共産党の壊滅に奔走したのか。

その最大の原因は、先にも触れたが、中国の北伐という名の「内戦」を奇禍《きか》として中国侵略の第一段階とし、山東半島に利権を拡大しようと意図した三次にわたる山東出兵に対する国内の反対運動を抑えこもうとしたことである。

中国での権益拡大のために日本陸・海軍との関係を強めていた三井財閥は、親軍的姿勢を強め、陸軍大将田中義一に接近し、ついに田中を政友会総裁に、次いで内閣総理大臣にまで引き上げる画策を行った。

田中義一内閣が成立するまで、野党であった政友会は、若槻礼次郎民政党内閣の外務大臣であった幣原喜重郎の外交を「軟弱外交」と批判し、対中国強硬外交に転ずるように迫っていた。

田中義一内閣成立以後、田中首相は自ら外務大臣を兼任する形で、中国での権益拡大のために武力行使に踏み切ったのである。

日本の対外侵略に反対するため、労働者や学生たちが立ち上がったが、それへの反作用の如く危機発条《ばね》が働くことになった。

つまり、中国への足場作りを急ぐ三井財閥の後押しを受けた田中内閣が成立すると、山東出兵に象徴されるように中国への武力侵略に拍車がかかる。田中内閣は、これに反対する国内の諸勢力を徹底して弾圧する方針で臨んだのである。その実働部隊となったのが内務大臣鈴木喜三郎に率いられた内務省の警察官僚たち、取り分け特高組織であった。

その意味で三・一五事件という名の日本共産党弾圧事件は、日本の侵略戦争のもう一つの表現であった。戦争と弾圧が表裏一体の関係で強行される典型的な歴史事例である。

換言すれば、日本の戦争とは、弾圧なくして強行できなかった質を内在した戦争であった。その意味で戦争と弾圧は一対のものとしてあったのである。そのことを最も典型的に示したのが三・一五事件だった。

田中義一内閣によって強行された三次にわたる山東出兵を嚆矢《こうし》とする中国侵略と三・一五事件の関連は、纐纈課長と共に共産党弾圧を担った品川主計《しながわかずえ》の発言に記録されている。品川は、一九二八年七月に警視庁官房主事に着任している。

「私の人生のなかで、昭和初年のころ、共産党取り締まりをやっている時が一番楽しかった。田中義一内閣は山東出兵を強く推進する方針で、そのために戦争反対を叫ぶ共産党の存在が目の上のたんこぶだった。徹底的に検挙して、根絶するよう、田中内閣のもとで強く要請された。だから共産党つぶしの仕事で毎日てんてこ舞いだったよ……。[55]」

品川は後に満州国（満州帝国）に出向し、監察院長や監察院審計部長として名を挙げ、戦後は読売巨人軍の球団社長などを務めた人物。その後任が正力松太郎《しょうりきまつたろう》である。

日本の侵略戦争は、一部の特権階級である財閥が自らの利益を国家利益にすり替え、国家もまたそれに便乗することで覇権国家としての体裁を整えていく。

そこで全面に動員されたのが軍隊であり、財閥・国家・軍隊への反発や抵抗を抑圧したのが警察機関であった。そして、その最も先鋭的な警察組織として特高があった。その意味からしても、特高の戦争責任は頗《すこぶ》る重い。

重ねて言えば、四・一六事件等をも含め、一連の日本共産党弾圧を頂点にしつつ、無産諸政党やリベラリストたちの反戦運動を根絶やしにすることで、日本の侵略戦争が強行されていく。

そして、その流れのなかで、一九三一年九月一八日に〝外地クーデーター〟とも言うべき満州事変が引き起こされたのである。さらに、その翌年の一九三二年五月一五日には、犬養毅《いぬかいつよし》首相暗殺により、政党政治の終焉《しゅうえん》を迎える（五・一五事件）。

こうして侵略戦争が本格化していく背景として、三・一五事件の歴史的位置を確認しておくべきであろう。

つまり、三・一五事件は、侵略戦争を押し開いた一つの重大な事件でもあった。従って、同事件は、日本共産党への弾圧事件に留まらず、戦争を止めようとするすべての人々と組織への弾圧でもあったのであり、その嚆矢であったのである。

弾圧当局の動き

さて、もう少し資料を引用しておく。

三・一五事件前後における日本共産党の活動状況を、当局が如何《いか》に捉えていたかを知る資料は数多存在する。そのなかの一つを次に一部引用する。

それは、一九二九年一〇月二五日に作成された司法省刑事局長泉二新熊《もとじしんくま》から外務省欧米局長の堀田《ほった》正昭《まさあき》宛に送付された行政文書である「秘密結社日本共産党に関する治安維持法違反事件に関する件」[60]と題された文書の一部である。

「首題の件に関し客年《かくねん》〔昨年の意味〕三月十五日東京地方裁判所検事正に於て為《な》したる新聞記事差止並放送無線電話放送禁止は、同年四月十日一部解除せられたるも、同事件に付き逃走中の被告人

59　下里正樹・宮原一雄『日本の暗黒　第三部　虎徹幻想』〔新日本出版社、一九九一年、六七頁〕。

60　「日本共産党雑件／共産党事件関係調書　第1　日本共産党事件ニ関スル東京地方裁判所並司法省作成調書　分割1」〔外務省外交史料館編『戦前期外務省記録』司法省刑事局、昭和四年一〇月二五日〔アジア歴史資料センター　Ref.B04013168500〕〕

並残党員の検挙検査に関する事項に付ては、同年十月三日及本年四月十日の二面に亘り記事並放送の差止禁止あり。

引続き今日に及びたる次第に候処、目下東京地方裁判所予審に繋属《けいぞく》中〔裁判所で訴訟中のこと〕の所謂《いわゆる》三・一五事件の一部は、凡《およ》そ来《きた》る十一月初旬頃予審終結決定の運びに至るべき見込に有之候に付ては、此の際右予審終結決定の機会として、三・一五事件は勿論《もちろん》中間検挙事件並四・一六事件に付ても亦《また》全国一斉新聞記事差止並無線電話放送禁止解除を為す筈《はず》に有之候。

就《つい》ては右と同時に当省に於て別冊の通り、「第一次一斉検挙後に於ける日本共産党残党員の活動状況」発表致す事に相成居候条為御参考及送付候。追て解禁の日時は確定次第御通知可申上候。[61]」

同文書のなかに、以下の文面も記されている。

「一、秘密結社日本共産党は、昭和三年三月十五日の第一次全国的一斉検挙に因《よ》り大多数の党員を失ひ、党の活動壊滅に瀕したるも検挙を免れたる首脳者等は、急遽其の対策方針を定め、中央部事務局及印刷局の再建党員相互の連絡保持機関紙の復興他の合法団体内に於けるフラクション（党分派）の確立、工場細胞の再組織等党組織の整備拡大並に党活動の統制に努力して、緊急勅令発布当時（昭和三年六月二十九日）に及びたるものとす。[62]」

このように司法当局が、三・一五事件後も日本共産党追及の手を緩めない理由を記載する。実際、司法当局及び内務省警保局なども、従来の取り締まりと比較して〝成果〟を挙げ得たとの総括をする一方で、その不十分性への自覚を保持していたのである。

それゆえ、例えば「日本共産党残党員活動の一般情勢」（東京地方裁判所検事局思想調査部、昭和三年十二月十日）には、以下の記載がある。

「一、党中央部の活動状況

本年三月十五日の日本共産党一斉検挙により、党中央部は中央委員佐野学《まなぶ》、渡辺政之輔《まさのすけ》、鍋山《なべやま》貞親《さだちか》、市川正一、中尾勝男《かつお》は何れも検挙を免れたるも、事務局の水野成夫《しげお》、喜入《きいれ》房太郎及び斎藤久雄の逮捕並斎藤の住所たる中央部印刷局の捜索により事務局印刷局アドレス等の活動機関全滅し、各地方機関は勿論関東地方との連絡一時杜絶《とぜつ》するに至りたり。

常任中央委員たる渡辺政之輔は、検挙当日其住所たる京橋区鞘《さや》町番地不詳に於て、中尾勝男、菊田善五郎《ぜんごろう》、門屋《かどや》博等より検挙状況の報告を受けたるも、其後党本部たる自己の住所の危険なること

61　同右（画像頁四八七〜四八八）。
62　同右（画像頁四八九）。

を感知し、右住所を引払いて其住所を晦《くら》まし、其後は主として中尾、門屋等と荒川堤、浅草公園観音堂裏市村座前、日比谷公園、四谷見附付近等に於て会見して連絡を保ち、夫々《それぞれ》緊急なる対策方針を中尾勝男に指示して、検挙後に於ける諸般の党活動を統制す。

渡辺政之輔は以上の情勢に鑑《かんが》み、三月十五日以後今回の事件を国際的にする為め、「モスコー」へ報告の為め党員を海外に派遣し、更に各地方に地方オルガナイザーとの連絡の為めに党員を地方に派遣し、尚検挙後の対策として、中尾勝男に対し大要左の如き指令を発す。[63]」

指令は、「第一、常任と工場細胞とを結合せしむる為め、中央部事務局印刷局を再興し各地方との連絡を回復せしむること」をはじめ、全部で六点が示され、中尾勝男は以上の趣旨を踏まえた指示に従い、果敢に行動していたことを窺わせる詳細な報告記載がある。

弥三の役割

少し資料を追い過ぎたが、ここで弥三の役割について触れておきたい。

三・一五事件を陣頭指揮した弥三は、同事件をどのように受け止めていたのであろうか。そのことを少し探っておきたい。

「纐纈弥三文書」のなかには、弥三が戦後の公職追放時代にアメリカ陸軍対敵防諜隊（Counter Intelligence Corps: CIC）の要請を受けて提出したとされる「日本における共産主義運動の発展過程」

なる手書き原稿が多数含まれている。

その下書きとも思われる幾種もの原稿が収められており、以下に引用するものは、そのうちの一つである。以下、「纐纈弥三文書」からである。

この原稿執筆の動機について、弥三は、「私は曽《かつ》て所謂三・一五事件、四・一六事件の二つの重大事件に直接関係した一人である。当時の共産党事件の真相を回顧して、その主義主張、運動方針等を検討することは、今後共産党対策に参考となる点も多々あるように思はれるので、覚束《おぼつか》なき記憶を辿って、日本に於ける共産主義運動の発展過程に就て記述して見様《みよう》と思ふ。」と記す。

弥三にとって、日本共産党の存在は戦前戦後を通じ、一貫して排撃すべき対象としての深い確信を語って見せていたのである。

そして、「第二章　第二次日本共産党（三・一五事件）事件」の「第一節　日本共産党再建運動」に、次のように書き込んでいる。

「第一次共産党員の一斉検挙により共産主義運動は一時壊滅したかに思われた。然《しか》し、その一味が引き続き刑期を了《おわっ》て出獄するに及び、日本共産党再建の議が同志の間に起こり、日本労働組合評

63　同右（画像頁五〇五～五〇六）。

議会の最高幹部渡辺政之輔等中心となって同志と共に再組織準備に奔走し、第一次共産党の失敗は智《ママ》〔知〕識階級を中心指導者となしたる点にありとし、今回は労働者にして実行力のある者を中心として、再建運動に乗り出すことになった。

かくて大正十五年六月及び九月の二回に亘り、厳選の下に党員の募集を行い、百二十余名を獲得することを得たのである。

又九月二十日、二十一日の両日に亘り、神奈川県箱根芦の湯松坂屋旅館に於て、渡辺政之輔、中尾勝男を主とする十四名が参集共産党の外郭をなす「レフト」の組織として、赤色労働組合インターナショナル（プロフィンテルン）日本支部の創立を遂げた。」

そして、その会合に、渡辺政之輔、中尾勝男、田中辰三郎《たつさぶろう》等が参加しており、彼らが中心となって一九二六（大正一五）年一二月四日、山形県五色《ごしき》温泉に党再建のための会合が開かれたと、その経緯を叙述している。

弥三が記した内容は、現在では詳しく知られるところであり、特段新たな情報が入っている訳ではない。

ただ、共産党の動向についてはほとんど情報を持っていなかったアメリカのCICには、極めて基本的な知識や情報を含め、丁寧《ていねい》に叙述していることが窺われる。

ところで、先ほども別の個所（一〇四〜一〇六頁）で引用した「日本共産党事件に就いて（一）　警

視庁特別高等課長　纐纈彌三」と題する弥三の評論のなかで、「世界大戦後欧米諸国の経済界の変調は、必然的に思想界にも大動揺を来たし、各種の極端なる思想が猛烈な勢いを以て、各国の無産階級間に伝播浸潤するに至ったが、我国も大いに是が影響を蒙《こうむ》り、是等各種の危険思想膨《(ママ)》〔澎《ほう》〕湃《はい》として侵入し、我が思想界を風靡《ふうび》せむとするの状態となった。[64]」とする一節がある。

そして、この危険思想を体現するのが日本共産党であり、その撲滅を図るために一斉検挙の方針を打ち出したとする。

ここには日本共産党弾圧を強行する確信的な理由を記し、その行動が国体破壊を阻止することにある点を強調する。

この叙述は、天皇の僕《しもべ》としての官僚に貫く国体護持への強烈な思いであり、ことさら弥三個人に限ったことではない。

だが、故郷蛭川《ひるかわ》村に伝わる極めて強烈なナショナリズムの心情に、幼少期から父秋三郎の影響もあって感化されつつ、弥三の場合は他の天皇の官僚たちと比べても際立っていたと言える。

そして、第一次共産党事件（一九二三年五月）により一時停頓《ていとん》の状態にあった日本共産党再建計画

64　前掲「日本共産党事件に就いて（一）　警視庁特別高等課長　纐纈彌三」（『警察新報』二二一頁・通算二二六頁、「纐纈彌三文書」在中資料）。

を経て、活動が活発化していく途次《とじ》、第二次共産党事件（三・一五事件）により、日本共産党員の大量検挙に至った過程を次のように記す。

「日本共産党の存在に就いては、昨年二月〔一九二七年〕頃、その聞き込みありたるも、未だその実態を確むることを得ず、苦心捜査に努めつつありしが、漸《ようや》く九月に至り創立大会の行はれたる事実を探知するに至りしが、当時不幸にして此れが証拠物件を入手するに至らず、且つ党首脳部の居所を突止むることを得ず。〔中略〕

本件は未だその完結を見ることを得ず、引続き被疑者の徹底的捜査に努力しつつある所なるが、四月末日迄に起訴せられたるもの全国に於て三百四十余名の多きに達して居る。

我が東京のみに就いて見るも、起訴者百五名、強制処分中の者十名にして、尚警察署に於て取調中の者も多数あるを以て、今後相当進展する見込みである。

是を暁民《ぎょうみん》共産党の八名、大正十一年の日本共産党事件の二十九名、起訴者に比較するときは、その数の激増に驚嘆せざるを得ない。度を重ねる毎に、この種運動が益々進展し、而《しか》もその戦術の巧妙にして深刻となりつつあるの実情を思ふとき、実に邦家《ほうか》の為め憂慮に堪へざるものがある。[8]」

ここには、日本共産党撲滅にかける弥三の執念と、併せて徹底した日本共産党排撃の精神が横溢《おういつ》している様子を知ることが出来る。

弥三は、ここに示したような思いを様々な形で既述の通り原稿にして残している。それと同時に、その強い思いが検挙者への限りない拷問や弾圧へと駆り立てていたのである。

この下書き原稿は何種類も存在しており、それぞれ重複する部分も少なくない。比較的清書が進んだと思われる「日本における共産主義運動の発展過程」にも公職追放の憂き目に遭遇した弥三が、その置かれた立場から一刻も早く脱したいとする気持ちが表れている。そこでは、自らの行動を正当化するだけではなく、追放解除への契機を掴み取りたいとする執念をも感じられる文面である。

同時に、弥三は執筆を依頼してきたアメリカのＣＩＣ内部に存在するであろう反共産主義の姿勢を強く感じ取っていたのであろう。一九五〇年代に入り、本格化してきた米ソ冷戦の時代に、警視庁特高課長時代の経験が役に立つはずだ、とする判断もあったようだ。

「今後共産党対策に参考となる点も多々ある」との文中の書きぶりからも、かつての敵国であったアメリカに縋《すが》ることで、戦後をも生き抜きたいとする打算も働いたのではないか。

弥三の国家観念

弥三の手書き原稿には、彼の国家観念を示す内容も書き込まれている。ＣＩＣに提出したとされる

65　同右（一二三頁・通算二二七頁）。

原稿には、弥三の反共主義が繰り返し強調されている。

「日本における共産主義運動の発展過程」の部分をもう一度引用してみたい。「緒言」と見出しを付けて、以下の如く書き込んだ。

「十九世紀の文明を大成した資本主義社会の制度の反面、富裕者は益々富み貧しき者は、愈々《いよいよ》貧しくなって来た。この貧富の差の激しくなった趨勢《すうせい》に刺激されて社会主義思想は自然の勢いとして生まれて来た。

持てる者と持たざる者との間の闘争は、漸次展開されつつあるところに、一八四八年、マルクス・エンゲルスの「共産党宣言」が発表せられ、「万国のプロレタリア団結せよ」と呼びかけたのであった。

かくて両者の対立抗争は益々激甚《げきじん》となり、漸次経済闘争から政治闘争にまで進展するに至った。サンジカリズム、アナーキズム、コムミュニズム等の主張は、漸《よう》く勢力を拡大することとなった。

かくて一九一七年のロシア革命の成功は、所謂共産主義の実際的運動に非常な刺激を与え全世界の思想界を席巻《せっけん》することとなり、遂に共産主義運動は益々全世界に波及し、抜くべからざる勢力として、その面容を現はすに至った。」

特段の状況分析と言える程の内容ではなく、敢えて言えば教科書的な記述に過ぎない。

しかし、弥三自身が社会主義思想や共産主義思想が世界的な思想潮流となり、それが運動として世界化していく理由を、資本主義の発展過程において、その内部に貧困という矛盾を蓄積していく過程でもあること、これへの異議申し立てと、この矛盾を解消していくためには資本主義の構造自体の変革なくしてはあり得ない、という視点の理解だけは示した内容である。

同じ手書き原稿のなかで、弥三は三・一五事件に触れ、以下の内容を記している。

「三月十五日午前五時一斉検挙に時刻を期して対策本部への連絡も待ち切れぬ気持ちであった。纐纈課長、浦川、石井両係長は特高課長室に集まって今日の首尾を待った。

これより先全国の新聞社を始め報道機関に対しては是亦午前五時を期して、一斉に日本共産党全国一斉検挙に関する一切の記事掲載禁止命令が伝達された。」

弥三は続けて各新聞社は、一斉検挙の動きをまったく察知することが出来ず、特高の動きを知るや驚天動地の様子であったことを誇らしげに綴る。

その心境を、「誰一人事前に気づいていた者が居なかったので、胸をなでおろしたと云ふ述懐を漏らしたものもあった。先づ秘密を事前に防止した点は成功と云ふことが出来様ふ。」と括《くく》る。

さらには、「かくて官房班の班長より次々と検挙の報告が齎《もた》らされて、何れも予期以上の成績を挙げたことが判明し、捜査本部に於ては凱歌《がいか》があげられる状況であった。」と、その成果を誇る。

すでに述べたように、三・一五事件は徹底した報道統制の下に強行されたが、このことが終始一貫上手くいったと弥三は手放しで自己評価する。徹底した報道統制と秘密漏洩防止の方法が「大量検挙」に結果した、との総括から、以後もこれまで以上の報道統制が敷かれていく。

メディアを封印することで国民の耳目を塞《ふさ》ぎ、秘密裏に大弾圧が強行されたのである。この手法は、次の日本共産党大弾圧である四・一六事件でも繰り返されていく。

権力がいわゆる「成功体験」を経過すると、さらに輪をかけて非常な暴力を振るうことになる。まさに歯止めなき権力の暴走である。その暴力が完全に成功を収めるために、徹底した報道統制が日本の敗戦まで続く。

三・一五事件の直接の実行者は警視庁特別高等警察であり、その現場指揮者として陣頭指揮を執ったのが弥三ではあった。同時に同事件が、田中義一内閣による国策捜査であり、類を見ない弾圧であったことも間違いない。

田中義一内閣の司法大臣であった原嘉吉《はらかきち》は、原敬《たかし》政友会内閣で法制局長官を務めていたことから、政友会との関係を築いていた。そして、一九二三（大正一二）年には司法界の重鎮で右翼組織に深い影響力を持っていた平沼騏一郎《きいちろう》の主宰する国本社《こくほんしゃ》に参加し、理事に就任していた。その経歴を買われて司法大臣として入閣する。

そして内務大臣に司法官僚出身の鈴木喜三郎《きさぶろう》が就任し、山岡万之助《まんのすけ》を警保局長に、特高警察を管轄する警保局保安課長に検事出身の南波杢三郎《なんばもくさぶろう》が就いた。

四・一六事件も指揮する

三・一五事件で壊滅的な弾圧を受けた日本共産党は、その再建を目指して渡辺政之輔、鍋山貞親、佐野学、市川正一等が中心となって行動に移していた。しかし、一九二九年三月一八日、東京地方オルガナイザーであった菊池克己《かつみ》が逮捕され、拷問によって党再建の実情が当局の知るところとなった。

同時に中央事務局長格であった間庭末吉《まにわすえきち》が検挙され、間庭が所持していた党員名簿が発見される。その名簿をもとにして、同年四月一六日に三・一五事件に続く日本共産党弾圧事件が起きる。北海道、東京・京都・大阪の三府と全国二四県にわたる一斉検挙となり、合計で四九四二人が治安維持法により逮捕されるに及んだ。

この四・一六事件について、弥三は戦後の国会議員時代、『特集　人物往来』に「四・一六共産党大検挙」と題して寄稿している。

タイトルに続くリードには、「当時警視庁特高課長として敏腕を謳《うた》れた筆者〔纐纈弥三〕が、日本から上海へと舞台をうつして必死に党員を追及した苦心の捜査記録を公開す！」と記されている。

以下、弥三が記した本文の一部を引用する。

「三・一五事件以来共産党の中間検挙は引き続き行われて居たが、暮れ頃から党の再建が相当に活発に行われているとの情報が頻々《しくしく》（絶え間なく）として入ってきた。

年が代わっても相変らず警察の手はゆるめられていない。反対に十二月廿二日から三日間、本所公会堂で開催された新党組織準備大会が共産党の指導によることが明瞭であった為に、三日目の廿四日、閉会を前にして解散を命じた事件もあって、警視庁は益々緊張して取締りを厳《げん》にしていたのである。[66]」


日本共産党は、三・一五事件という党再建間もなくして全国一斉検挙に遭遇するが、同年の八月の「中間検挙」、さらには翌年一九二九年の四・一六事件で連続して打撃を受ける。

三・一五事件で特高が最大のターゲットにしていたのは、日本共産党中央委員の市川正一、佐野学、鍋山貞親、三田村四郎等であった。

それで四・一六事件以後の同月二六日に市川正一、同月二九日に鍋山貞親、三田村四郎が、六月一四日には佐野学が上海で検挙された。こうして、日本共産党は幹部クラスを悉《ことごと》く失うことになった。

その意味で言えば、松本清張が『昭和史発掘』のなかで記した「その点、地上の党員のみを逮捕した三・一五よりも、はるかに四・一六のほうが重要といわなければならない。[67]」とする指摘も間違いはないであろう。

ただ、三・一五事件から中間検挙を挟んで四・一六事件は、特高が入念な内偵を続けて行った計画的弾圧であり、この一連の弾圧を一つの線として捉える必要もあろう。

そこでは検挙者数や党内での地位の問題とは別に、特高が最初から、いわゆる〝一網打尽〟を狙っての弾圧計画であったことこそ重要であろう。

さて、この間に弥三は、一九二八年の三・一五事件、一九二九年の四・一六事件で活躍のその功労として、一九三四年四月二九日に勲五等旭日双光章を受ける。

勲五等旭日双光章は国家や公共に功労のあった者が授与の対象者で、別名「旭双」と言う。勲五等旭日双光章より上の旭日大綬章は、産業振興功労者が対象だが、これは納税功労、薬事功労、弁護士功労、地方自治功労などを含め、産業振興の功労者に多く授与されている。

このなかでも地方自治体の議会議員、全国の商工会の役員、業界団体の役員にも授与され、その数は一度に数百名に上り、各種勲章のなかでも最も多くが授与されるものである。

分れる事件への評価

本章の最後に、当局とメディアとの事件をめぐる相反する評価の一例を示しておこう。そこには、戦争と弾圧の関連性が色濃く浮かび上がっているように思われる。

66　『特集人物往来　特集　禁じられた歴史』(1(8)・人物往来社、一九五六年一二月、七九頁)。
67　松本清張『昭和史発掘2』文藝春秋、一九六五年、三二〇頁（「三・一五共産党検挙」)。

先ずは、内閣書記官横溝光暉《よこみぞみつてる》が『警察協会雑誌』に寄せた「特高警察のために」と題する論考である。横溝は広島県警察部保安課長、福岡県警察部特別高等警察課長の経歴を持つ生粋の内務官僚である。

「かの共産党大検挙が一斉に報道されて社会の耳目を少からず聳動《しょうどう》〔動揺させる〕しました。そうして社会をして特高警察の存在理由を力強く認識させ、特高警察の重要性を彌《いや》が上にも宣揚した事は、我特高警察の充実のために重要なる契機となったことは疑《うたがい》ありません。さうしてその結果は、第五十五議会に昭和三年度歳入歳出予算追加案となって現れ、合計百九十九万四千九十二円といふかなり大きな予算が通過して了《しま》ひました。」[68]

自らも地方警察部の特高課長であったことから、三・一五事件を特高の名が世論に周知された好機だと受け止め、一層の拡充を求めた。その結果、内務省の一組織としては破格の予算措置が採られたことを誇る。

実際、この事件を契機にして特高の拡充が急速に進み、いわゆる中間検挙を挟んで四・一六事件へと結果し、日本の敗戦まで弾圧と監視の態勢が徹底される。

それは敗戦の直前まで国民の耳目を塞ぎ、戦況悪化の情報をも統制下に置いて世論の反戦・厭戦《えんせん》の動きを封じ込めていく。こうして戦争開始から敗戦に至るまで、人々は国内外に戦時動員の対象とはされても、一連の動きへの反発や異議申し立ての機会が悉《ことごと》く奪われて行ったのである。

一方、三・一五事件について以下のような評価をなす論調も存在した。それは『中央公論』に掲載された陸奥《むつ》啓太《けいた》の「三・一五事件前後」と題する論考である。

「三月十五日の大検挙の結果、日本共産党の存在とその勇敢な活動の真相は、全国の労働者農民の間に知れ亘った。党に対する大衆の支持は数日の中に高まってきた。戦闘的な労働者農民は党を支持援助すると共に、自分も党に結び付き、破壊された党再建のために献身しやうとしていた。これは党の一切の活動にとって甚だ有利な情勢だった。ある意味からは、支配階級の弾圧が却《かえ》って党の宣伝煽動をやって呉れたと云ふ皮肉の結果となった。[69]」

この陸奥の見解は、かなり突っ込んだ内容の評価で、額面通りに受け取れば至極真っ当なものと言えた。ただ、比較的リベラルな大衆誌とされた『中央公論』誌でも、事件の評価には、一定の差異も見受けられる。

68　警察協会編刊『警察協会雑誌』（第三三五号・一九二八年七月、一九頁）。
69　『中央公論』（第四六号・一九三一年六月、二六七頁）。

例えば、著名な政治学者であった吉野作造は、同誌が事件直後に企画した「特集　共産党検挙と労農党解散事件」に、次のような一文を寄せている。

「日本共産党の正体に関する見解、之に付いての政府側の見解は已《すで》に司法省から発表された。この発表の通りだとすれば、日本共産党が国法と相触るるや否や。若《も》し其れ右の見解を吾人《ごじん》と同うして而《しか》も猶《な》ほ日本共産党の国法抵触の虞《おそれ》なしと云はば、それは一転して事実の問題となる。[70]」

吉野作造の評価の背景には、その晩年に右派無産政党である社会民衆党の結成に関わるなどの政治姿勢を保っていたことから、日本共産党には批判的であったことがある。

確かに、事件以後、右派無産政党は解散を命じられるも、離合集散を繰り返しつつも存続した。戦前における無産政党の統一政党と言われた社会大衆党は、戦前最後の総選挙（一九三七年四月実施）で三六議席（定数四六八議席）を獲得し、第三党に躍進する。しかし、最終的には戦争への道にブレーキをかけることができなかった。それ以上に、戦争協力の側に立つことになる。

その意味でも、三・一五事件から四・一六事件に至る一連の日本共産党への弾圧によって、その時点から戦争を阻む勢力の一掃が当局によって周到に準備され、実行されていたことが分る。

戦争の危険を察知していた陸奥と、結局は戦争勢力に手を貸す結果となってしまった吉野との日本共産党への評価の違いは、現在的な視点をも含めて言うならば、頗《すこぶ》る重要な課題と言えよう。これは既に幾度となく議論されてきたことである。

70　同右（第四三号・一九二八年五月、七七頁）。

第四章　事件の評価と記憶

1　事件を伝える人々

松本清張『昭和史発掘』から

日本共産党弾圧事件は、文献や評論、さらには文学の世界など、広範な分野で取り上げられ、素材ともされてきた。

ここでは四・一六事件も対象とするが、特に三・一五事件を扱った評論やドキュメンタリーの幾つかを取り上げてみたい。

そのなかで私自身が歴史研究者への道を志した契機の一つとなったと思っている、松本清張の作品を取り上げたい。それは、既に前章でも引用した『昭和史発掘』全一一巻（文藝春秋、一九六五年）である。

高校まで西洋近現代史に興味を抱き、実際に大学では西洋史を専攻してドイツ現代史、なかでもナチズム研究に没頭していた私にとって、三・一五事件という日本共産党弾圧事件を詳しく知ったのは、この本が最初であった。

松本清張の出身地である福岡県北九州市小倉北区の勝山公園内に立派な記念館があり、山口在住時代にも何度か足を運んだことがある。その松本の膨大な著作群のなかで、最も熟読した『昭和史発掘』の第二巻には、三つのテーマが収められている。その一つが、「三・一五共産党検挙」[71]である。

良く知られた本だが、その冒頭を書き出しておく。

それは、「昭和二年八月半ばの午下《ひる》がりのことである。警視庁特高課労働係の一室は、係の多くが出払い、広い事務室はがらんとしていた。当時の警視庁は震災でやられ、馬場先門を皇居に向って入ったすぐ右側の濠端沿いに、いくつかのバラックを建てて仮庁舎としていた。うだるようなむし暑いその部屋には、特高課長の纐纈弥三と、次席警部の毛利基と、ほか三、四人の課員がいるだけだった。」[72]というものだ。

71　前掲『昭和史発掘2』（一七～三三〇頁）。

ここに登場する毛利基は、既に触れた如く、弥三の部下で日本共産党弾圧の現場指揮を執った人物である。その毛利の配下にあったスパイから、この時、山形県五色沼温泉で共産党創立を目的とする重要会議があったという情報が寄せられる。

それで弥三は、毛利を五色沼温泉に出張させ、調査するよう命令を下したという一節が記されている。

その後に弥三の回想として、「毛利は、かねて日本共産党の再建運動が秘密裡に進められているとの情報を耳にしていたので、いまの電話の告げた重要会議とは、その方面だと直感した。―と纐纈は回想して書いている。[73]」とある。松本の言う、「纐纈の回想」の出典は明記されていない。

後年の事だが、弥三は自由民主党代議士として国政に関わていた折、前章（一〇七頁）で別の部分を引用済だが「赤色戦線大検挙」[74]と題する文章を『文藝春秋』誌に寄せている。「当時の警視庁特高課長が自ら描く三・一五、日本共産党大検挙の種々相《しゆじゆそう》」と随分と長いサブタイトルが附されている。

その冒頭の文章は以下の通りである。

「馬場先門を宮城に向つて入つた直ぐ右側のお堀端に長い廊下でつながれた幾つかのバラックが立ち並んでいる。これが大正一二年九月一日の関東大震災でやられた直後建てられた警視庁の仮庁舎、特高課労働係の一室、真夏のうだる様な八月中の昼さがり、係官の多くは夫々の任務を帯びて視察に出かけ、広い事務室はガランとしている。[75]」

松本の先の一節もこの弥三の文章を参考にしているのであろう。それと同時に、弥三がここで記した五色沼温泉の一件も、また毛利警部に通報したという内偵者の存在など、松本の同書によって大方の輪郭が形成され、それが現在の三・一五事件の内容を説明することになった。

三・一五事件による弾圧の経緯については、弥三をはじめ、幾人かの証言や記録が残されているが、それでも不透明なる部分は依然として残っているように思われる。ただ、検挙者やその後の取締りの最中に起きた拷問などの事実は被害者の口から生々しく伝えられてきた。

同様に弥三は、ここで台湾の基隆《ジーロン》で落命した渡辺政之輔の最後が警官に追われ、拳銃による自決であった様子を、「遂に進退谷《きわ》まつて観念した彼は自ら拳銃をコメカミに擬《ぎ》し〔あてがう〕、右から左に前額部を見事うち抜いて自殺して了《しま》った。[76]」と記している。

72　同右（二一九頁）。
73　同右（二二〇頁）。
74　『文藝春秋』（第三三号・一九五五年八月、五八頁）。
75　同右（五八頁）。
76　同右（六三頁）。

この渡辺の最後が拳銃による自決とされ、松本もそのまま借用している。これも真相は、いまだ定かではない。包囲されて拳銃を取り出し、警官によって射殺された可能性も状況からして否定できない。[77]

だが、弥三は当時現地からの報告を信じて疑わなかったかも知れない。松本も、また同様に捉えたのであろう。

加えて松本は、五色沼温泉での会合の事実を「秘密結社日本共産党事件ノ概要」の資料を紹介する形で、「五色沼の情報は警視庁だけでなく大阪府当局にも齎《もたら》されていたことが分る。弥三の言うように警視庁にかかったタレコミだけではなかったのだ。大阪府当局も聞込みによって同時に知っていたとすれば、内部のスパイ存在も考えられる。[78]」と推測する。

この松本の推測を吟味することに左程の関心は湧かないが、それより弥三が松本の言う回想で、恰《あたか》も自らの部下による内偵の成果だとしている理由が何処にあるかに興味が湧く。

当然考えられるのは、弥三自身が三・一五共産党弾圧事件の陣頭指揮者であったことを誇示する意味もあろう。また、内偵者や、あるいはスパイをも含めて、五色沼の会合を突き止めたのは、警視庁特高課であることを強調する意図も透けて見える。

いずれにせよ、松本は一〇〇頁余にわたり、三・一五事件をめぐる日本共産党の動向を詳しく綴る。その結果、同事件への関心を呼ぶ内容となった。その後の調査研究が進み、松本の記述が修正をも含め、深く具体的に明らかにされている。

ただ、弥三についての記述は、回想の引用以外僅《わず》かであり、特段弥三への関心を示した記述はない。

与謝野晶子

与謝野晶子のコメントを追う

第一次世界大戦が始まって間もない頃、当時の代表的雑誌『太陽』を足場に論壇に登場した著名な人物に歌人与謝野晶子がいる。

与謝野は、婦人問題を中心にしながら、社会・政治・教育などの諸問題に健筆を振るった。そこには、歌人としての感性から生

77　共産党再建の最大の功労者の一人であった渡辺政之輔については、自著として戦後編まれた『戦略問題の要項』（希望閣、一九五二年）を始め、評伝として恒川信之『日本共産党と渡辺政之輔』（三一書房、一九七一年）、加藤文三『渡辺政之輔とその時代』（学習の友社、二〇一〇年）、『渡辺政之輔著作集』（日本共産党中央委員会出版部、一九六三年）、『戦前日本共産党幹部著作集　渡辺政之輔集』（新日本出版社、一九八六年）等がある。

78　前掲『昭和史発掘2』（二二一頁）。

まれた鋭い社会批判が展開されている。

その社会批判のひとつに、『横浜貿易新報』（一九二八年四月二九日付）に掲載された「国難と政争」という短い評論がある。同紙は、現在の『神奈川新聞』の前身である。

「大袈裟な言葉が議会で流行する。『国難』などの言葉は最も不謹慎であり、また奇怪である。」で始まる文章で、三・一五事件への感想を以下のように綴っている。

「共産党の秘密結社事件〔三・一五事件のこと〕の真相を私は知らないが、少しばかり其事実が存在しているのを、現内閣が政略に誇張して「国難」の感を国民に抱かせ、注意を転じさせて、内閣打倒運動の気勢を弱めようと云ふ計画であろう。総選挙の結果を見て、俄《にわか》に此事が現内閣に由《よ》って計画されたやうに想われる。わざわざ罪人を作るために検挙の範囲が拡大されたのでは無いか。[79]」

（傍点引用者）

現内閣とは、田中義一内閣のことである。

田中内閣の二月に実施された総選挙では、鈴木喜三郎内務大臣の陣頭指揮の下、卑劣極まる選挙干渉が強行され、世論から大きな批判を受けた。それでも選挙結果は、政権与党の政友会と野党民政党との議席差も僅かであった。選挙では無産政党の進出も大きな衝撃を当局に与えた。

与謝野は書く。日本共産党弾圧は、そうした田中内閣が抱いた危機感の表れであり、田中内閣打倒要求を回避するため、野党や世論への牽制のための意図があったのではないか、と。鋭い指摘だ。本事件を、まさに権力の犯罪としたのである。

さらに与謝野は、三・一五事件を指揮した田中内閣の鈴木喜三郎内務大臣の所業を次のように糾弾する。

「鈴木内相は思想取締りの最上の施政として、まあ此上に警察政治を増大し、特高課のスパイを全国に張るため、三百万円の追加予算を要求する相である。思想が警察権で左右されるものなら、学者も芸術家も社会改良家も要らない。まことに結構な国柄《くにがら》と云ふべきである。[80]」

与謝野は三・一五事件こそ、思想や芸術の存在を否定する「警察政治」の登場を意味するものだと喝破《かっぱ》した。その最たる組織としての特高を正面から糾弾することで、逆に思想や芸術の自由を断固擁護しようとした。警察権力の過剰な振る舞いに、危機の時代の到来を予測する。

79　与謝野晶子『與謝野晶子著作集』（第一九巻〔一九二四（大正一三）年から一九二八（昭和三）年〕、龍渓書舎、二〇〇二年、四一四～四一五頁）。

80　同右（四一六頁）。

抵抗勢力が排除されていく時代の到来に警鐘を鳴らしていたのである。

リベラリスト石橋湛山の評価

当時のジャーナリズムの多くが同事件について沈黙を強いられ、報道禁止措置に唯々諾々と従った。そのような中で、『東洋経済新報』の主幹であった石橋湛山《たんざん》（戦後の首相）だけは、以下の如きの社説を書き込んでいた。

そのタイトルは社説「共産主義の正体　その討論を避くべからず」（昭和三年四月二八日号）だった。

その冒頭は、「古来新思想の勃興を権力を以て圧迫してこれを滅し得た例は絶えてない。これはいやしくも歴史を繙《ひもと》く者の等しく認めねばならぬ昭乎《しょうこ》たる事実だ。[81]」である。

権力によって思想の開化と展開を抑止することなど不可能だと言う。つまり、物理的な力で人間が人間としての自由と尊厳を取り戻す思想や、その思想を根底に据え置く社会を創造することを抑え込むのは無理だと論ずる。

そして、直近の三・一五事件に触れ、「最近の共産党狩事件を考うるに、記者は実に遺憾を感ぜざるを得ない。」としつつ、「田中首相は九腸寸断《きゅうちょうすんだん》の思いを以てこの事件を奏聞《そうもん》したとか述べたというが、彼にして九腸寸断というほどの敬虔《けいけん》を以て自己を顧み、社会の現状を深思したなら、そこに必ず発明するところがなければならぬ[82]」と痛烈な田中内閣批判を展開する。

言うまでもなく、田中内閣の反動性と暴力性を批判の俎上《そじょう》に挙げているのである。

もちろん、この時点で石橋は検挙された日本共産党員への拷問を含めた徹底した弾圧と取調べの実態を知る由もない。しかし、そこには自由な言論が担保されてこそ、社会の真っ当な発展が期待される、とする強い信念を披瀝する。

さらに石橋は後段において、以下の如く結論づけていく。この時代にあって、この議論を展開するジャーナリストの存在に驚きもする。

石橋湛山

「記者の強くここに主張せんと欲するのは、ただ次の一点。世人はどういうわけか、共産主義と聞きさえすれば、その正体の何者かも知らずして、頭から国家を覆滅《ふくめつ》する危険思想なりと断定する。そしていたずらにその研究討議さえも抑圧するが、これはかえって危険なことだと。
そもそも共産主義とはどんな者か。……一言にすれば、社会生活

81　松尾尊兊編『石橋湛山評論集』(岩波書店・文庫、一九八四年、一五八頁)。
82　同右（一六〇頁）。

に対する一種の理想にほかならない。共産主義の古くからの標語であるが、各個人はその能力に応じて働き、各個人はその需要に従って生産物の分配を受ける……、いわば現在社会の家庭生活の如く、社会全体を藹然《あいぜん》〔穏やかで和らいだ状態〕たる一の団欒《だんらん》に化したいというのである。[83]」

言論人として至極真っ当かつ不可欠な論点である。そこでは如何なる主義主張思想の持主であれ組織であれ、先入観を排除して「研究討議」することが民主主義社会の構成員たるものの姿勢であることを強調している。

さらに石橋は共産主義をことさら支持している訳ではないにせよ、共産主義が掲げる理想を、「そんなことは夢だ……というのは多分多くの人の感想であろう。が夢は必ずしも悪事ではない。仮令《たとい》夢でも、善を求める夢であるなら、大いに夢むのが好いではないか。古来の大なる仕事は、総て人の夢から現れた。[84]」とまで言い切った。

実に懐の深い論法だが、これが当時最もリベラルな見解を代表していたことは間違いない。

その石橋は、日本の帝国主義的領土拡張と侵略主義の台頭のなかで「小日本主義」を説き、侵略戦争に断固反対の姿勢を貫いた。その点でも日本共産党と共有可能な論点を持していたと思われる。

「桑田変じて滄海となる」

この他にも取り上げておきたい記録的な論考として、取り分け検挙された人々の弁護で活躍した布《ふ》施辰治《せたつじ》らの活躍を高く評価する視点からの寄稿である、木村京太郎の「思い出　三・一五事件」[85]がある。

木村は一九二二年に水平社の支部である小林水平社を結成、翌年一九二三年に全国水平社青年運動結成に尽力した。三・一五事件で検挙され、懲役五年の判決を受けている。ただ、木村は懲役に服した後、大日本生産党に参加していく。

布施辰治の活躍についても、現在は数多の文献資料が刊行されているが、ここではもう一つ、森長《もりなが》英三郎《えいざぶろう》『史談裁判』（日本評論社、一九六六年）を挙げておく。森長は、同書のなかの「三・一五、四・一六―日本暗黒史の序幕」（二一一頁）で布施辰治はじめ、両事件などの公判で弁護を張った弁護士たちの名前を記している。

なお、森長は一九三六年に弁護士登録。治安維持法違反事件などを担当し、戦後は自由法曹団に参加し、主に労働問題に拘《かか》わる裁判の弁護を担った。

既述の松本清張に代表されるように、いわゆる文学作品やドキュメンタリー作品の題材として、

83　同右（一六一頁）。
84　同右（一六二頁）。
85　部落問題研究所編刊『部落』（第二〇巻第一〇号・一九六八年九月号、六八～七六頁）。

三・一五事件は果敢に取り上げられてきたと言って良い。

例えば、戦前期の『中央公論』の編集長となり、戦後は日本平和委員会の常任理事などを務めた黒田秀俊《ひでとし》の『昭和言論史の証言』の「第二部　暗い冬の時代」に収められた「2　三・一五事件とその波紋」に以下の記述がある。

「いよいよ検挙がせまると極秘の事をはこぶ必要から、検察部を日比谷公園内の松本楼におき、一管《いっかん》の尺八に風流をしのぶ演奏会とあざむき、警視庁の纐纈特高課長、石井石蔵特高係長、清川秀吉労働係長、鈴木義貞内鮮係長、毛利警部、志村俊則警部補らは、そこで党員の所在を精査したうえ、昭和三年一五日午前五時を期して検挙の幕をきって落としたのである。[36]」

黒田の記述にあるように、戦後になって明らかにされた三・一五事件における中央の弾圧者たちの陣容である。以下では、弾圧が用意周到に準備され、その動きを被弾圧側は充分に掴み得なかったという事実が記録される。

その後、事件の真相が一層明らかにされるなかで、双方の動きはさらに詳細に語られることになる。そして、一九六〇年代に大体事件の輪郭が把握される。

また、著名な統計学者であり、法政大学総長を務めた有澤廣巳《ありさわひろみ》の『学問と思想と人びと　忘れ得ぬ人々の思い出』に収められた「ドイツで知った三・一五事件」のなかの一節も、事件の衝撃を率直に語っている。

恩師であり、植民政策学者であった矢内原忠雄《やないはらただお》に、ドイツ留学から帰国して報告のために面談した折、「有沢君、君のいないうちに日本はたいへん変わった。桑田《そうでん》変じて滄海《そうかい》となる世の中となった。」[87]と落胆に満ちた語りを聞いたと記している。

矢内原は、普通選挙が施行され、内部に様々な矛盾を抱えながらも、政党政治の展開が期待されながらも、この事件を契機に大きく様変わりしていく時代の流れを指摘したのである。

この他にも、加賀耿二《こうじ》のペンネームで発表された『綿』に収められた「三・一五挿話」(三一書房、一九四六年)がある。加賀は周知の通り、「谷善」の愛称で知られ、六期にわたり戦後日本共産党の衆議院議員として活躍した谷口善太郎《ぜんたろう》のペンネームである。

「三・一五挿話」は、その後、『谷口善太郎小説集』(新日本出版社、一九六三年)にも収められている。そこには、下関から釜山《プサン》へ、そして中国に渡り、大連からハルビンと移動する党員を執拗に追い詰めていくスパイたちの動きが活写されている。

谷善は、他にも当局の目を晦《くら》ますために、友人から借りた「須井一《すいはじめ》」のペンネームで執筆活動を

86　黒田秀俊『昭和言論史の証言』(弘文堂、一九六六年、一九五頁)。
87　有澤廣巳『学問と思想と人間と』(毎日新聞社、一九五七年、一二九頁)。

続けていた。

また、直木賞作家であり、『叛乱』（六興出版社、一九五二年）や『太陽はまた昇る　近衛文麿』（同、一九五一～三年）で政治事件や政治家の群像を題材に多くの作品を発表してきた立野《たての》信之《のぶゆき》も、『壊滅』の「第一章　三・一五事件」（五～三五頁）で事件の詳細を追っている。

こうした文壇も三・一五事件が与えた衝撃と影響は頗《すこぶ》る大きかったが、そうした状況を踏まえて、小笠原克《まさる》は『國文学　解釈と教材の研究』に寄稿した「事件史　三・一五事件と文壇」のなかで、以下のような評価を行っている。


「三・一五に取材した作品は、詩歌を除いても十篇近く管見に入ったが、やはり、中野重治「春さきの風」（『戦旗』昭三・八）と小林多喜二「一九二八年三月十五日」（『戦旗』昭三・一一～一二、原題「一九二八・三・一五」）が重要である。この二作は中野・小林における画期の作品であると同様に、鮮やかに対照的であることも含めて、日本におけるプロレタリア文学昭和史に一時期を画するものであった。[88]」


小笠原の寄稿文は、一九六〇年代であることを踏まえておく必要があるが、この時期までにも既に数多の作品群を数えることが出来るのである。

小笠原は、伊藤整《せい》や小林多喜二、野間宏《ひろし》などの文学作品を中心とする研究者で文芸評論家でもある。

この他にも社会評論家の淡徳三郎《だんとくさぶろう》（本名・馬込健之助《こまごめけんのすけ》）は、『三つの敗戦』（時事通信社、一九四八年）を著し、同書の「三・一五事件」のなかで、自らが京都学連事件や三・一五事件で繰り返し検挙された体験を踏まえ、最後には海外に脱出せざるを得なかった苦しい時代を鋭く活写した。

また、三枝重雄《さいぐさしげお》『言論昭和史　抵抗と弾圧』（日本評論社、一九五八年）も、「Ⅱ　昭和初期における言論の自由確保の闘い」の「3「三・一五事件」と政府の暴挙批判の論調」（三〇～三四頁）、岡本功司《こうし》『灰色の青春　学生社会運動史の一側面』（東京大学新聞社編集部刊、一九四八年）の「狂瀾《きょうらん》の中に　三・一五から四・一六まで」も参考となる。

2　強化される情報統制

三・一五事件は如何に報道されたか

ところで、このように各界に影響を与えることになった、三・一五事件は、如何に世間に伝えられ

88　小笠原克『國文學　解釈と教材の研究』（學燈社、第一二巻第一一号・一九六七年九月号、七三頁）。

ることになったのか。

一九一〇年の大逆事件以来の大弾圧であった三・一五事件について、当時の新聞紙法第二三条における「内務大臣は新聞紙掲載の事項にして、安寧《あんねい》秩序を紊《みだ》し、または風俗を害するものと認めたる時は、その発売及び頒布を禁止し、必要においてはこれを差し押さえることができる」との規定により、記事差し止めの状態が一ヵ月余続けられた。

しかし、四月に入り田中義一内閣は、検挙者の予審の最中に記事差し止め解除に踏み切った。

これは中澤俊介が『治安維持法』のなかで、「予審の終わっていない段階で差止を解除するのは異例である。あるいは田中内閣は事件を早期に公表して、二月の総選挙での選挙干渉疑惑をかわそうとしたとも考えられる。[89]」と記している。

すなわち、一九二八（昭和三）年二月二〇日に施行された普通選挙法施行後初の総選挙となった第一六回衆議院総選挙は、与党の立憲政友会と立憲民政党との激しい選挙戦となった。

そのなかで、田中内閣は内務大臣の指揮下で内務次官、警保局長、警視総監の、いわゆる内務三役を選挙干渉の陣頭指揮に当たらせるという露骨な動きを行った。

これに対抗する立憲民政党も党内に選挙革正《かくせい》委員会を設置して、これに対抗する。この結果、立憲政友会は二一八議席、一方の立憲民政党は二一六議席と拮抗《きっこう》することになり、いずれも過半数を得られないという状況になった。

この選挙では有権者が一気に拡大したこともあり、労働農民党、日本労農党、社会民衆党、日本農民党など、いわゆる無産政党や無産諸派から候補者が出て、その結果八議席を得るという政府にとっては驚きの結果となった。

これら無産政党は合法化されていたが、その一方で日本共産党には徹底した弾圧と監視で臨んでいたのである。

当然のことながら、田中内閣は選挙干渉の事実に野党民政党からも執拗な批判を受けていた。それで田中義一政友会内閣は、この批判を回避するためにも、日本共産党弾圧によって野党や世論の田中内閣批判を緩和しようと躍起となっていたのである。

それで三・一五事件の報道は、どのようなものであったのか。

長らく報道統制が敷かれていたが、四月になって漸《ようや》く解禁となった。四月一一日付夕刊の『東京朝日新聞』から紙面を読み取っておこう。

その一面には、「共産党の結社暴露し全国で千余名を大検挙　過激なる宣言綱領を作成して画策した一大陰謀」「起訴四百名に上《のぼ》らん　尚逃走中の首脳多数　山形県五色沼温泉を根城に学生も多数加盟す」「国体を根本的に変革し　労農独裁政治を目論む　全国に散布せる党員数百名　司法省発表の事件の概要」の見出しが躍っている。[90]

89　中澤俊介『治安維持法』（中央公論新社・新書、二〇一七年、九七頁）。

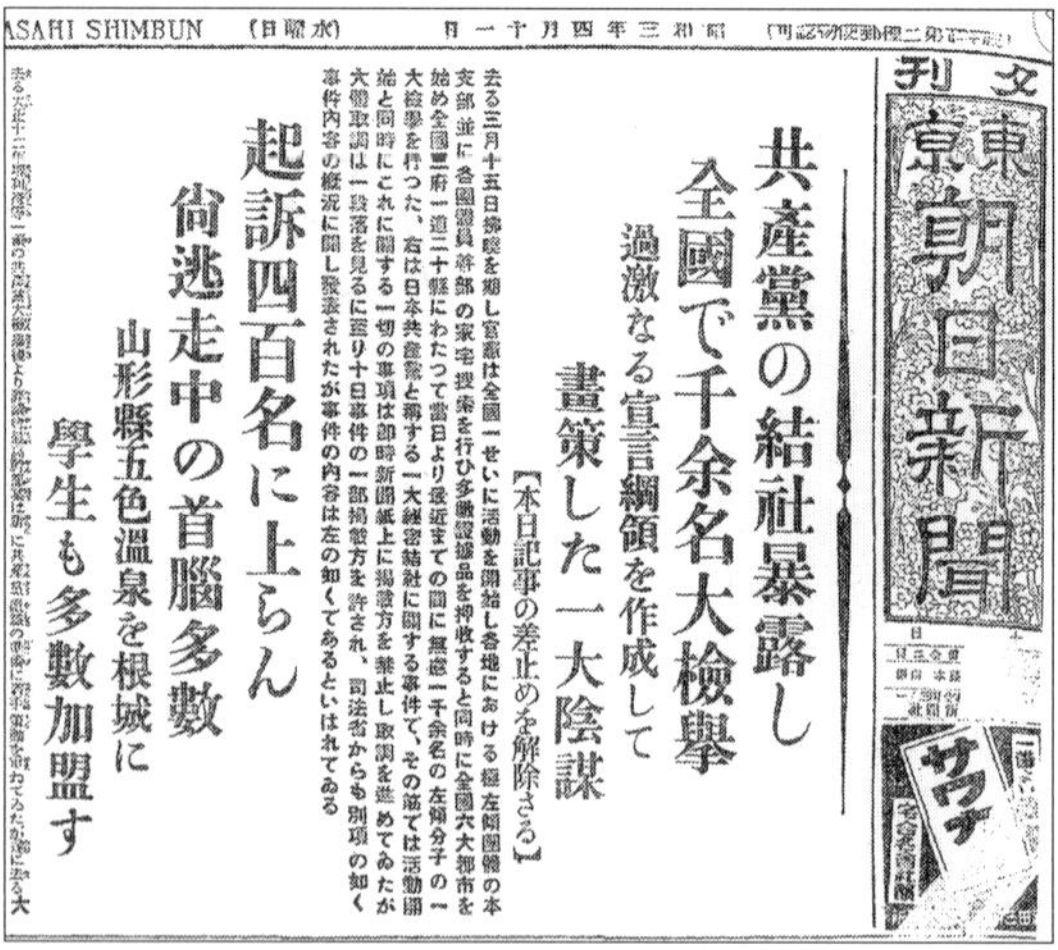
ASAHI SHIMBUN　（日曜水）　日一十月四年三和昭

東京朝日新聞　夕刊

共産黨の結社暴露し
全國で千余名大檢擧
過激なる宣言綱領を作成して
畫策した一大陰謀
【本日記事の差止めを解除さる】

去る三月十五日拂曉を期し官憲は全國一せいに活動を開始し各地における極左傾團體の本支部並に各團體員幹部の家宅捜索を行ひ多數證據品を押收すると同時に全國六大都市を始め全國一府一道二十縣にわたつて當日より最近までの間に無慮一千余名の左傾分子の一大檢擧を行つた、右は日本共產黨と稱する一大祕密結社に關する事件で、その筋では活動開始と同時にこれに關する一切の事項は卽時新聞紙上に掲載方を禁止し取調を進めてゐたが大體取調は一段落を見るに至り十日事件の一部掲載方を許され、司法省からも別項の如く事件內容の槪況に關し發表されたが事件の內容は左の如くであるといはれてゐる

起訴四百名に上らん
尚逃走中の首腦多數
山形縣五色温泉を根城に
學生も多數加盟す

『東京朝日新聞』（夕刊・1928.4.11）

さらに同紙の二面では、「五色温泉の集合に人目欺く無礼講の宴　社長の慰安会と触れ込んで　各自様々に変装して乗り込む」とのセンセーショナルな文字を使って、世論に衝撃と恐怖心を煽るが如くの報道ぶりであった。

ただ、同紙は同日の三面で「共産党事件の検挙」と題する社説を掲げ、その結論の部分で、「既成政党が今日の体たらくなる限り、普選が新興勢力の議会参加を要望する限り、無産政党の起こるは、正に『正常』なる政治運動の発展であり……」と述べつつ、以下のような言葉で結んでいる。

「社会の欠陥をきよう正するためには、究極において支配階級の反省と、議会をして歩々ますます完成ならしめ、民衆の『熱情』を合理的に遂げしむる外ないのである。この意味において吾人は議会中心政治を高唱するものであり、今回の事件をして希《ねが》くは、政治的刷新の一大転機たらしめんことを期待するのである。」[91]

この社説は、先ほどの一面と二面の紙面づくりと基調が異なる。少し冷静に、事件の社会的意味を同紙なりに読み解こうとする姿勢を垣間見せる。

当時、比較的に穏健リベラルな紙面構成を売りとしていた同紙などは、田中義一内閣及び政党政治への強い姿勢を一貫して示しており、その延長線上に三・一五事件を捉えた場合という前提での社説内容であった。

さて、三・一五事件の翌年、一九二九（昭和四）年四月一六日、再び日本共産党員への大弾圧が強行された。一道三府二四県に跨《またが》る全国一斉検挙であった。約七〇〇名余りが検挙され、市川正一、鍋山貞親、三田村四郎をはじめとする共産党幹部も検挙の憂き目に遭う。四・一六事件である。

三・一五事件が内偵を重ねて偶然に入手した情報を基にした行動であったが、四・一六事件は、その経験を踏まえて周到に準備された計画的弾圧であった。三・一五事件から、中間検挙を挟んで二年に跨る二つの弾圧により、一九二九年一一月までに併せて八三六名が起訴されることになった。

90　『夕刊　東京朝日新聞』（昭和三年四月十一日（水曜日）付、第一万五千五十五号C㈠）。
91　同右。

弾圧を鼓舞する出版物

三・一五事件が起きると、権力による日本共産党への弾圧を鼓舞《こぶ》し、評価する雑本の類が盛んに出版されている。その幾つかを簡単に紹介しておく。

先ず、立山隆章《たかあき》『日本共産党検挙秘史』の「八、第二次日本共産党の大検挙―所謂三・一五事件の真相」には、以下の文面がある。

「斯《か》くて、一つ一つと確証を握った警視庁当局は、共産党大検挙を行ふ事に決し、検事局、内務省警保局と打ち合わせを終えて、着々準備を進めて行った。先ず共産党員に手入れを感付かれぬ為めに、本部を警視庁内におかず、市内某所に一家を借り受けて仮本部とした。

纐纈特高課長、石井特高係長、浦川労働係長、鈴木内鮮係長以下、毛利警部、志村警部補初め、腕きゝの特高の刑事が仮本部に詰切り、同僚に対してすら病気、出張、欠勤などの名目で欺《あざむ》き、大検挙の下準備が備えられた。[92]」

検挙時の特高の動きについては、既に詳細に知られているので特段目新しいものは無い。当時こうした類の書物が相次ぎ刊行され、世論に衝撃を与えることに一役買っていた。

また、北一夫『日本共産党始末記』の「三・一五事件　当日の大検挙」にも同じような記述がある。

「昭和三年三月十五日午前五時、東京を中心として、北海道、横浜、静岡、名古屋、京都、大阪、神戸、福岡等一道三府三十県に亘って、日本共産党秘密結社の全国的一斉検挙が、突如として、疾風の如く、また嵐の如く行はれた。事件の震源地である東京においては、東京地方裁判所検事局、予審、警視庁官房が、検挙方法について、水も漏らさぬ緻密な打合せを遂げた。

検事局は松阪次席検事を総指揮官に、思想部の平田、亀山、中島、枇杷田《びわた》、渡邊の各検事が出勤し、予審からは塚田、小林、藤本、八木の各判事、警視庁官房は纐纈特高課長を指揮官に、特高、内鮮、労働、外事各百五十名の私服刑事を総動員して、市内外の各警察署と連絡をとり、前夜から蟻の這ひ出る隙もないまでに、十重二十重の警戒網を敷いて十五日払暁《ふつぎよう》―との時の至るを待った。[93]」

先の立山の本と基本的に同様のスタンスから叙述されているが、北の本は、より詳しく日本共産党

92　立山隆章『日本共産党検挙秘史』（武侠社、一九二九年、二四一頁）。
93　北一夫『日本共産党始末記』（塩川書房、一九二九年、三一～四頁）。

解体に追い込んでいった、とする過程を具体的に追っている。

こうした共産党排撃を鼓舞する著作は、満州事変（一九三一年九月一八日）を挟んで次々に出版され、反共宣伝の材料とされていく。それらの幾つかを列挙しておく。

内務省警保局編『三・一五　四・一六　秘密記録　日本共産党検挙状況』（内務省資料刊行会、一九二九年）は一般書ではないが、当局の正確な数字が示されている。

また、鈴木猛『共産党跳躍の全貌』（奎文社、一九三二年）の目次には、「□赤色ギャングと共産党　□法廷に佐野学一味起つ　□共産党大検挙秘録　□共産党運動の全貌　□共産党是非の弁　□共産党運動は何処へ行く」と徹底した共産党排撃を示す文言が続く。

さらに、報知新聞の記者であった楠瀬正澄《くすのせまさずみ》の『戦術を主とせる共産党運動の研究』は、扉に「思想国難」の揮毫《きごう》を記し、以下の如く記す。

「光輝ある我が国体の変革を企てる日本共産党が検察当局の数回に亘る検挙を見たるにかかわらず、執ように活躍し、検挙の回を重ねるごとにその検挙人員数を増していることは一大恨事である。

殊《こと》にその中に学識・教養のある真面目な青年が多数入党していることは、遺憾とすると共に、深く注意をひかれる。[94]」

日本共産党の活躍を「思想国難」と定義づけるのは、楠瀬の主張の骨子のようだ。そこには弾圧に抗しても、「活躍」を緩めなかった日本共産党への畏敬《いけい》の念さえ感じているようにも読める。

こうした日本共産党排撃を主題としつつ、特に三・一五事件に触れた出版物が圧倒的に多い。それだけ三・一五事件の衝撃が大きかったと言えよう。

戦後になっても、この種の出版物は少なくなかった。

例えば、北条清一《せいいち》『昭和事件史　風雪三十年の裏街道』（鱒書房、一九五六年）には、「暁の大捕《おおとり》三・一五事件」（二五～四六頁）、小泉輝三朗《てるさぶろう》の『昭和犯罪史正談』（大学書房、一九六六年）が「三・一五事件」（二二～三七頁）に多くの頁を割いている。

宮下弘元特高課長の証言

三・一五事件とは、如何なる事件であったかをもう少し角度を変えて追っておこう。ここに富山県の特高課長まで務めた宮下弘《ひろし》の証言がある。先ず引用する。

事件当時、巡査であった宮下へ「――選挙直後に行われた三・一五の共産党検挙に、巡査は動員されなかったのですか。」との問いへの回答である。

94　楠瀬正澄『戦術を主とせる共産党運動の研究』（新光閣、一九三三年、序文）。

「それは各署の高等係、私服が行く。制服の巡査が動員されるほどのことはなかったですね。当時私は原庭《はらにわ》署で外勤とか営業係だったから、ぜんぜん関係ありません。三・一五のことは、検挙からだいぶたって、新聞記事になってから読んだわけで、ふつうの人と同じ程度にしか知りません。三・一五は、一般の警察官にも寝耳に水でしたね。第一回普通選挙で労働農民党から立候補した者が共産党のビラを撒いて、それで一般が共産党の存在を知ったようなもので、当時は共産党なんてぜんぜん意識にのぼってなかった。[95]」

同事件が秘密裡のうちに実行に移されたことは当然にしても、警察関係者にも共産党の存在が意外に希薄であった。それだけメディアにも国民にも、また同じ警察関係者にも内密に進められたことを窺わせる。

因みに、宮下は三・一五、四・一六事件前後、特高警察の大拡充が行われことを機会に一九二九年二月に警部補に昇進し、原庭署（現在、東京都墨田区両国）から尾久《おぐ》警察署（現在、東京都荒川区昭和町）に異動する。

さらに三・一五事件と毛利基との関係について、以下の如く証言している。

「昭和三年（一九二八年）三月十五日の大検挙、いわゆる三・一五事件は、そもそも端緒も検挙の主導権も特高課の労働係で、治安維持法違反を担当する特高係じゃなかった。そのわけは労働係次席に優秀な毛利基警部がいたためで、特高係は当時面目ない状態だったということでした。[96]」

同事件では労働係長であった石井警部が三田村四郎と渡辺政之輔の妻丹野セツを取り逃がしたこともあってか、石井係長が三河島警察署長に転出し、代わって毛利警部が係長に就任したという。

現在は数多の特高研究のなかで、三・一五事件当時の特高組織の動きなども大分解明されているが、当時の実情を内部から語った証言としては参考となる。

しかし、例えば小林多喜二を拷問し、虐殺に追い込んだとされる中川成夫《しげお》警部について、「文化団体を担当していた中川警部が特殊に暴力的だったと思えませんが、書く人、書ける人が捕まってくるんだから、それで書かれた、ということなのではないか。[97]」と、弁明としか受け取れない発言を行っていた。

これについて、社会学者の副田義也《そえだよしや》は、「かれらは生来のサディストであったのか、それとも特高

95　前掲『特高の回想　ある時代の証言』(五六頁)。
96　同右(六六〜六七頁)。
97　同右(一二五頁)。

警察の非人間的な仕事をしているうちにサディストの性癖に目覚めたのか。特高警察は天下国家の仕事をするところ、明るかったという宮下の言い分をそのまますべて受け入れる訳にはゆかない。[98]」と、宮下自身の回想を通しての感想を述べているが、まったく同感である。

そこには、現在でもなお秘匿されたままの拷問と虐殺の事実が、依然として闇のなかに閉じ込められた儘《まま》というのが率直な実感である。

本節を閉じる前に、事件を素材にして詠われた著名な詩人である佐藤惣之助《そうのすけ》の「四・一六事件公判―Y市法廷にて」と題する詩を紹介しておこう。

再審―扉はパタリと世界を裁断した
被告十九人―棘たる小鷲の背中からは青空と空気が酸のように離脱されて行った
若い性格―そこには田園の唄が煙っていた
熱い行動―生活がボロ靴のやうに忌棄《きき》されていた
直線的な目的―歯車の火が歯のようにこぼれた
判決―凄壮な武器は月の如く空中を飛行した
時間と空間は切断され、組み変えられた
ガーン、鉄製の冠《かんむり》は十個だけ天井から落下した。[99]

透き通る強固な意志から弾き出された言葉だ。

それは、現実を直視するところから生まれることを教えてくれる詩でもある。そこには、人間の深層に流れる崇高な怒りを、時代を超えて伝えようとする意志が読み取れる。

3　犠牲者の実相と支援

検挙された人びと

ここでは、三・一五事件で検挙された人びとの主張や思いの一端を覗いておきたい。そして、公判開始前後から、検挙された人びとへの弁護を引き受けた弁護士布施辰治が残した記録を手掛かりに、事件の根幹に何があったのか見ておこう。

確かに三・一五事件による弾圧は、日本共産党をも含め、無産政党や労働組合に深刻な打撃を与え

98　副田義也『内務省の社会史』（東京大学出版会、二〇〇七年、「第五章　内務省の発展(二)　9　治安維持法と共産党の弾圧」（五〇一頁））。

99　文芸協会編『詩と随筆集』（新潮社、一九二八～一九二九年、一九頁）。

ることになった。東京府下だけでなく、地方での検挙実態も同様であった。

戦後に発行された『兵庫県労働運動史』の「第一節　三・一五事件を契機とする無産政党・労働組合の分裂と対立」には、「神戸ではこの日の未明、神戸地裁検事局二〇数名を非常招集し、これに判事六名も加わって、一〇数班にわかれ出動、私服警官一八〇名も自動車に分乗して、神戸、阪神沿線、加古川、但馬《たじま》、淡路で六四名を一斉検挙（うち一八名起訴）し、神戸市内だけでも労働農民党神戸支部をはじめ八四ヵ所で家宅捜索を行って、一〇数台のトラックに満載されたという証拠物件を押収した。[100]」と記録している。

また、『長野県労働運動史』の〔2〕長野県における共産党の確立と三・一五事件」の節には、「長野県下においても三・一五には百余ヶ所の捜索と七十余名が検挙された。即ち永井有三、神津敏治、竹城万次郎、小林伍作、神津菊雄……等が検挙された。[101]」と。そして、長野県警察部は、以下の発表を行ったと記す。

「検挙の理由　国体を変革し私有財産制度の否認を目標として社会変革を遂行せんとする秘密結社日本共産党に加盟とするものあるを認知したので、治安維持法違反として検挙に着手したのである。

検挙着手とその分子　共産党員は主として労農党及び全日本無産青年同盟、日本農民組合、日本労働組合評議会等左翼的無産団体員中に存在したものと認められたので、三月十五日未明同団体員中の容疑者を一斉検挙に附し、証拠捜査を続行した。[102]」

こうした弾圧への対抗策として、数多の検挙者を出した労働農民党は、弾圧事件の翌日と一八日には緊急対策委員会を開催し、三・一五事件の弾圧に抗して行くべく準備を進めた。しかし、政府は四月一〇日に労農党等に対して解散命令を出し、無産政党の息の根を止めようとした。

戦後になって、直接間接を問わず、事件の被害者たちは獄中体験を含め記録を数多残している。それは自らの体験を語った者、また評者が検挙された有名無名を含めて評伝の形式で綴ったものなど多様である。

ここで自伝的な作品だが日本共産党員として、労農党の書記を務め、その後一九二八年に日本共産党に入党し、袴田里見《はかまださとみ》の下で一九三五年二月まで『赤旗』の編集に従事した寺尾としの『伝説の時代　愛と革命の二十年』を取り上げてみよう。

100　兵庫県労働運動史編さん委員会『兵庫県労働運動史』(兵庫県商工労働部労政課、一九六一年、三〇四頁)。
101　青木恵一郎『改訂増補　長野県労働運動史』(巌南堂書店、一九六四年、二六四頁)。
102　同右。

因みに寺尾は、一九二九年の四・一六事件で検挙され、その後転向と復党とを繰り返す。寺尾は労農党の書記の時代、三・一五事件に絡み検挙され、特高から繰り返しの拷問を受け続けた体験を生々しく綴っている。その拷問の惨《むご》さと、特高署員の取り調べぶりが詳細に描かれる。この折特高は、合法政党である労農党と日本共産党との関係を執拗に監視・追跡しており、そのラインで寺尾も捕捉・検挙され、拷問による凄惨《せいさん》な取り調べを受けることになった。経緯はこうだ。寺尾は、一九二八年三月一五日に勤務先の労農党事務所に向かう途中で検挙される。

寺尾は、「何のための検挙だろう。しかし大勢だから留置場でも景気のよいデモがやれるなどと私は考えていた。この日こそは有名な三・一五事件で知られる日本共産党の全国的な大検挙のあった日なのだ。一九二八年（昭和三年）三月十五日、私たちにとっては生涯忘れることの出来ぬ恨みの記念日である。[103]」と記す。

寺尾は日比谷署をはじめ、何か所かの警察署で勾留と釈放を繰り返される。そして、最初に勾留されてから三ヵ月後に警視庁に連行される。拘留されていた富坂署から警視庁に連行された折の様子を、次のように記している。ここに纐纈課長が登場する。

「長かった二十九日の勾留期間がようやくあけて、私はこんどこそ自由の身となるのだと心がはずむ。ところが自動車に乗せられて警視庁へ行った。留めおかれるのかと内心気が気でない。しかしそれは杞憂《きゆう》だった。纐纈特高課長の説諭と、志村警部補の注意を頂戴するために、わざわざ連れて行かれたのであった。[104]」

三・一五事件で陣頭指揮を執っていた纐纈課長による「説諭」を受けるために、わざわざ警視庁に連行されたとは俄《にわ》かに信じ難い。だが、こうした作品のなかで警視庁の特高課長であった纐纈の実名が登場するのは、決して多くは無い。

寺尾が纐纈課長と面談したことが事実とすれば、その折に特高課長の実名を知らされたのか、それとも後付けで名前を書きつけたのか。

因みに、寺尾はその後、一九二九年の四・一六事件でも検挙されている。

この他にも検挙された人たちの伝記なども少なくないが、纐纈課長が暗に登場する場面も散見される。

その一つに獄中期間中の苛烈な拷問の様子を詳しく記録した原菊枝の『女子党員獄中記』がある。そのなかに次の件《くだり》がある。「三・一五」の章からである。

103　寺尾とし『伝説の時代　愛と革命の二十年』(未来社、一九六〇年、八三頁)。
104　同右(一〇九頁)。

「刑務所へ送る。二三日前に不思議にも少し散歩に出すから出て来いと然《しか》も特高課長が、ニコニコやって来た。何となしに一物ありそうである。ズンズン何処迄も階段を上がって行く、何処へ何しに行くのかと云っても唯《ただ》笑っている丈《だけ》である。[105]」

この記述から纐纈課長が、被検挙者にも接見していた様子が窺い知れる。その限りでは、文字通りの陣頭指揮と言えるかも知れない。

もう一つ。杉森久英《ひさひで》の評伝『徳田球一』のなかで三・一五事件が党員側に抜き打ち的に強行されたのではなく、事前に予知していたとする記述がある。「一斉検挙の鉄槌《てっつい》下る」の見出しの冒頭である。

「三・一五事件のあることは、すこし前からうすうすわかっていた。九州地方委員長の藤井哲夫は、三月八日ころ、近くおおがかりな手入れがあるらしいから用心するようにという情報を手に入れて、東京へ知らせたことを記憶している。東京でも、いろんな動きから、近く何かあるらしいと感づいて、一般党員に警告しようかという意見も出たが、若い人たちを萎縮させたり、いたずらに動揺させたりするのも考え物だというので、迷っていた。[106]」

何を根拠に「近くおおがかりな手入れがあるらしい」との推察を記しているか判然としない。徳田球一は、三・一五事件が起きる三週間近く前の二月二六日に既に検挙されていた。

徳田から特高が何かを聞き出した証拠もない。

ただ特高は、この年の二月に実施された普通選挙法施行後の最初の総選挙に徳田球一が労農党から福岡第四区で出馬しており、事実上の共産党員と解っていたから監視と尾行を続けていたことは確かであった。総選挙が終わって一週間後の検挙は、その結果であった。

杉森の評伝のなかで、同事件をめぐる法廷で弁護士資格を有する徳田が、田中義一内閣による山東出兵を批判する発言を行った、とする記述がある。田中内閣の中国侵略と三・一五事件の不当性を訴える格好の場として、いわば裁判闘争を行ったのである。

戦後、中国で客死するまで、何かと評価が分かれる徳田球一だが、三・一五事件を踏まえ、血気盛んに日本共産党の存在と、その役割につき熱弁を振るい続けたことは確かなようである。

弁護士布施辰治の活躍

三・一五事件を含め、種々の弾圧事件で検挙された党員を全面的に弁護したのが、明治後期から昭

105　原菊枝『女子党員獄中記』（春陽堂、一九三〇年、二五五頁）。
106　杉森久英『徳田球一』（文藝春秋、一九六四年、一五四頁）。

和初期に至るまで、人権擁護のために活躍したのが布施辰治弁護士であった。布施については、既に数多の評伝や研究が存在する。

　ここでは布施の母校である明治大学の図書館に所蔵されている「布施辰治懲戒裁判関係資料」（布施辰治旧蔵資料）に収められている「日本共産党事件弁論速記　弁護人　布施辰治」（一九三二年七月七日　於東京地方裁判所刑事法廷）の原資料から、その内容の一部を紹介しておきたい。同資料は、謄写版刷りの五六頁、四万字余りの手書きの原稿である。（　）内は、同謄写版原稿用紙の左上に記された頁番号である。

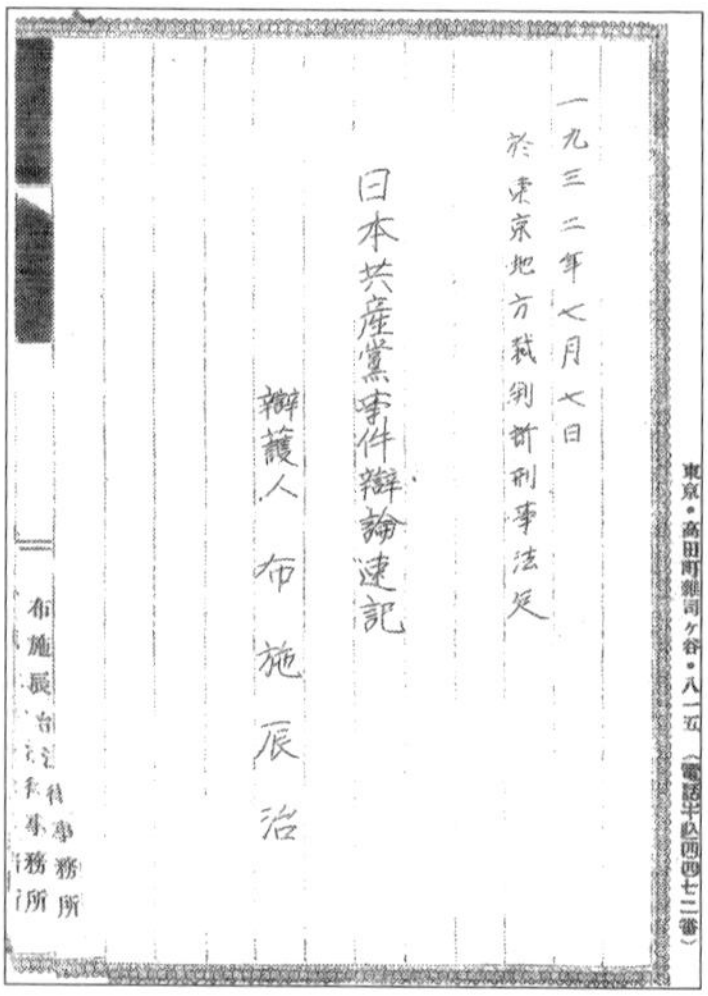
東京・高田町雑司ヶ谷・八一五（電話牛込四四七二番）
一九三二年七月七日
於東京地方裁判所刑事法廷
日本共産黨事件辯論速記
辯護人　布施辰治
布施辰治法律事務所

布施辰治の弁論速記

　一九三二年七月七日午前一〇時三分に開廷した法廷で、弁護人の弁論が始まる。その冒頭で布施弁護士は、「私はまづ第一に検事の論告と求刑に対する総合的な反駁《はんばく》として余りにも空疎《くうそ》な論告内容と、酷烈な求刑との間に於ける矛盾とを指摘するものであります。」（三頁）と発言する。

　そのうえで、検事が日本共産党事件を治安維持法第一条に触れる危険性の多いものだとする点を突いて、以下のように論じた。

「治安維持法特製の法律術語になっている国体という問題に付いては、歴史的にも政治的にも、特に法律的にも、既に被告諸君からその妄想的な正体が粉砕し尽されているものであります。更《さら》に私有財産といふ問題に付きましては、最も強く、且《か》つ詳細に世界恐慌の波に襲はれた資本主義の危機、没落の現状が完膚《かんぷ》なきまでに暴露しつくされて居るのであります。」（四頁）

治安維持法で護持しようとする検事の述べる国体とは、幻想以上のものではなく、その国体なるものを法律によって強引に解釈づけ、これに抵触するとして反国家的行為と断じることの無意味性を舌《ぜっ》鋒《ぽう》鋭く説く。

そのうえで、「私が指摘したいことは、現実社会の進化発展の動きがどこに向かっているかといふこと、而《しか》もそれを示す労働者農民勤労大衆の現実的な動きを全然無視しているといふ妄断《もうだん》であります。」（六頁）と畳みかける。

そして布施は三・一五事件が、「絶対不可避の変革期に直面している日本の現状に、歴史的な時代を画する一大事件だといふことだけを一言して置くことには、恐らく何人も異議を挟むことは出来ないと信ずる。」とまで言い切る。

以上のことを踏まえ、布施は検事の論告を受けて、被告人たちを次の言葉で全面擁護する。

「日本共産党の主張活動は、現実を無視して居るものである云々、これは何という滑稽《こっけい》さでせう。

検事自身が余りにも現実に目を蔽《おお》うて、これを無視して居《お》り乍《なが》ら、被告諸君の主張と活動が現実を無視しているものであると言ってこれを非難し、そして、その故に極刑をまで要求せられたことは、まことに驚くべき笑ふべき矛盾であります。これは絶対に被告諸君の受くべき非難でないと信ずる。却《かえ》って検事当局の自己批判に適切な非難でなければならない。」（一〇頁）

布施の極めて論理的で情熱的な弁論に裁判官も終始圧倒された様子であった。時折質問めいた発言があるものの、ひたすら布施の弁論を聞く一方の体《てい》である。

残念ながら、この布施の弁論は必ずしも減刑を勝ち取る結果には終わらなかった。だが、それは被告席に並んだ被告たちを、どれだけ勇気づけ、自らの行動の誤りなきを確信させたことだろうか。

獄中からの手紙

「布施辰治懲戒裁判関係資料」には、布施の支援への感謝を綴った布施宛の書簡が相当数収められている。

取り敢えず、これを「獄中書簡」と称しておく。それは三・一五事件を含め、四・一六事件で検挙されただけでなく、数多の弾圧によって獄中に収監された党員たちからの書簡である。

因みに、三・一五事件の裁判は、一部は分離公判もあったが、四・一六事件の被告と統一して行われた。被告たちは、布施弁護士の的を射た弁論もあって、公判を日本共産党の主張を展開する好機として捉え、果敢な法廷闘争を展開する。

しかし、一九三二年一〇月、そのなかで三・一五事件の被告であった徳田球一、志賀義雄、杉浦啓一、河田賢治らには、治安維持法改悪前の最高刑である懲役一〇年の懲役刑が下された。

以下、三・一五事件、四・一六事件を始め、共産党弾圧により検挙された党員たちからの「獄中書簡」の一部を紹介しておきたい。

最初は、豊多摩刑務所に収監されていた市川正一からである。

市川は山口県厚狭《あさ》郡宇部村（現在の宇部市）の出身。本籍地とされた山口県光《ひかり》市光井《みつい》鮎帰《あゆかえり》の光市と柳井《やない》市とを結ぶ県道二二号線沿いに、没後二七周年を記念して、一九七二年三月一五日に「市川正一記念碑」が建立されている。[107]

市川は三一歳の時に日本共産党入党。一九二三年六月、治安維持法で懲役八ヵ月の刑に服す。党理論雑誌『マルクス主義』編集委員、党合法紙『無産者新聞』主筆を務めたあと、一九二六年二月、党中央委員、一九二九年の四・一六事件で逮捕された。

布施弁護士の弁論を受けつつ、公判では党史を踏まえて果敢な陳述を行った。その陳述は、戦後になって『日本共産党闘争小史』として出版された。一九四五年三月一五日、最後の収監地であった宮城刑務所で死去する。五三歳であった。

その市川正一の獄中書簡の一部である。日付は、一九三〇年二月八日とある。頁は無い。

「愈々《いよいよ》御多忙の事と察します。何卒ご健闘の程祈ります。予審どころか検事の調《しらべ》も一向はかどらない（まだ一回も聴取なし）のはどうしたのかと大いに憤慨していますが、これから盛《さかん》に催促もし、又上申書も出すつもりです。今まで少し僕もボンヤリ怠慢に過ぎた様です。斯《こ》うして予審が後《おく》れるのも皆の同志と一緒に後れるのなら少しも苦痛としないのですが、何だか特別にホリ放なしにされている様なヒガミ（?）が起ります。

若《も》しそうなるのだとすると、僕等は分けられたうえにも、分けくれる結果になって、甚《はなは》だしく法律上不都合を来《きた》すでせう。こちらでも今後大いに法律上の権利を行使しますが、どうか貴方の方でも、その御積りで御尽力ください。僕のためだけでなく御願いします。」

日本共産党の幹部であった市川は、統一公判を前提にして法廷闘争を展開しようとした。様々な党の理論誌編集に携わった経験と知識から、市川は党の歴史を詳細に陳述し、検事を圧倒したことは想像するに難くない。書簡にあるように、市川は文字通り、「法律上の権利を行使」して、熱弁を振るったのである。

次に、市ヶ谷刑務所に収監されていた丹野セツからの封書である。

丹野セツは、一九二六年に日本共産党に入党。党の婦人部長から、翌一九二七年に関東婦人同盟に加入する。常任委員となるも、三・一五事件のあった一九二八年八月に検挙され、一九三二年懲役七年の判決を受ける。一九三八年に宮城刑務所を満期出獄している。

丹野セツの「獄中書簡」の日付は、一九三二年八月四日である。

「毎日お暑い日のみ続いていますが、先生にはお変わりもなく、ますます御元気にて御奮闘のことと心からお喜び申し上げます。いつも心にのみで失礼して誠に申訳ありません。

過去一年余に渡る公判闘争に於ける先生始め皆様の心からなる御努力を感謝いたします。おかげ様にて一先づ休戦の形にして私などこの暑さと戦ひつつ元気でいます。

益々深刻な時期に於きまして今後私達に与へられるものも想像以上だろうと思います。併しいつも奮闘して下さる先生の御恩に報いるために元気で過ごす事をお約束いたします。（後略）」

107　市川正一に関連する文献も数多存在するが、ここでは先ず小林栄三が、宮本百合子、野呂栄太郎、河上肇と並んで市川正一を取り上げた『不屈の知性』（新日本出版社、二〇〇一年）を挙げておく。また、『市川正一公判陳述―一九二二―一九二九年の党活動について』（同、新日本文庫、一九九五年）、市川正一『獄中から―心優しき革命家・市川正一書簡集』（同、一九九五年）等がある。なお、市川正一の『日本共産党闘争小史』は、桐生暁書房（一九四六年）、国民文庫（一九五四年）等幾つかの出版社から出版され、版を重ねている。なお、山口県光市光井鮎帰の市川正一の碑については以下を参照。http://saha1702hitomi.web.fc2.com/20100410ichikawasyouichi.html

渡辺政之輔と丹野セツ

この丹野セツからの手紙の後に、布施自身が書きつけたと思われる以下の文章が添えられている。丹野セツの人柄と、公判闘争にかける姿勢が浮き彫りにされて興味深い。

「丹野さんは珍しく輝いていた婦人闘士である。公判闘争の席でも法廷委員の中へはさまれて第一列に席を占めていたが、指名黙秘にも、何か事あって順次報告の意見を述べる場合にも一般の注目をひいているものだが並ぶ男性の闘士に伍して少しの遜色をも示さなかった。

丹野さんは前から知っていたが、保釈出獄中基隆《ジーロン》で仆《たお》れた渡政君の論文集を整理したりする時など色々話を聞く機会を得たが、丹野さんの成長は渡政君の教養によるものらしい。」

周知の如く、丹野セツは日本共産党の幹部であった渡辺政之輔の夫人でもあった。布施は丹野と義母（渡辺政之輔の実母）との温かい交流の様子を書き留めながら、丹野の採ったある行動について触れている。

「丹野さんの或る意味に於ける聡明さを示したものは、突如として控訴を取り下げ一審判決へ服罪したのであった。

第一審判決へ一斉に不服を申立ていた丹野さんが、途中単身突如として控訴を取下げた時にはお母さんも驚いたし、皆どうしたのかと吃驚《びっくり》したのであったが、後で考へて見ると佐野、鍋山氏等の転向問題にまきこまれないで、渡政君の志を守るといふのが、丹野さんの控訴取下げの所以《ゆえん》であったらしい。」

佐野学、鍋山貞親ら幹部も含めて転向者が相次ぐなかで、丹野は控訴を取下げ、刑に敢えて服することによって非転向を貫いたという。そこに、「転向問題にまきこまれない」として、転向者への強烈な批判の思いを布施は読み取っていたのである。

あらためて三・一五事件の真相を問う

以上、弥三の足跡と少し離れて三・一五事件に絡む史実の一端を追ってみた。しかし、本章を閉じるまえに、いまいちど三・一五事件とは、一体何であったのかを整理しておきたい。

三・一五事件の評価に関する記述は、現在では夥《おびただ》しい量に上っている。そうしたなかで、一五七頁で紹介した三枝重雄『言論昭和史―弾圧と抵抗―』の「3　「三・一五事件」と政府の暴挙非難の論調」で要約された以下の文章が正鵠《せいこく》を得ていよう。

「その動機については当時つぎのような観測が行われていた。それは、初の普選が予期の結果をもたらさず、議会乗切りはとうていできそうになかった田中内閣が、共産党弾圧という目標によって半封建的勢力およびブルジョア諸勢力の超党派的な賛成をかち得ようとの陰謀から出たものである、というものであった。この見方は四月十七日の朝日新聞にみられる「にわかに変わった貴族院の雲行　共産党事件で政府に有利」という見出しの次の記事から推して相当根拠のあるものであった。[108]」

ここで指摘された「朝日新聞」の記事とは、「共産党事件に関する政府の発表は、現内閣に対し反対気勢を高めんとしていた貴族院に方向転換の機会を与え、今まで反政府熱が相当高まっていた研究会を初めとして他会派においても、その際政府をべんたつして共産党の根絶を計《はか》らんとする政府べんたつの運動が起ってきた。[109]」とする内容であった。

田中内閣の反動性は、第一に中国侵略の本格化を阻もうとする諸勢力を弾圧し、対中国強硬外交を実行しようとしたこと、第二に天皇制国家に異議を唱える諸勢力を根絶やしにすることによって、自らの内政外交政策を強行し、これを背後で支援する三井を筆頭とする財閥の利権を擁護することにあった。

それゆえ一九二八年二月の総選挙において、極めて異常とも思える露骨極まりない選挙干渉にも拘わらず、飛躍的に議席を獲得した無産諸政党の議会進出に恐れを抱き、弾圧に踏み切ったことは間違いない。

その折、日本共産党は二万八八一六票、労働農民党は一九万三〇二八票で二名の当選者、社会民衆党は一二万八七五六票で四名の当選者、日本労農党は八万六九七四票で一名の当選者、九州民権党は二万三〇一五票で当選者一名、その他の無産党が六万四四七票、無産政党の総得票数は五二万一〇三七票を数えた。その結果、当選者は八名に達したのである。

三・一五事件は、その意味で侵略戦争を推進しようとする動きに歯止めをかけようとした諸勢力への徹底弾圧であり、文字通り政治的圧殺の行為であったのである。[110]

108　三枝重雄『言論昭和史―弾圧と抵抗』（日本評論新社、一九五八年、三〇～三一頁）。
109　同右（三一頁）。
110　山田清三郎も、「三・一五事件は、支配階級の日本共産党と革命化しつつあった労働者農民にたいする恐怖にでた、未聞の大規模な集中的暴圧であったのである。」（同『プロレタリア文学史』下巻、理論社、一九五四年、一六三頁）と記している。

Ⅲ

戦争を内側から支える
～官僚の戦争責任～

第五章　思想統制と思想動員

1　国体思想の注入

上海に赴く

さて、しばらく弥三から離れてしまったので戻ろう。

弥三は特高課長を辞任後、一九二九（昭和四）年五月に茨城県警察部長、一九三一（昭和六）年六月に静岡県警察部長、同年一二月に三重県警察部長と警察官僚としての経歴を積み上げつつあった。

そして、一九三二（昭和七）年八月に外務省アジア局第二課事務官、そしてかつて着任を希求した上海領事に同年一二月就任した。一九三四（昭和九）年四月からは上海領事と関東局書記官の兼務となった。これは内務省所管の外事課からの派遣であった。

弥三は特高課長兼外事課長としての職責を担ったが、外地勤務の内容もまた諜報活動の一環として外地での日本人スパイの監視や、自ら現地での情報収集など、いわば諜報部員としての活動が主であった。

取り分け上海は、日本ばかりか欧米諸国の諜報員の集積の場でもあったことから、弥三の役割も極めて重要であった。しかしながら、ことの性質上、現地での弥三の行動記録は、あまり残されていない。それでも、一つだけ資料を紹介しておきたい。

それは上海総領事の石射《いしい》猪《い》太郎《たろう》が、外務大臣広田弘毅宛に提出した「警察事務に従事する領事副領事並に警視の出張に関する件」（昭和八年一一月四日　機密第一三二六号）[一一一]と題する資料である。

同資料の冒頭部分に当時上海領事であった纐纈弥三の名前が佐伯敬嗣（上海領事）や佐伯多助（上海副領事）等と共に手書きされている。その資料には以下の文面が記されている。

「当地に於ける不逞《ふてい》鮮人等の数次に亘る不敬兇暴の行動に鑑《かんが》み、之か取締の徹底を期する等の為、

一一一　外務省外交史料館蔵「在上海総領事館／(5)纐纈彌三、佐伯敬嗣、佐伯多助、池尻壽三郎、園田芫爾」（昭和八年八月一〇日）〔アジア歴史資料センター　Ref.B15100029900〕）

客年十二月当館に警察部を開設し、警察事務に従事する領事、副領事等を置き又警視以下警察官を増員せられ、爾来《じらい》警察部長以下其の目的達成の為め鋭意努力しつつある次第なるか、近時不逞鮮人等は当地を中心として北支南支等に相往来し密に聯絡《れんらく》を執り、今回兇暴計画実行の機会を狙ひつつあり。」[112]

言うまでもなく当時の上海は国際都市として、もう一つの政治闘争の場であった。朝鮮独立を志向する政治勢力が、欧米先進諸国をも巻き込んで独立計画を進めていた土地柄でもあった。この上海で朝鮮独立を志向する勢力を監視し、その動きを封ずるのが弥三たちの任務であったのである。

そうした使命を帯びて弥三たちは、上海、香港、広東を始め、中国各地に視察のため出張する。

一九三三（昭和八）年当時、中国ではこの年の一月に日本が熱河省《ルーホー》への新たな侵攻を開始し、国際連盟をはじめ、国際世論は日本の対中国政策や膨張主義に不信と警戒を強めていた時期である。それに反発した当時の斎藤実《まこと》内閣は、二月二〇日、国際連盟が日本の満州国建国を否認する決議を強行した場合は、国際連盟からの脱退を決意する。

その後、結局日本は三月二七日に国際連盟を脱退する。まさに日本の孤立が進む最中であった。

こうした日本の動きに、当然ながら中国政府は警戒心を強める一方であり、中国国民も日本への反発を具体的な行動で示していく。その結果、日本政府は中国国内での不穏な動きに一層注力していくことになる。

先の資料の冒頭にある「当地に於ける不逞鮮人等の数次に亘る不敬兇暴の行動に鑑み、之か取締の徹底を期する」なる文面は、中国現地の動きを示すものである。そうした地域に弥三も視察出張し、中国の現実を目の当たりにして行くはずであった。

当該期の日記が不在なので、警察官僚であった弥三が如何なる目線で中国の現状を捉えていたか知ることはできない。

内偵や諜報活動ではなく、あくまで公務として表立っての視察であることから、危険な地域や場所に赴いたかは都市名こそ判明しているが、細部に分け入っていたとは思われない。

警察部長時代の仕事

弥三は上海領事を離任後、再び警察部長となる。一九三五年一月から宮城県警察部長、一九三六年四月から兵庫県警察部長である。続いて茨城県、静岡県、三重県に加え、五県で警察部長を歴任する。それは一九三九年四月に大分県知事に赴任するまで続いた。

弥三の警察部長時代の記録は多くないが、宮城県警察部長時代に『警察協会雑誌』に寄稿した「尊き経験を鏡として」がある。同雑誌は、全国の警察部長を始め、企業経営者や名望家層が寄稿する官

112　同右（画像頁〇〇六七～〇〇六八）。

製雑誌であり、そこには型通りの文章が並んでいる。その一部を引用しておく。

「今や年茲《ここ》に改り、衆議院議員選挙は解散の有無に拘らず、近く行はる丶ことは既定の事実にして、昨秋の試錬に基き一層緊張の意気を以て取締に当らざるべからず。蓋《けだ》し昨秋粛正運動並に取締検挙極めて好成績なりしと雖《いえど》も、選挙の積弊は多年の癌《がん》と云ふべく、一、二回の選挙により根本的に芟除《せんじょ》せらる丶能《あた》はざるは已《や》むを得ざることなれば、前に述べたるの如き欠点は反省考慮して巧妙に法網を免れんとする所、戦法に対しては予め策戦を講じ、明朗公正なる取締を励行し、以て選挙界を蠹毒《とどく》〔毒すること〕する悪弊を革《あらた》め、真の浄化の実を挙ぐる決心なかるべからず。[113]」

一九二五年の普通選挙法施行以後、選挙の度に繰り返される買収や贈収賄などの選挙に絡む事件が後を絶たなかった。政党間の対立が激しくなるほど、その傾向に歯止めが掛からない状況に陥っていた。そうした状態が折角施行された普通選挙への関心を削《そ》ぐ結果ともなっていたのである。

この状況を打開するために企画されたのが、選挙腐敗防止の政策であった。これを選挙粛清、あるいは選挙革正と呼んだ。それを運動として拡げる施策が鋭意進められたが、その役割を担ったのが全国の警察でもあった。

警察は国民世論の動向を監視しながら、その一方で選挙に絡む事件の摘発も同時的に行った。

ところが一九三二年に起きた五・一五事件で犬養毅政友会内閣が倒れるや、政党内閣は事実上終《しゅう》焉《えん》を迎える。この時、汚職事件の連続などで世論から顰蹙《ひんしゅく》を買っていた政党に代って、一大政治勢力として台頭してきたのが革新官僚とか新官僚と呼ばれた官僚の一群であった。

犬養内閣を継いだ斎藤実前内閣や岡田啓介内閣になってから、選挙粛清委員会（会長は斎藤実前首相）が設置され、同委員会により選挙粛清中央連盟が結成された。

以後、選挙への監視が内務省の重要な任務とされ、その指示を受けた全国の知事や警察部長が公明正大な選挙の実施を名目としつつ、選挙監視と選挙啓発の実施と同時に、愛国心の注入などの活動が国民教化運動として推進された。

弥三の寄稿文中に出てくる「選挙界を蠹毒《とどく》する悪弊を革《あらた》め、真の浄化の実を挙ぐる決心」とは、公明正大な選挙実施と同時に、世論の動向を的確に掴み、当局にとって不都合な組織・団体や人物の選挙活動を牽制することをも意味していたのである。

同時にそこで含意されているのは、「選挙界を蠹毒する悪弊」を革めるためには、単なる政策の転換に留まらず、有権者をも含め、いわゆる選挙界に属する政党人をも含めて、国体思想を身に付けることによって、安定した秩序を形成すること。そうすれば、こうした選挙不正などは起きようがないとする思いが透けて見える。

113　纐纈彌三「尊き経験を鏡として」（『警察協会雑誌』第四二九号・一九三六年二月、四三頁）。

兵庫県警察部長時代の纐纈弥三

警察部長職から知事職に

宮城県警察部長を経て、一九三六（昭和一一）年四月から兵庫県警察部長に転出する。兵庫県での勤務は、外事課長以来であった。

そもそも警察部というのは、一八七五（明治八）年に各府県庁に第四課（警察担当）が設置されたことを嚆矢《こうし》とし、以後第四課が警察本署（一八八〇年）から警察本部（一八八六年）、警察部（一八九〇年）、第四部（一九〇五年）、そしてその第四部が警察部（一九〇五年）へと変遷を繰り返した経緯がある。

こうして警察部は、戦後となる一九四七（昭和二二）年まで存続した。警察部は戦後しばらくして都道府県警察と模様替えをする。

東京府では、内務省直属の警視庁を置いていたが、東京府以外の北海道及び樺太（共通法一条で内地と規定）を含む府県は、府県庁（当時は内務省監督下の官庁だった）の部局として「警察部」を置いていた。また、外地の地方官庁にも同様の部局が設けられた。

警察部長（現在の警察本部長に相当）は奏任官で、知事（勅任官）の指揮監督の下、警察事務を遂行する役割を担った。

戦後の一連の占領政策のなかで、特高に象徴されるように、極めて強力な権限を有した治安弾圧機関であった警察の権限を制約するため、ＧＨＱは片山哲《てつ》内閣に中央集権的な警察権限の縮小案作成を要請した。しかし、それが不徹底であったため、地方分権を骨子とした新警察制度の設置を命令することになったのである。

その結果、一九四八（昭和二三）年三月に「警察法」が施行され、府県警察部は廃止に追い込まれた経緯があった。それまでの府県警察部は、それによって都道府県国家地方警察と、設置当時で約一六〇〇〇ヵ所を数える自治体警察（市町村警察）とに再編分割化されたのである。

このように占領軍は自由と平等を棄損《きそん》し、弾圧と監視によって国体を守護した戦前期警察の解体に及んだのであった。占領軍が解体の対象としたのは組織としての特高、そして思想としての国体思想であった。なぜならば、この国体思想こそ、天皇制を根底から支える思想的精神的かつ理念的な基盤として、数多の日本人の心根に潜在していたからである。

こうした国体思想を連合国側は、分かり易く軍国主義とかファシズムと呼称してきたのである。そして、この国体思想こそ、日本の侵略戦争を支えてきたもの、と解析していたのである。

再び戦前の弥三の軌跡に戻ろう。

その後の弥三は、一九三九年四月から大分県知事に就任する。知事職は、内務官僚としては本省の高位の役職以外で、多くの官僚たちが就任を目指すポストであったから、弥三にとっては大きな喜びであったろう。

戦前期の知事は、一九四七年に地方自治法が成立するまで、内務省を中心として中央官庁から派遣された。知事は勅任官であり、各省の次官や局長と同等の地位とされていたのである。

知事は高文合格者でも勅任官まで昇進できたのは、その半分程度とされた。その意味でも知事は内務官僚であれば、一つの到達目標とされた役職であったようだ。

当時は全国の知事職は、内務官僚出身者が務めていた。内務省における本省外でも、部長経験者クラスが順次地方の知事に任命される仕組みである。地方行政は、こうして内務省により完全に掌握されていたのである。

その意味で戦前の知事職は地方行政を担っただけでなく、監視指導など大きな権限を確保していた。

弥三は大分県知事に就任しながら、この年に体調を崩し、入院加療を続けることになる。「弥三日記」には、退院以後しばらく記載が無い。退院後の身辺整理、人事異動などで、流石《さすが》の弥三も日記を書く時間的余裕がなかったのであろうか。

同年の五月一四日、父秋三郎の葬儀を執り行った。

翌日一五日、蛭川村主催の弥三の歓迎会が安弘見《あびろみ》神社で開かれ、弥三は途中まで出席。弥三は実父の葬儀と同時に大分県知事となり、言うならば「故郷に錦を飾る」ことになる。

2　文部官僚時代の言動

文部行政に手を染める

大分県知事離任後、弥三は中央に復帰する。

しかし、内務省ではなく文部省に籍を置くことになる。ある人物を介して文部省が招聘《しょうへい》した格好となったとする記録もあるが確認できない。ただ、内務省は他の省にも少なからず影響力を持つ巨大組織であり、人事交流も同様に活発であった。

内務官僚の警察畑の身で文部行政に関わるのは、弥三自身にも教育現場が社会思想に与える影響の実態を監視指導する意味があったからであろう。弥三は、青年の思想動向には強い関心と警戒を抱き続けた。

警察行政と文部行政とは、一見乖離《かいり》しているように思われるが、それは青年層の教育を通しての国体思想の普及という点において繋がる。敢えて言えば、明治近代国家成立以来、教育と軍事・警察は、表裏一体の関係性を保持してきたと言える。

兵舎建築と校舎建築様式や制服の類似性は、可視的レベルで一目瞭然だが、それをハード面とするならば、ソフト面として国体思想を注入する場として教育が重要視されてきたのである。

弥三は、一九四一（昭和一六）年一月に文部省社会教育局長、一九四二（昭和一七）年五月に文部省普通学務局長、同年一一月に文部省国民教育局長に順次就任していく。

それが戦後の国会議員時代に、文部行政にも関わった動機にもなったのであろう。

それでこの時代における弥三が諸雑誌に寄稿した文章の幾つかを取り上げ、当該期の弥三の主張を拾い上げておきたい。それを通じて、当該期の文部官僚の一人としての弥三の思想を追ってみよう。

対英米蘭戦争が始まる一九四一（昭和一六）年一月から弥三は、文部省社会教育局長に就任する。任期は、翌年一九四二年の五月までの一五ヵ月間であった。

文部省組織は頻繁に改編が進められてきたが、弥三が文部省に籍を置いた当時は、一九四一年一月八日付で改編（勅令第一九号）された直後であった。

この時、文部省の組織は大臣官房（秘書課・文書課・会計課・建築課）、専門学務局（学務課・学芸課・科学課）、普通学務局（師範教育課・中等教育課・初等教育課）、実業学務局（商工教育課・農業教育課）、社会教育局（青年教育課・成人教育課・映画課）、体育局（体育運動課・訓練課・衛生課）、図書局（編集課・発行課・国語課）、宗教局（宗務課・保存課）、教育調査部（審議課・調査課）、そして外局として教学局（庶務課・企画部・指導部）という一大臣官房、七局、一部、一外局の陣容であった。

このうち弥三が局長に就任した社会教育局は、一九二九（昭和四）年七月一日付で、それまでの社会教育行政を一層充実する目的で設置された文部省社会教育局から始まる。

その所掌《しょしょう》事務は、(1)青少年団体に関する事項、(2)青年訓練所に関する事項、(3)実業補習学校に関する事項、⑷図書館に関する事項、⑸博物館その他観覧施設に関する事項、⑹成人教育に関する事項、⑺社会教化団体に関する事項、⑻図書の認定および推薦に関する事項、⑼その他社会教育に関する事項と定められていた。

本来内務省と文部省とは、その所掌内容が重複する対象が少なくなかった。実際に従来内務省の管轄《かんかつ》事項であった青年団、教化団体に関する事務は、一九二八（昭和三）年一〇月に文部省に移管され、それが社会教育局の所掌事務となった。

つまり、内務省の管轄の一部が文部省に移管され、それを内務省出身者が担う格好となった。弥三の文部省への異動は、その流れで成立した人事であったのである。

また、実業補習学校関係の事務も、社会教育局に移管されたこともあって、広義における社会教育に関する事務は、すべて文部省社会教育局が主管することになった。そうした局の所掌対象の点からも弥三の局長就任は、妥当な人事とされていたのであろう。

弥三は文部省で三つの部署で局長を務める。以下、各局長時代に残した評論を引用紹介しながら、そのスタンスを見ていくことにしたい。

青年を戦争へと駆り立てる～文部省の社会教育局長時代～

先ず、文部省の社会教育局長時代に、以下の文章を寄稿している。最初は「新体制と青年学校」と題する論考の冒頭の文面である。

「世界は今や歴史的一大転換の機に際会致して居ります。我国も亦《また》有史以来の大試練に直面し肇《ちょう》国《こく》の大精神に基き、大東亜共栄圏の確立に邁進《まいしん》しつゝあるのであります。而《しこう》して我が国が克《よ》く此の大事業を完遂し、進んで世界秩序の建設に指導的役割を果さむと致します為《ため》には、国家の総力を整えることが絶対に必要なのであります。

乃《すなわ》ち高度国防国家の体制を確立することが、現下喫緊の要務であります。この要務遂行の為には、一億同胞が真に一体となって各々其の職域を通じて、奉公の誠を致す国民翼賛の新体制を樹立することが必要でありましょう。[114]」


一九三七年七月七日の盧溝橋《ろこうきょう》事件を契機に日中全面戦争は、硬直化・泥沼化していた。予想外の長期戦を強いられていた日本は、欧米各国との対立も漸次深まっていた。

特にアメリカとの関係が深刻となり、この年の四月から両国関係の軋轢《あつれき》を打開するため、いわゆる日米交渉が開始されたばかりであった。

弥三の言う「有史以来の大試練」とは、解決の見込みなき状態に追い込まれ、増大する欧米の圧力に如何に抗して行くのか、確かな具体案の不在状況の告白でもあった。

もちろん、この言葉は政府や軍部が日本の現状を踏まえ、世論を一致団結させるためのスローガンではあったが、それは危機感の表明でもあったのである。

その打開策として政府や軍部が再三説いてきた高度国防国家体制の構築が持ち出される。それは「奉公の誠を致す国民翼賛の新体制」なる用語でも繰り返し語られるフレーズである。弥三は自らの職責から、ここで言う「新体制」にあって、中核的存在として青年の役割を繰り返し説くことになる。その青年こそが、聖戦に勝利するうえで重大な責任と役割を負っていると鼓舞し続ける。

「皇国民錬成《れんせい》の青年教育」と題する論考に、その思いが込められている。

「未曽有の時艱《じかん》に際会し、聖戦の目的達成の前途は猶遼遠《なおりようえん》にして、予断を許さざるの今日、将来国民の後勁《こうけい》〔後に続く優れた者たち〕として之が大成に当るべき青少年の責務は、極めて重大と云はねばならぬ。宜《よろ》しく自奮自励、気宇《きう》を濶大《かつだい》にして識見を高尚にし、益々徳を磨き、業を収め、品性技能の玉成《ぎよくせい》〔立派な人物に磨き上げること〕に努め、以て聖旨《せいし》に答へ奉《たてまつ》らねばならぬと同時に、青少年の教育の万全を期すべきである。[115]」

114　纐纈彌三「新体制と青年学校」（青年教育振興会『青年と教育』第六巻第四号〔通算第五八号〕・一九四一年四月、二頁）。

徹底して青年を鼓舞し、戦争に駆り立てる。

ここにも教育の役割と期待が「聖戦完遂」の名のもとに戦争と深く関連付けられる。教育が戦争に動員される現実が、そこに歴然として位置付けられていた。

日中戦争開始から五年近くを経過した時点で日本を取り巻く国際政治の環境は悪化の一途を辿っていた。そうした状況が弥三の文面にも色濃く表れ始める。

以下の「現下に於ける青年の覚悟」と題する文章にも示される。

「我国も亦聖戦の火蓋《ひぶた》を切つてより既に五ヶ年、凡百《ぼんぴやく》の国難を排して肇国《ちようこく》の理想顕現に邁進しつゝあるのであるが、此の時に際し国民の後勁《こうけい》として、之が大成に当るべき青少年の責務の極めて重大なるもあるを痛感しつゝ、今更乍《なが》ら此の勅語の有り難さに感激措《お》く能《あた》はざるものがある。[116]」

高度国防国家とは、言い換えれば第一次世界大戦を機会に広まった戦争形態の総力戦化に対応する国家総力戦体制と同義語である。

国家総力戦とは、文字通りヒトもモノもすべてが戦争の資源として位置づけられる。それらをすべて戦力化する方向性のなかで政治も経済も、そして文化もその他の諸領域も総力戦準備のために同次元に列挙される。

そのなかでヒトの戦力化が、文部省社会教育局の重大な任務となっていたのである。ヒトの中核としての青年を国民の「後勁」と位置づけ、これを鼓舞動員していく政策の遂行が、弥三に課せられた任務として受け止めていたのである。

そうした弥三の思いは、対英米蘭戦争が一九四一年一二月八日に開始され、年が明けた一月に発表した文面にも表れていた。「年頭に際し全国青年指導者に告ぐ」と題する挨拶文である。当時弥三は、文部省社会教育局長と同時に青年教育振興会副会長にも就いていた。

「畏《かしこ》くも昨年十二月八日、米国及び英国に対し、宣戦布告の大詔渙発《たいしょうかんぱつ》せられ、我国が世界秩序建設への炬火《きよか》を翳《かざ》し、大東亜戦争に突入せる最初の輝しき新春を迎へたることは、慶賀に堪《た》へざる所である。……惟《おも》ふに今次の征戦は、皇国の隆替《りゅうたい》、東亜の運命の懸《かか》る所にて、大東亜共栄圏の確立は我が自存の立場からも、是等《これら》東亜の諸邦と共存共栄の関係を増進せんとする上からも、極めて自然的なる欲求にして、万邦をして各々《おのおの》其の処を得せしむるの大義である。

115　緗緗彌三「皇国民錬成の青年教育」（大日本雄弁会講談社編刊『雄弁』第三二巻第五号・一九四一年五月、七二～七三頁）。

116　緗緗彌三「現下に於ける青年の覚悟」（日本青年協会『アカツキ』第一六巻第五号・一九四一年六月、三一頁）。

か丶る時我国が東亜の盟主として国威を中外に宣揚しつ丶あるの秋《とき》、此嘉辰《かしん》〔めでたい日の意味〕を迎へたることは、「御民《みたみ》われ生けるしるしあり」〔天皇の民である我々は、生きている甲斐があることよ〕の欣喜《きんき》を今更の如く体得せられ、我等が皇国に生を享けたる光栄を沁々《しみじみ》と痛感せられるのである。」[117]

日中戦争に続く対英米蘭戦争と合わせ、当該期にあっては「大東亜戦争」と呼称することになるが、その目的とされた「大東亜共栄圏」の建設を訴えることになる。

それが侵略戦争や植民地支配の目的を隠蔽《いんぺい》するものであったことは歴史が教えている通りだ。その歴史を知る現代の我々からすれば、ここまでして戦争へと扇動し続けた一人の官僚としての弥三の、いわゆる戦争責任は極めて重いと指摘せざるを得ない。

そのことを痛感する弥三の文章が幾つか残っているが、「躍進途上に於ける青年学校教育」もその一つである。

「抑々《そもそも》教育は、国家隆盛の源泉に培《つちか》ふ最も根本的なる部門を担当して居るのでありまして、大東亜戦争の赫《かく》々たる大戦果を確保し、永久不易の大東亜共栄圏の建設が達成せらる丶や否やは、一に教育の振否《しんぴ》に懸《かか》っていると申しても過言ではないと存じます。而《しこう》して、この教育振興の根本は国体の本義を明にして、国体の精華を発揚し所謂自我功利の確立を期するにあります。」[118]

戦争の勝敗の帰趨《きすう》が、「教育の振否に懸っている」とまで断言する弥三の教育目的論は看過できるものではない。本来、教育とは個々の青少年に潜在している能力を引き出す場と時間の提供である。他者の恣意的な目的や思惑によって誘導されるものではない。

教育が国家の手に委ねられたとき、教育本来の役割が失われるのである。その意味で戦前日本の教育は「国家教育」と言われてきた。これに対置されるものが、個人の自由と平等を担保する「自由教育」であった。

人間が人間としての幸福を獲得し、人間としての権利を担保していくのが近代国家の役割だとすれば、弥三らが目指した「国家教育」は、その人間の生存や権利を国家の都合によって剥奪《はくだつ》し、そのことを「教育」の用語のなかで説明しようとしているのである。本来の教育とは、真逆の行為を強いる発言である。

117　纐纈彌三「年頭に際し全国青年指導者に告ぐ」（青年教育振興会『青年と教育』第七巻第一号通巻第六七号・一九四二年一月、二一〜二三頁）。
118　纐纈彌三「躍進途上に於ける青年学校教育」（青年教育振興会『青年と教育』第七巻第四号・通巻第七〇号・一九四二年四月、九頁）。

本来の教育目的と真逆の教育行政を敷いたのは、もちろん弥三一人の問題ではなく、戦前日本国家の最大の瑕疵《かし》のひとつである。その真逆の教育観念は、総力戦国家という名の戦争国家のなかで、青年を戦争の道具として仕立てていくための言辞となって繰り返される。

「戦時下家庭教育指導方針に就《つい》て」と題する文章も、同様の観念が貫徹されている。

「今日の戦争は正に国家総力戦である以上、武力戦のみを以てしては到底勝敗を決すべきでないことも自明の理である。かゝる見地よりして、今次戦争に何が何でも勝ち抜く為には、之に備《そな》ふる万全の措置を講ぜねばならぬ。この意味にして、次代の皇国を双肩《そうけん》に担うて立つべき青少年をその芽生えの中より教養し、肇国《ちょうこく》の大精神に徹したる皇国民を錬成すべき必要を今日程《ほど》痛切に感ぜらるゝことは、未だ曽《かつ》て見ざる所であろう。[119]」

この「戦時下家庭教育指導方針に就て」の文章は、『帝国教育』にも同じタイトルで寄稿され、内容もほぼ同様であるが、そのなかで「殊に今日の如き非常時戦下に於きまして、家庭教育を如何に指導するかは、銃後の国民生活を充実する意味から申しましても、亦皇国の生命を永遠に発展せしめて行く上から致しましても、極めて緊要なる事と申さねばなりません。[120]」の部分を引用しておこう。タイトルが示すように、「家庭教育」の在り方まで踏み込んでいるのである。これが戦前の教育行政の実態と言えばそうであるが、国家の求める人間作りが徹底して普及宣伝されていたことを知る典型的な内容である。

教育社会局長時代の最後に寄稿したと思われる文章も引用しておく。

「抑々《そも》青年は国家活力の根源でありまして畏《かし》くも青少年学徒に賜りたる勅語の中にも「国体ニ培ヒ国力ヲ養ヒ以テ国家隆昌《りゆうしよう》ノ気運ヲ永世ニ維持セントスル任タル、極メテ重ク道タル甚《はなは》タ遠シ、而《しこう》シテ其任実ニ繋《つなが》リテ汝青少年学徒ノ双肩ニ有リ」と仰せになっているのであります。

青年こそ、大東亜共栄圏の建設に身を以て当り、大東亜諸民族のよき指導者としての資質と気魄《きはく》とを有するものでなければならないのであります。[121]」

119　纐纈彌三「戦時下家庭教育指導方針に就て」（中央報徳会『斯民』第三七巻第四号・一九四二年四月、二頁）。

120　纐纈彌三「戦時下家庭教育指導方針に就て」（帝国教育会『帝国教育』第七六二号・一九四二年四月、四二頁）。

121　纐纈彌三「躍進途上に於ける青年学校教育」（社会教育会『社会教育』第一三巻第五号通巻第一五三号・一九四二年五月、九～一〇頁）。

繰り返すことになるが、大東亜共栄圏の建設の立役者とする位置づけで青年教育を担う青年学校への期待と貢献を強いる物言いが繰り返される。

青年を帝国日本の兵士予備軍として捉え、戦地に赴《おもむ》かせることを自らの役割と規定しつつ、文部行政に没頭した弥三の心境をも髣髴《ほうふつ》とさせる文面でもある。

文部官僚としてひたすら国家のために忠勤を励んだ弥三である。これは決して弥三に限られたことではないが、高位の位置から青年たちを戦争へと駆り立てて行った、その責任を戦後如何に自覚していたのかが、次の疑問として浮上してくる。

「銃後国士」の養成を説く～文部省普通学務局長時代～

弥三は、一九四二（昭和一七）年五月から文部省普通学務局長に転ずる。

普通学務局（師範教育課・中等教育課・初等教育課）の起点は、一八八一（明治一四）年一〇月二四日付の文部省通達により、それまでの官立学務局と地方学務局とが廃止され、その代わりに設置されたもので、文部省組織の何度かの改編のなかでも、以後はほぼ一貫した部局として役割を担ってきた。

この普通学務局長時代にも、弥三は、何本かのコメントを関連雑誌に寄せている。それらを見ておこう。

真珠湾奇襲により日米戦争が開始され、緒戦は日本軍の「勝利」とされたが、一九四二年六月のミッドウェー海戦を転機に、日本軍は早くも守勢に立たされる。もちろん、この海戦で日本海軍の主力空母四隻が撃沈された事実は、伏されたままであった。

それから三ヵ月後の同年九月に弥三は、普通学務局長として、聾唖《ろうあ》教育福祉協会が主催する大会で、次の如くの挨拶を行っている。

「皇国は今や大東亜戦争完遂する為め、国内体制整備に万全を期し、以て国外に向って国家の総力を発揮せねばならぬ時期に際会しておるのであります。現下此の要請に基いて、国内諸般の態勢政治的にも思想的にも八紘一宇《はっこういちう》の皇国の本然の姿に起《た》ちかへり、国家一元の大理想に向って堂々と邁進《まいしん》しつゝあるのであります。[122]」

やや悲壮感さえ漂う挨拶である。ここでもまた、「大東亜戦争完遂」のために国家総力戦の体制強化を主要な話として持ち出す。実は、視覚障《しょうがい》碍者や聴覚障碍者も戦争に動員される史実が存在する。続いて弥三は、国民学校の社会的国家的な役割の所在について、「国民学校に於ける職業指導に関

122　纐纈彌三「第一回会員大会挨拶」（聾唖教育福祉協会『聾唖の光1　教育号』第五号・一九四二年九月、一頁）。

する通牒《つうちょう》」で、以下のように説いている。

「国民学校教育の目標は教育全般を皇国の道に帰一せしめることであつて、皇国の道の修錬がその一切なのである。国民学校に於ける職業指導もまた児童をして皇国の道に徹せしめ、皇国民として将来国家の要望に応じさせる職業生活に必要なる基礎的修錬を与へることにあって、そのことが国民教育に於て重要なることは、曩《さき》に公布せられたる国民学校施行規則の中に於て職業指導を行ふべきことを示されたことについて明かなるところである。[123]」

国民学校は対米英蘭戦争が開始となる一九四一年四月一日制定の「国民学校令」によって設立されたものである。それは小学校制度を廃止し、初等科六年と高等科二年（前期中等教育）の合計八年間の教育機関とするものであった。

教育勅語の精神を体現する教育施設として、強力な国家主義思想が貫徹されていたのである。すなわち、「国民学校令」の第一条には、「国民學校ハ皇国ノ道ニ則《のつと》リテ初等普通教育ヲ施シ国民ノ基礎的錬成ヲ為スヲ以テ目的トス」と謳われていた。それは同時に、日本の同盟国であったドイツの国民学校（Volksschule）を模したものとされている。

初等教育から中等教育まで八年間を一貫した教育システムのなかで、児童・生徒に対して徹底した国家教育を施すことが目的とされた。児童・生徒の自律的自主的な判断や価値観の多様性を容認するような教育は封印され、国家の用意する雛型に押し込む画一教育が実践されたのである。

それでは、国家が主導する戦争や植民地支配への疑問や批判精神も生まれようがない。非常にステレオタイプな表現をすれば、国家に隷属する児童・生徒の養育の場が国民学校であったのである。

弥三は普通学務局長時代にも、国家総力戦論を繰り返し書き留めている。それで、「大東亜教育と生活の科学化」と題する論考を引用しておく。

これまでファナティック（狂信的）な言い回しで皇国民としての責務と貢献を説き続けていたが、それとは一見反するが如くの「科学化」の語彙《ごい》を用いて、以下のような言説を行っている。


「惟《おも》ふに、近代の戦争は所謂《いわゆる》国家総力戦であって、戦争は単に第一線のみに止まらず、銃後国土も当然戦場であり、銃後国民も当然戦士でなければなりません。又単なる武力戦のみを以てしては、戦の勝敗を決することは出来ないのです。思想戦、経済戦、宣伝戦などあらゆる点に国家総力を綜合的に発揮活用することによって、初めて戦争の目的を達成し得らるゝのであります。[124]」

123　緪緪彌三「国民学校に於ける職業指導に関する通牒」（日本職業指導協会『職業指導』第一五巻第一一号・一九四二年一一月、八～九頁）。

当該期に軍部だけでなく、官僚たちが盛んに宣伝した非常に基本的な国家総力戦論である。つまり、総力戦の戦争形態が現実となった場合、戦場と銃後という区分が解消され、日常の生活空間が常に戦場化する危険性を孕《はら》むのが総力戦という戦争形態である。

より具体的に言えば植民地をも含めた日本の「国土」全体が、戦場化する可能性が大きくなってきたという認識である。そのことを踏まえて、弥三は戦場では兵士が、銃後では「国士」が国土防衛＝国体護持に注力しなければならない、と説くのであった。

戦時体制が敷かれていくためには、武力戦だけでなく、思想戦・経済戦・宣伝戦など、要するに国家と国民が総力を挙げて戦争に参画していくことが重要だと繰り返すのである。

この総力戦論こそ、国家総動員の名の下に民需産業を含めたすべての産業、国民精神を含め、国家と国民の力を戦争に集中動員するものであった。そこでは、国家社会が抱える矛盾や多様性が無視ないし排除されていく。

国民の思想も国体思想を基軸に据えられ、これへの強制的同調を強いられていった。その向こうに戦争が用意され、日本が文字通り丸ごと戦争社会化されていったのである。[125]

驚くべき差別主義の披瀝～文部省国民教育局長時代～

弥三は、一九四二（昭和一七）年一一月から翌一九四三（昭和一八）年一月に退官するまで国民教育局長に転ずる。

同局は、一九四二年一一月一日付で改編（勅令七四八号）され、それまでの普通学務局が国民教育局と名称変更したものである。それは・総務課・師範教育課・中等教育課・青少年教育課の四課から組織されていた。

警察講習所編『警察講習録』に、「国体の本義」（筧克彦《かけいかつひこ》）や「日本精神講話」（平泉澄《ひらいずみきよし》）が掲載されるなかで、すでに文部省普通学務局長を退官していた弥三も、「国民教育の方向に就いて」と題する一文を寄せている。その一部を引用しておく。

因みに、筧克彦は東京帝大などで教壇に立ち、法哲学を専門とする神道思想家であり、平泉澄も東京帝大で教壇に立ち、日本中世史を専門とし、皇国史観を一貫して唱えたことで著名な学者である。

124　纐纈彌三「大東亜教育と生活の科学化」（国民生活科学化協会監修『生活科学』第一巻第一一号・一九四二年一一月、三二一～三二三頁）。

125　総力戦の問題については、現在多くの研究があるが、ここでは纐纈厚『総力戦体制研究　日本陸軍の国家総動員構想』（三一書房、一九八一年）を挙げておく。なお、同書は同名で復刻版（社会評論社、二〇一〇年）、増補版（同、二〇一八年）が出版されている。また、纐纈厚『侵略戦争と総力戦』（社会評論社、二〇一一年）の、「第二部　総力戦の時代と現代―帝国日本の残影」（二〇〇～四二一頁）で同様の問題を論じている。

弥三は、ここで自らが特高課長を務めていた当時の経験を踏まえ、次のように述べている。

「三・一五事件、四・一六事件と申しますれば皆様も既に御承知の通り、三年三月十五日及び昭和四年四月十六日に行はれた日本共産党員の全国一斉検挙を云ふのでありますが、偶々《たまたま》私は警視庁の特高課長を致して居りまして、この事件に直接関係致したのであります。

由来《ゆらい》所謂思想犯罪といふものは、一つの特異の犯罪として考へられて居ったのであります。即ち思想犯罪に問はれます者の多くは、或は健康上恵まれないで不治の病、主として呼吸障害の者が多いのでありますが、そういった不治の病に侵されまして世を儚《はかな》み、自暴自棄に陥りました結果、思想方面に頭を突っ込むといふような者とか、亦は家庭的に恵まれなくて、或は家が非常に貧困であったとか、或は両親を早く失ったとか、又は継父《けいふ》、継母《けいぼ》に育てられたといったやうな状態に置かれました為に、結局性格的にも国体を変革し、社会変革を実行しようとするような不逞《ふてい》極まる非国民が、而《しか》も二十歳から三十数歳程度の青年層に際立って多く輩出したといふことは、万世一系の皇統を戴き、世界無比の国体を誇った我が国家と致しましては実に由々しき大問題でありまして、一度日本共産党検挙のことが発表されまするや、朝野を挙げて非常な衝動を受け、亦世人をして痛く震《しん》駭《がい》せしめたことは、当然のことゝ云はねばなりません。[126]」

弥三はここで、「思想犯」の出自について、驚くほど差別的な認識と著しい偏見を堂々と披瀝《ひれき》する。

障がいや病気、貧困や愛情欠如などが国体変革や社会変革を志向する「思想犯」の実態だと断言するのである。

先に紹介したように、天皇中心の国家主義を説いた筧克彦や皇国史観を主唱した平泉澄等、強烈な国体信奉者と並んでの寄稿とは言え、そこには体系的な論理ではなく、感情的で官僚とも思えないほどの差別観念に彩られた物言いが誰憚《はばか》ることなく展開されている。

弥三が極端な差別主義者であったのか、あるいはこれが当時の官僚たちに共通する認識であったのか速断はできない。しかし明確なことは、弥三がこの身内の講習の機会に、本音を吐露したものと指摘できよう。

同時に自らの価値観や認識と異なる人たちや組織を徹底排除することによって、国体を護持し、国家を保守することにのみ奔走した戦前期官僚たちの生き様が語り尽くされていたものと捉えることもできる。

弥三は、共産主義や社会主義を主唱する組織や人物を、すべてこうした見解で一括りにしていた訳ではない。だが、高級官僚の立場からするこの物言いは、あまりにも常軌を逸している。

ただ、官僚たちのなかには、日本共産党員の優秀さと、その思想性への暗黙の評価を吐露した文面

126　纐纈彌三「国民教育の方向に就いて」(『警察講習録』松華堂、一九四三年九月、一頁)。

を書き残す者も居た。

例えば、事件当時の検事総長であった小山松吉は、三・一五事件の報道が解禁となった日の新聞の取材に次のように答えている。見出しは、「今回の事件は思想的の国難　大検挙で感じた事　小山検事総長の談」である。


「今回の事件で感ずることは、検挙された者の中には、単なる思想かぶれしたものでなく、真に無産者のためを思う熱情から加盟しているものもある。こんな所から見ても、これは社会制度に乗ぜられるべき欠陥があることに違いない。このとこに官民共に真面目に研究しなければならぬ問題である。このことなしには、いくら検挙しても何にもならない。[127]」


弾圧を強行した当局最高幹部にも、「優秀さ」と同時に、そこに「真に無産者のためを思う熱情」を看て取らざるを得ない被検挙者の実態があった。それゆえに当局に与えた衝撃は、世論一般が受けた衝撃とは別に深刻であったのである。

最後にもうひとつの論稿を引用する。

山本五十六《いそろく》大将がブーゲンビル島上空で米軍機による撃墜で死去したことに伴い、弥三も、「故山本元帥を偲びて教育者に望む」と題する原稿を『興亜教育』に寄せている。そこには、「優秀な青年たち」を誰が育み獲得するのか、という課題認識が見え隠れする。

「私は国民道徳を振作《しんさく》し、以て国運の隆昌《りゆうしよう》を致すがために、夙夜《しゆくや》〔一日中〕青少年の教育のために挺身努力せられる皆様と共に、故元帥が遺されました範にならひ、その烈火の如き御精神をそれぞれの胸に移して、忠良有為なる皇国民の錬成に最善をつくしまして、幾多未来の山本元帥を輩出せんことを期するものであります。[128]」

「幾多未来の山本元帥を輩出せんことを期する」との文面には、弥三なりの山本大将を失った悔しさが滲み出てはいる。問題は、先ほどの異常なまでの差別意識で論じた「社会変革者」と、山本に象徴される「崇拝者」との峻別《しゆんべつ》である。一方を国体の破壊者と難じ、他方を国体の擁護者として敬う意識を示す。

天皇の官僚であってみれば、その峻別はある意味当然かも知れない。それはもちろん、国体護持の精神に満ち満ちた弥三からして合点のいくものであったろう。しかし、そこに強烈なまでの心酔と排

127　『東京朝日新聞（夕刊）』（昭和三年四月十一日（水曜日）付、第一万五千五十五号Ｃ(一)）。
128　纐纈彌三「故山本元帥を偲びて教育者に望む」（育英出版株式会社編『興亜教育』第二第七号・一九四三年七月、育英出版、七頁）。

除という、相反する論理や意識が浮上するとき、合理的な思考が生まれる余地を奪っていくはずだ。翻《ひるがえ》ってみれば、そうした強烈な心酔と排除の論理が、日本共産党弾圧へと突き動かした個人レベルでの動機付けであったのであろう。そうでなければ、あれだけの過酷な弾圧や拷問を強行し、それを〝成果〟として自己評価はできないはずである。

その徹底した差別意識は、残念ながら敗戦を契機にしても弥三の思想性からは消えることはなかった。後述するが、むしろそれは戦前の官僚時代以上に、戦後の国会議員時代には輪をかけて増幅されたとも思えるような言動に遭遇する。

もちろん、これは弥三一人の問題ではない。戦後を生きた政治家を含めた数多《あまた》の人びとのなかに、敗戦によって戦前国家を失ったことに耐え難い思いを抱きつつ、もう一度戦前国家を取り戻したいと志向する数多の人びとが存在した。その彼らが平和と民主主義の実現を求める動きにブレーキをかけ、戦前回帰へのアクセルを踏み続けようとしていったのである。

そのことは次章で追ってみよう。

さて、弥三は、一九二〇年七月に内務省に入省して以来、四半世紀近くに及んだ官僚生活に終止符を打つ。一九四三（昭和一八）年一月のことであった。

第六章　新たな戦前の模索

1　生き残った特高警察たち

戦局の推移を記録する

弥三は一九四三（昭和一八）年一月、二三年間に及んだ官僚生活を終える。それから日本敗戦に至る一九四五年八月までの生活を追ってみたい。

この間、弥三は会社の顧問等に就任し、会社経営に参画する。日記には、そのことを示す以下の文面がある。

すなわち、「一九四四年二月一日より日本油化《ゆか》の顧問となり、四月下旬に日本硫鉄《りゅうてつ》の副社長となり、九月末日本硫鉄社長となる。耐火煉瓦《れんが》の社長も受く。」（一九四四年「昭和十九年の思ひ出」の項）とある。日本油化、日本硫鉄、耐火煉瓦の三社の経営に参画するのである。

一九四四年の日々は、久しぶりに公職から解放された弥三にとっては、自由な時間を謳歌できた時代であったかも知れない。だが、アジア太平洋戦争は、いよいよ終焉《しゅうえん》を迎えつつあった。

この年（一九四四年）の日記には、戦局に絡む内容が目立つ。

例えば、「マリアナ群島の状況必ずしも我は有利ならず。サイパン島上陸部隊は漸次増大せられつつありと云ふ。」（一九四四年七月一日の項）、「サイパン島の戦況は吾に不利の様だ。」と記しつつも、その一方では、「かなり善戦の様でもあり、一般人も既に相当自決も又捕えられたものもあるとのこと。」（同年七月六日の項）といった具合である。

しかし、その後の情報を踏まえ、戦局の悪化は如何ともし難く、既に敗北は必至とさえ捉えているような書きぶりを示す。

すなわち、「どんな調子で変化するかも知れず神の加護厚き我国は、一段の国民の努力によりて、光輝ある三千年の歴史に傷をつける様なことはないと確信する。」（一九四四年七月一〇日の項）と。

その間にも、アジア太平洋戦争の戦況は悪化の一途を辿っていた。

戦争と向き合う

さらに、戦局を時折書き込んでいる。

次のような記述だ。「科学戦に対しては、科学を以て応じ更に旺盛なる意識を以て努力してこそ、初めて神の加護が現れるのであろふ。」（同前）と、科学と精神（意識）とが一体となってこそ、日本の運命も救われるとしたのである。

戦局悪化のなかでも、「今日サイパン島の皇軍玉砕《ぎょくさい》の発表あり。」（一九四四年七月一八日の項）と書き込む。

その一方では、フィリピン沖海戦に触れて、弥三は一〇月二八日の日記に、「フィリピン沖海戦戦果並に損害（一覧表）」と題する新聞記事を切り抜き張り付けている。

そこには、「フィリピン沖海戦の綜合戦果発表あり。撃沈空母八隻、巡艦三、駆二、輸送四以上、撃破空母七、戦艦一、巡二、撃滅約五〇〇機、我方損害空母一、巡二、駆二、沈没、空母一中破、未帰還一二六機」等と記し、「近頃素晴らしき戦果と云ふべし。」（一九四四年一〇月二八日の項）と戦果報告を喜ぶ。

しかしながら、それが〝幻の大戦果〟であったことは、歴史の事実が示すところ。戦果確認能力が不十分なこともあっての誤報であったが、海軍上層部はこの過ちを陸軍側にも昭和天皇にも知らせることがなかった。

以後の作戦計画も、この誤報を鵜呑みにして行われたことから、予想以上の被害を受けることになったことは、良く知られているところだ。弥三も、この戦果報告をすっかり信じ切っていた一人であった。

因みに、フィリピン沖海戦とは、当時においてシブヤン海海戦、スリガオ海峡海戦、エンガノ岬沖海戦、サマール沖海戦など一連の海戦の総括名称。現在ではレイテ沖海戦と称しているものだ。

当時、この〝幻の大戦果〟をすっかり信じ込んだ民衆は、戦局悪化の空気が充満していたこともあって、溜飲《りゅういん》を下げるかのように喜びの声を放つことになった。

官僚の世界から身を引いていたとしても、数多の情報ルートを持っていたと思われる弥三さえ、偽《にせ》情報に騙された格好であった。ましてや新聞やラジオ以外に確たる情報源に恵まれなかった人たちが鵜呑みにしたとしても、決して不思議ではなかったと言える。

加えて、戦勝を祈願していた人たちこそ、日本に再び神風が吹いて、この鬱積《うっせき》した状況を吹き飛ばしてくれると信じたい思いが先行していたのであろう。こうした思いは、「逆上陸」の用語使用によっても示された。

すなわち、一九四五年四月一日、沖縄本島への連合国軍の侵攻作戦のなか、昭和天皇は、牛島満《うしじまみつる》司令官が指揮する沖縄第三二軍守備隊に向かって、包囲した連合国軍を背後から突く、いわゆる「逆上陸」作戦の展開を命じたのである。無論、それは軍事常識を無視した無謀な命令であったが。

そうした無謀な作戦構想の前例として、時間軸は少し前後するが、弥三の日記には、「レイテ島方面の皇軍の働きめざましく、モロタイ島へは我精鋭部隊逆上陸に成功す、と報道す。」（一九四四年一二月二日の項）との記述が出てくる。

しかし、これもまた誤った報道を真に受けてしまった記録である。

一九四四年八月から九月にかけて、アメリカ陸軍四万人、アメリカ航空兵力約一万七〇〇〇人が投入され、インドネシア東部モルッカ諸島のひとつであるモロタイ島上陸作戦が行われた。同島に展開していた日本軍兵力数は、第三二師団を基幹とする日本軍守備隊五〇〇〇人程度であった。

一旦はアメリカ軍に上陸を許し、占領される。弥三の日記にあるように同年一一月一六日に歩兵第二一一連隊の上陸を皮切りに、その後も小規模の上陸を敢行するものの、同島の全面奪還までには至らなかった。

この程度の上陸を「逆上陸」と呼称して日本国内向けに盛んに宣伝され、戦意の維持高揚に使われていく。

しかし、流石《さすが》に弥三の日記も戦局が好ましからざる方向に進みつつある現状を記していくことになる。例えば、「レイテの戦況が不利なことの話あり。」（一九四四年一二月二九日の項）と書きつける。

そして、一九四四年の暮れの日記には、「大東亜戦争の情況は必ずしも我に有利ならず。東条内閣後、小磯と米内《よない》を首班とする内閣出現。比島《ひとう》を中心とする戦となり、十月一日以来敵機帝都に来襲すること頻《しきり》なり。」（昭和十九年の思ひ出の項）と書く。

結局、日本は一九四五年八月一五日にポツダム宣言を受諾。敗北を認めたのである。そして、同年九月三日、東京湾上に浮かぶアメリカの戦艦ミズーリ号で降伏調印式が執り行われる。

日本の敗戦が、正式に歴史の一頁として刻印される瞬間であった。

戦後の特高警察

ここで日本共産党弾圧に猛威を振るった特高警察がその後、どのような経路を辿り、取り敢えずは廃止されるに至ったか記しておこう。

内務省では敗戦を経由後も特高警察の拡充を方針として、「昭和二一年度警察概算要求書」に、その拡充を目途として、総額一九〇〇万円を要求することにしていた。その理由として、最初に掲げたのが「視察内偵の強化」であった。

それは右翼組織や先鋭分子を対象とするとしていたが、最大の対象は日本共産党による共産主義運動であったとされている。その他にも、連合国軍の駐屯地域における不穏活動への監視と防止、労働・小作争議の防止などを挙げていた。

占領時代であったため、政府は一九四五年一〇月四日、連合国軍最高司令官総司令部（ＧＨＱ）に警察力拡充計画の許可を申請した。

しかし、ＧＨＱは戦前における日本の警察力、取り分け特高警察の所業については熟知しており、人権指令により治安維持法の廃止と特高警察の解体を命ずるところとなった。

内務省上層部は、この指令にも拘わらず、同年一二月一九日、特高警察が解体される代わりに、内務省警保局に公安課を設置するとともに、全国の警察部に警備課を設置した。事実上の公安警察の復活であった。

特高が戦後如何なる状況にあったかを知る様々な記録がある。

ここでは敗戦直後の日本の政界の動きから地方の有様を克明に記録したアメリカ人ジャーナリストが残し、ベストセラーとなった『ニッポン日記』から引用しておこう。

そのジャーナリストこそ、一九四五年一二月に日本に入り、約一年間の日本滞在のなかで、全国各地を取材して回ったマーク・ゲイン（Mark Gayn）である。ゲインは、本名をモウ・ギンズバーグ（Moe Ginsbourg）という『シカゴ・サン』の特派員であり、『トロントスター』の記者でもあった。

そこには、敗戦直後の特高の生き残りについて興味深い記述が、何ヵ所か出てくる。そこから少し拾い上げてみたい。

同書は復刻版もいくつかあるが、使用するのは、一九六三年に筑摩書房から井本武夫の翻訳で刊行されたものである。

マーク・ゲインは、戦前に猛威を振るった特高の役割について、強い関心を抱いていた。そのため警察関係者の取材を活発に行っていたようである。

一例として山形県に出向いたおり、警察関係者への取材を踏まえて、次のように書き残した。

すなわち、「特高警察関係の役人や、明白に戦争犯罪人と目される警察の長は全て解職するよう、特別の司令が発せられていた。隣県の山形県では、五人の特高警察の幹部が解職された。しばらくしてその五人の所在が発見されたとき、みんな警察の幹部級の地位についているのだ。[129]」と。

特高に所属していた現場の警察関係者が戦後、連合国側からの処分を恐れて、一旦解職の手続きを執り、その後に新たに戦後警察の職を得るという手法を執ったことは良く知られていることだ。そのことを的確に記していたのである。

別の個所にも東北のある町で警察の特高係だったという人物を取材した折、日本敗戦直後から山梨県警察部大月警察署の署長をしているという人物の会話を記している。

彼は、日本敗戦までは隣町の警察の特高で勤務していたという。そして、「私たちは全部八月から九月にかけて異動されました。[130]」と述懐する。「解職」から再雇用の形式を踏むことで、いわば「禊《みそぎ》」を済ます格好を採った。そのことをこの署長は証言しているのである。

それは次の件である。「(マーク・ゲインが署長に) 特高警察が解体されて、『破壊的分子を監視する機関がなくなったのは、まことに困ったことではないか』、と私が言ったら、彼は、それはたいしたことではない。なぜなら『特高関係の仕事は県庁の公安課の司法官の手に引き継がれたから』と説明した。[131]」と記す。

戦前の特高の役割を戦後は公安課と名前を変えただけで、事実上戦前の特高と同様の任務に就いていたことは、今ではよく知られていることだが、そのことを現場の警察関係者は赤裸々に語ってみせていたのである。

そこからマーク・ゲインは、「特高警察の連中は今からちょうど三ヵ月前、今日の指令といささかも異なるところのない指令によって、その権力から放逐された。しかも彼らはただレッテルをかえただけで、涼しい顔をしているのではなかろうか?[132]」と、疑問を呈しているのである。

さらに、関西地方の軍政部長のムンスケ中佐の証言として、次の内容を記している。

「私の管轄下のある県では、十四人の警察署長のうち七人は特高関係にいた男だった。五ヵ月前、われわれは特高関係の連中を追放する指令を出したが、日本側ではどうしたか知らないが、ともかくそれを事前に嗅《か》ぎつけた。

そしてその指令が出る直前、この連中は辞職した。日本側は、これで彼らの履歴は技術的には無傷だと主張する。日本政府は、すぐさまその連中を警察署長に任命した。現在の抜け目のない仕組みによれば、私にできることというのは、ただ報告を提出することだけだ。[133]」

129　マーク・ゲイン〔井本武夫訳〕『ニッポン日記』（筑摩書房、一九六三年、一二月二二日の項、四九頁）。その後、ゲインは晩年に改訂版の執筆に入ったが、出版を待つことなく死去。改訂版は久我豊雄の翻訳で『新ニッポン日記　あるジャーナリストの遺稿』（日本放送出版協会、一九八二年）として出版されている。
130　前掲『ニッポン日記』（一九四六年一月二日の項、八七頁）。
131　同右。
132　同右（一九四六年一月四日の項、九〇頁）。

GHQの参謀第二部（G2）が、特高警察関係者のなかで公職追放された者を内務省調査局とその役割を受け継いだ法務庁特別審査局に雇い入れ、日本共産党への監視を継続していたのである。取り分け、法務庁特別審査局の調査第三課は、戦前における内務省警保局保安課と構成自体も極めて類似しており、同課は事実上戦後版の〝特高〟と呼んでも間違いない組織と言えた。

G2は公安警察とも深い関係にあったが、因みに弥三は、G2の管轄下にあった対敵諜報部隊（CIC）の要請により日本共産党弾圧事件の真相などの執筆を依頼された。何度も何度も加筆修正を行った提出用の原稿が残存しており、いわゆる「纐纈文書」の重要な一角を占めていることは既に述べた通りである。

志賀義雄の回想

戦後事実生き残った特高警察には、数多の人びとが批判の矛先を向けることになった。なかでも戦前期に弾圧に苦しめられた人たちから、多くの声が挙がったのは当然のことであった。

例えば、小林五郎の『特高警察秘録』には、志賀義雄が一九五二年一〇月二四日午後八時四〇分から放送された東京放送の番組に出演した折の発言が記録されている。そこで志賀は、特高組織についての質問に以下のように答えている[134]。

「所謂政治警察或は政治憲兵だが、これは連合軍最高司令部の指令によって愈々《いよいよ》廃せられることになっているが、これは表面のことで、実は現存している。私はそれについて色々の事実を挙げることが出来ると思う。

例えば、現在秘密警察官であったものを免職して見たところで、有名な安倍源基《げんき》の乾分《こぶん》は、多い時には東京地方の警察署長の半分以上が彼の乾分であって、現在では三分の一以上居る。これは特高警察部の出身であって、特高警察部を廃したところで、全体の警察機関がその仕事をやって行くことになる。又、秘密憲兵というものも明らかに活躍している。[135]」

133　同右（一九四六年二月二二日の項、一一七頁）。

134　因みに、志賀義雄は小学校卒業後、山口県萩に移住。県立萩高校から東京帝大文学部に進んだ。三・一五事件で検挙され、獄中生活は一九四五年の日本敗戦まで一八年間に及んだ。戦後は日本共産党初の国会議員五人の一人となった。主著に『日本帝国主義について』（三一書房、一九七二年）、『日本共産主義運動の問題点』（読売新聞社、一九七四年）、『日本共産党史覚え書』（田畑書店、一九七八年）等多くを残したが、『志賀義雄選集』（全二巻、五月書房、一九九一年〜一九九二年）が参考となる。

135　小林五郎『特高警察秘録』（生活新社、一九五二年、七頁）。

戦前権力の暴力装置として軍隊組織や警察組織、軍人や警察官の中堅の地位にあった人物が、戦後にも生き残った事例は実に多い。軍関係者の戦後の再軍備過程で創設された警察予備隊から保安隊、さらに自衛隊に至るまで、その幹部として復権を果たしている。

だが、それ以上に数多の元特高警察勤務の警察官が復職している。特に中堅から高位の地位にあった警察官の復権過程について、今後さらなる研究調査が必要ではある。

志賀の証言は、その必要性をも指摘したものと受け取れよう。

同時にさらなる問題は、こうした特高警察官が戦後においても、ほとんど戦前の特高意識を抱いて職務に当たっていたことだ。

戦前からの警察官僚は、如何にしてGHQの査問を潜り抜け、生き延びるかに知恵を絞っていたのである。その証左の一つとして、内務大臣を務めた山崎巌《いわお》の発言に触れておきたい。

内務大臣山崎巌の発言

ここで内務省の幹部が、特高の処遇を如何に考えていたかを示す有名な発言を引用する。内務大臣山崎巌の発言である。

一九四五年一〇月四日、ロイター通信東京特派員ロバート・リュベンに語った山崎の発言内容が、アメリカ軍の機関誌『スターズ・アンド・ストライプス（Stars & Stripes）』に掲載され、それが「秘密警察なお活動　山崎内相、英記者に語る」の見出しで、『朝日新聞』に転載された。

同年一〇月五日の同紙の一面トップには、最高司令官通牒として、「政治犯の即時釈放　内相らの罷免要求　思想警察も廃止」の見出しで、「政治警察廃止に関する覚書全文」が掲載されていた。

それにも拘わらず、山崎発言は以下の内容であったと記している。

「山崎内相は思想取締の秘密警察は現在なお活動を続けており、反皇室的宣伝を行ふ共産主義者は容赦なく逮捕する、また政府転覆を企む者の逮捕も続ける旨言明した。

内相は政治犯人の即時釈放計画中であることを語ってはいるが、現在なお多くの政治犯人は独房に呻吟《しんぎん》しつつあり、さらに共産党員であるものは拘禁を続けると断言している。

内相は政府形態の変革とくに、天皇制廃止を主張するものはすべて共産主義者と考え、治安維持法によって逮捕されると語った。同法は過去十箇年間の恐怖政治下において直ちに逮捕、処罰並びに死刑を宣告することができた。同時に内相は、余は共産党員以外の者は絶対に逮捕した覚えはない、と述べた。[136]」

山崎巌

136　『朝日新聞』（一九四五年一〇月五日付、㈠2）。

この復古主義的な山崎発言は、流石《さすが》に世論の耳目の疑うところとなった。敗戦を経ても、依然として戦前の言わば特高思想を体現している人物が内務大臣の職に留まっているのか、というものである。

これも間違いなく山崎個人の資質というだけでなく、戦前の内務官僚組織に属する人物や、戦前権力の中枢に位置した人物に共通する観念であった。

山崎への質問が続く。

日本敗戦の年、九月二六日に獄死した三木清の件についての質問に対し、内相は「「この件は司法省の管轄であるから、自分は事件の真相を知らない」と答え、現在制服ならびに私服の特高警察官の総数三千名に上っている旨内相は語ったが、その数は急速に減少される模様である。しかしながら全警察陣の増強ということが現在内務省の最大の問題である、と彼は語った。」[137]という。

要するに日本敗戦後も、共産主義への弾圧と監視は継続する、と宣言したのである。当然ながらこれがGHQの知るところとなり、山崎内相は罷免に追い込まれる。また、山崎とほぼ同様の考えを抱いていた東久邇宮稔彦《ひがしくにのみやなるひこ》内閣も総辞職に追い込まれた。

ただ、内務省上層部が依然として特高警察の存続を希求していたことは確かで、特高は解体されるものの、戦後において様々な警察組織のなかで形を変えて事実上存続されていく。それは後述する。[138]

2　公職追放と解除

罪を問われなかった特高官僚

敗戦によって内務省は解体され、労働省、自治庁、建設省、厚生省などに分割された。しかし、内務官僚たちの多くが、一時期の公職追放を経ながらも、再び分割された各省に散らばっていった。

137　同右。ただ、同面に岩田法相が中国の中央通信社特派員の取材で、「治安維持法、修正考慮　共産主義運動は部分的に認容」の見出しにあるように、山崎内相とは若干異なる姿勢を示していた。

138　本書の随所で特高組織について触れているが、本書で引用紹介しなかった資料や文献について少し挙げておく。松浦総三他編『昭和特高弾圧史』（全八巻、太平出版、一九七五年〜七六年）、石川県社会運動史刊行会編刊『石川県社会運動史　資料シリーズ5　昭和七・八年　石川県特高警察資料』（一九八一年）、井形正寿『「特高」経験者として伝えたいこと』（新日本出版社、二〇一一年）、工藤美知尋『特高に奪われた青春―エスペランティスト斎藤秀一の悲劇』（芙蓉書房出版、二〇一一年）、孫栄健『特高と國体の下で』（言視舎、二〇一七年）等。

その意味で天皇制が戦後、元首制から象徴制へと内実を変容させながら生き残ったと同様に、内務省も実は天皇制残置というGHQ、事実上はアメリカの対日占領政策が施行されるなかで事実上生き残るのである。

特に内務省の中堅幹部たちは、これらの省の戦後官僚組織を背負うことになる。その意味で天皇制残置の事実や、敗戦過程をリードする契機となった聖断は、要するに戦前天皇制権力の戦後権力へのスライドの役割を果たしたと言える。まさに高度な政治戦略として、聖断が演出されたのである[139]。

内務官僚たちは省庁に散らばっていっただけでなく、その組織力と人脈とをフルに使って国政の場に進出する人物を数多数えることになる。

けれども元特高関係者のうち、約五〇〇〇人が公職追放となったとされた。特に特高課に配属されていた下級警察官は、失職の憂き目に遭遇する。しかし、特高官僚たちは「休職」扱いとされて復権の機会を得ることは、比較的容易《たやす》いことであった。

GHQの人権指令により、特高警察の在籍者であった警察官僚や警察官は、公職追放の対象者とはされた。だが、政治家や軍人と異なり、基本的に戦犯指名を受けた者は一人もいなかった。この職域にあったものは、戦争犯罪人として問責や処罰の対象とはならなかったのである。

それでここで言う「休職」扱いとは、内務大臣、警保局長、保安・外事・検閲各課長および各府県の警察部長級の五一人、特高課長・外事課長の五五人、警部の一六八人、警部補の一〇〇〇人、巡査部長の一五八七人、巡査二一二七人の合計で約五〇〇〇人近くの者が休職の対象者となったとされる。

これは先ほどマーク・ゲインの『ニッポン日記』から引用したように、「休職」とは「異動」処分に相当する。あくまで「休職」であるから、時を経て〝復職〟措置が用意されていたのである。実に狡猾《こうかつ》な対応である。

これは広い意味で特高警察関係者は、およそ一万人余を数えたが、そのうち半分近くが休職扱いで、その後「依願退職」の形を採って離職していくことになった。つまり、在職中の行為については、まったく裁かれない措置を講じたのである。

但し、罪を問われなかったものの、公職に留まることを許されず、追放の憂き目に遭ったものは三一九人いた。それでも、一斉罷免者はわずか八六人に留まった。つまり、大多数の者が〝復職〟を許されたということである。

公職追放令

日本の占領機関であった連合国軍最高司令部（ＧＨＱ）は、日本敗戦の年の一九四五年一〇月四日に自由化宣言を発し、戦前期日本の権力の解体に向けて準備を開始した。

139　聖断が戦前権力を戦後にスライドさせる高度な政治戦略であったことを論証した纐纈厚『「聖断」虚構と昭和天皇』（新日本出版社、二〇〇六年）を参照されたい。

そして、翌一九四六年一月四日付で連合国最高司令官覚書「公務従事に適しない者の公職からの除去に関する件」によりポツダム宣言に謳われた日本民主化政策の推進を図った。第一次公職追放令である。

この公職追放令は、団体組織の解散指令（ＳＣＡＰＩＮ五四八）と人物に対する追放指令（ＳＣＡＰＩＮ五五〇）とに分けられた。

因みに、ＳＣＡＰＩＮとは、連合国最高司令官指令（Supreme Commander for the Allied Powers Directive）の略語であり、「スキャッピン」と発音されていた。

そして、排除すべき人物をA項からG項まで七種にわたり列挙した。

すなわち、A項は戦争犯罪者、B項は陸海職業軍人、C項は極端な国家主義者、D項は大政翼賛会・大日本政治会等の重要人物、E項は日本の膨張政策を担った開発会社や金融機関の役員、F項は占領地長官、そして、最後のG項は、その他の軍国主義者・極端な国家主義者、という区分である。

この振り分けでは、A項からF項までの示す組織・人物は具体的に絞り込みが可能だった。G項の場合は無原則の内容にちかく、恣意的に追放対象の有無が決定される可能性を多分に含むものであった。

当初この振り分けを決定したのは、連合国軍最高司令部内の民間諜報局（ＣＩＳ）であり、その決定段階では対象時期を一九三〇年代以降としていた。

これには日本政府や担当者から批判が出て、結局対象時期を日中全面戦争の開始年である一九三七年（昭和一二）七月以降に時期が限定され、陸・海軍省と軍需省の三省に絞り込まれた経緯があった。

三月一日の発表により、この点の明確化がなされた。

それによると、一九三七年七月から一九四五年八月の八年間に、政府の政策に何らかの形で参与したものすべてを対象とする、としたのである。そこでは、その言動が平和主義的でない限り追放の対象とされた。

この点で弥三の場合は、日本共産党弾圧で陣頭指揮を執ったのは、一九二八年と一九二九年であり、一九三七年以前であったが、その後の警察部長や知事のキャリアが追放理由とされたのである。

弥三は既述の如く、日中全面戦争が開始される前後から宮城県警察部長、兵庫県警察部長、大分県知事を経て、一九四一年一月からは、文部省社会教育局長。その後、普通学務局長、国民教育局長を歴任している。

弥三が公職追放となったのは、この時期における公職ゆえであった。確かに、先に紹介したような国家主義や軍国主義を鼓舞し、青少年を戦争へと誘った発言や文章の記録を数多残している。だが、それらの言動や文章が吟味された訳ではない。

ＧＨＱは、先に示した振り分けに従い、機械的事務的に公職追放の対象者と認定したのである。

さらに、一九四七年一月四日にも第二次公職追放令が出され、該当者の拡大が行われた。また、一九五〇年六月六日には、ＧＨＱの最高司令官ダグラス・マッカーサーによる吉田茂宛書簡で日本共産党幹部二四名の公職追放が指令された。米ソ冷戦が激化するなかで、アメリカ本国等と同様に日本でも、いわゆるレッド・パージが強行されたのである。

さて、公職追放となったとは言え、いわゆる戦争責任の罪を問われなかったことで、弥三自身は、これ以後一九五一年一〇月に追放解除されるまで、長期の追放期間を予想しなかったのではないか。

弥三は、既述の公職追放対象者の区分では、G項のその他の軍国主義者・極端な国家主義者のなかに入れられたのか。

当時のSCAPIN五五〇を踏まえつつ、五百旗頭真《いおきべまこと》は『占領期　首相たちの新日本』のなかで、「一九三七年七月から一九四五年八月の期間に政府の政策決定に関与した全閣僚を含むトップレベルのすべての官職が、特に平和主義的であったと逆証されない限り、該当するとした[140]」と記す。

弥三が問われたのは文部官僚時代の官職ゆえであり、警視庁特高課長時代の責任は時期の点からして該当していなかったのである。

つまり、日本敗戦に伴う戦争責任問題のなかで、GHQは警視庁特高課長としての日本共産党弾圧責任をまったく不問に付したのである。戦争責任の対象期間は、五百旗頭論文が指摘したように、日中全面戦争開始から日本敗戦までのわずか八年間に限定されていたのである。

戦争と弾圧が表裏一体の関係で先の戦争が進められた、とする歴史認識を踏まえれば、GHQの判断とは別に、二度と戦争と弾圧を起さないためにも、三・一五事件前後まで戦争責任の対象時期を遡及させる必要があろう。そのことを戦後日本人は、充分自覚してこなかったと言える。

侵略戦争批判と並行して、それを内部から支えた警察の役割をも俎上《そじょう》に挙げていくべきではないか。敢えて言うならば、「侵略責任」と「弾圧責任」とを一体として捉える歴史認識を今後一層深めていく必要性を痛感する。

それと同時に、その侵略戦争を弾圧行為によって国内で支え続けた官僚の戦争責任も問わなければならない。侵略責任のみが問われてきた従来の戦争責任論の不十分性は、弾圧責任を問うことによって、取り敢えず完結されるものではないか。

神職に身を置く

ところで、公職追放となった弥三は、神職に身を置くことになった。

その神社とは、六所《ろくしょ》神社（東京都世田谷区赤堤二－二五－二）である。京王線下高井戸駅から東急世田谷線に乗り換え、東松原駅で降りて徒歩で一〇分も要しない場所に位置する。現在は住宅地に囲まれ、幼稚園が境内に開園されている。現在の宮司も園長も弥三の縁者の方である。

六所神社は徳川家康の家臣であった服部定信《はっとりさだのぶ》により創建された服部家の祈願所とされたが、赤堤《あかつつみ》村《むら》の産土神《うぶすなのかみ》とされた。一七八七（天明七）年九月に社殿が再建されたとの記録がある。産土神は神道

140　五百旗頭真『占領期　首相たちの新日本』（講談社・文庫、二〇〇七年、二一一頁）。

において、その者が生まれた土地の守護神を指す。

明治の時代に入り、一八七四（明治七）年に赤堤村村社と定められた。その後、一九六九（昭和四四）年に現在の社殿が造営されたとされているから、弥三が神職を務めた時の社殿ではない。

神職に身を置く弥三の暮らしぶりは、如何なるものであったのか。

一九四八年の弥三の日記にも、神職として日々務めに精を出す様子が繰り返し綴られている。国政への関心を抱きつつも、一九四九（昭和二四）年に入っても、その状況に特段の変化はない。

そうするなかでも、弥三は神職に身を置く生活が本来の己の所業ではない、との思いを抱いていたようだ。

例えば、日記に「稍《やや》寒く一日を無為にくらす。こんなことではならぬ。何としても働き口を求めねばならぬと云ふ気持ちが強く起こる。」（一九四九年一月一三日の項）と心情を赤裸々に記す。

神職は、あくまで次のステップのための身の寄せ場に過ぎず、生活安定のためにも、別の「働き口」を求める心情を正直に綴る。

弥三が、如何なる経緯で神職の身を選んだのか、また選ばざるを得なかったのか定かではない。生活費用も子どもたちの養育費用も重く弥三の肩にのしかかっていたのであろう。

弥三は、「神殿神庭を子供達と掃除する。」（一九四九年五月一五日の項）等の記述が繰り返されるように、そうした悩みを抱えながら神職に精励する。

その精励ぶりを示すものに、「奉賛会」のために集金に精を出す様子を記している。「午後二十軒を集金、大体成績良好。」（一九四九年六月一三日の項）とか、「九時過ぎより集金にまはり、頑張って午前中二十五軒をすます。」（同年六月一八日の項）など。兎《と》に角《かく》、弥三には忍従の生活であったようだ。

引き続く共産党への警戒心

弥三は、一九四九年の夏、故郷の岐阜県蛭川《ひるかわ》村に帰省し、既述の通り、そこでアメリカの陸軍防諜部隊（CIC、Counter Intelligence Corps）から依頼されたという共産党弾圧史の原稿を書いている様子を記している。「纐纈彌三文書」にも、何回も加筆修正した相当量の手書き原稿が残されている。

それで原稿書きに精を出す有様が日記にも繰り返し綴られている。

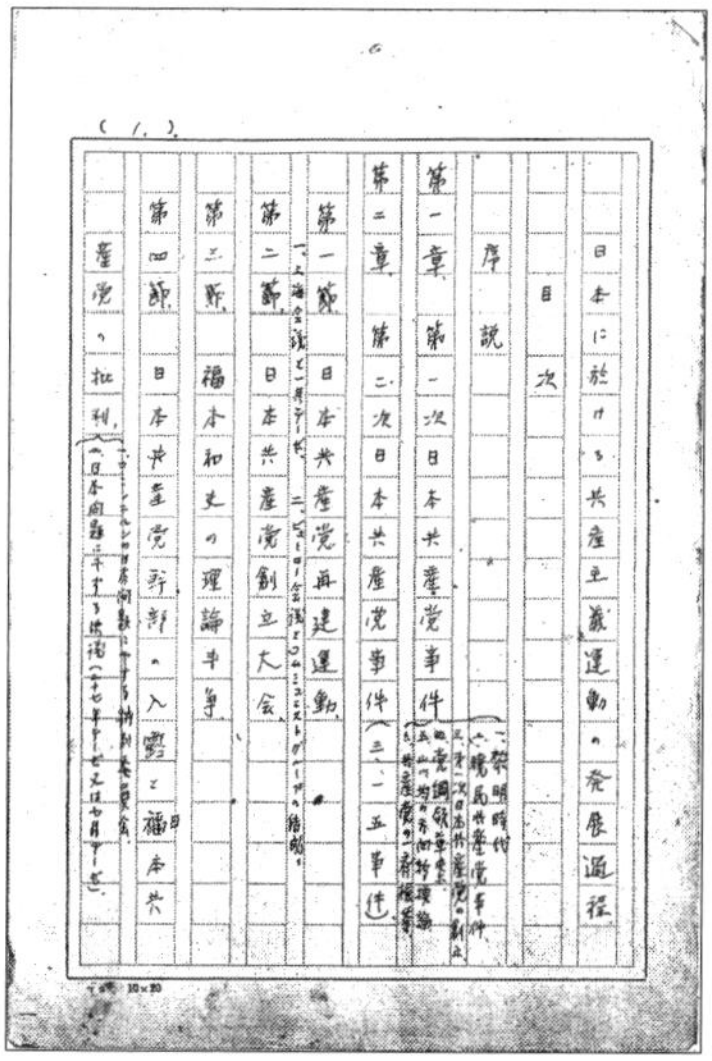

弥三手書きの原稿

例えば、「今日は一日原稿書きをする。「報告の要点」の項と戦術に就いて及び国際問題に就いての二項目を仕上げる。」（一九四九年七月二四日の項）。さらに翌日にも、「原稿、テーゼの内容を終わり「報告の要点」を書き上げ、更に「政治テーゼ」で前文の檄文を書き上げる。一一六頁まで。」（同年七月二五日の項）といった具合に。

CICとは、占領地における情報収集のため

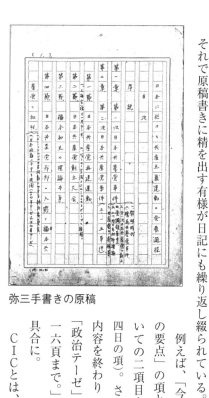

の特務機関であり、アメリカが占領政策の一環として、戦前期における日本共産党弾圧の実情を記録化するために有力な当事者であった弥三に、詳細な記録報告書の作成を依頼した経緯があった。

弥三はその要請に応え、同時に自らの過去の体験を記録に留めるためにも、懸命に原稿書きを続けている。そこには、ある種の執念さえ感じられる。

共産主義勢力の台頭と日本への浸透の可能性を読み取っていたアメリカの姿勢を汲み取りつつ、それ以上に戦後にもなお共産主義勢力の台頭を許さない、という決意と覚悟のようなものさえ、その懸命さのなかに看て取ることができる。故郷に帰省した折にも原稿書き作業を怠ることはなかった。

その様子を、「今日もとても暑い、午前中原稿をかき、組織テーゼを三分の二辺《あたり》で一七九頁と云ふ。原稿用紙がなくなったので、蛭川での原稿書きは打切ることにする。百頁余を書いた。思ったより進んだ訳だった。まだ滞在中五〇頁くらいは書けたのにおしいことをした。」（一九四九年八月六日の項）と記す。

弥三は、まるで自らの生き様を記録に残すことで、戦後を生きる糧とするように精力的に原稿書きに臨んでいた。

同時にアメリカや日本政府の要請に応えることで、公職追放解除の機会を得ようとしたのかも知れない。

そこには、そうした思いや野心だけでなく、かつての日本共産党弾圧を正当化することも頭にはあったのであろう。戦後においても、弥三が日本共産党や共産主義の動きや思想に深い関心を抱き続けていたことにもよる。

その一例として、八月一五日の日記に戦前期から著名な経済学者であった大野信三《しんぞう》の「講演要旨」と題し、三回の講演内容を詳細に記している。

それは、「㈠経済安定の前途」（大井公民館及中津南小学校）、「㈡農村恐慌は来るか」（蛭川地区公民館）、「㈢共産主義批判」（王子製紙工場）である。

講演日が定かでなく、実際に弥三が聴講したかどうかも判然としないが、直接聴講しないと要約できない記録でもある。

大野信三は、晩年の九三歳の時、八六〇頁にも及ぶ大著『社会経済学』（千倉書房刊）を出版した近代経済学を講じてきた経済学者である。一九七一（昭和四六）年に創価学会が創価大学を開学した折に経済学部長として赴任し、後に同大学の学長を務めた人物でもある。

大野信三の講演からとして、「㈢共産主義批判（王子製紙工場にて）」（同年八月一五日の項）では、「共産党に関して一般人の関心は食はずぎらいと食はず好きが大部分のようである。よく研究して見ると共産党ほど謀略とハッタリのおおいものはない様だ。」「共産主義は政治的、経済的、文化的、思想的な意味によって分析して考えて見れば、政治的意味に最も重点が置かれていると見て差し支《つかえ》ない。」と書き残している。

この内容が大野講演のそのままの引用か、それとも弥三の本心を吐露したものか定かでない。引用だとしても、わざわざ引用していること自体、本心はこれに近いものがあったのであろう。いわば共感・共鳴しているからこそ、日記に書き残したのではないか。

だとすると、弥三の日本共産党認識は、極めて皮相かつ歪《いびつ》である。特高課長として共産党弾圧の陣頭指揮をとった人物であれば、「食はずぎらいと食はず好き」に二分立で日本共産党への否定と肯定を判断してみせるのは、単純過ぎる。

むしろ、激しい拷問にも耐えながら、共産主義運動の前進に身を挺した党員たちを眼前で見てきた経験を持つが故に、その深層部分については、それを容認するか否認するかは別として、思考せざるを得なかったのではないか、と思われる。

ただ、別の角度から見れば、たとえ皮相な認識だとしても、日本共産党への関心をそれなりに抱き続けた、ひとつの証拠と言えるかも知れない。だが、そこにも国家への盲従と言える傾倒ぶりが顕著だ。

国家や天皇の存在は、弥三にとっては絶対的な対象であった。その守護者としての役割を全うしてきたのだ、とする揺るぎのない自負心を抱き続けてきた弥三からすれば、それはある意味で真っ当な思いであったのであろう。

それもあってか、一九四九（昭和二四）年一月二三日（日曜日）に実施された第二四回衆議院総選挙で、日本共産党が三五名の当選者と得票総数二九八万四九〇五票を獲得したことに弥三は注目している。

同年一月二四日付けの日記には、「共産党は一躍三五名となったと云ふ。」と記したうえで、各党の獲得議席と得票数を記し、弥三の知人の当選者を書き出している。

そこに列挙された人物は、例えば大村清一（警保局長）、青柳一郎（熊本県特高課長）、中村清（京都府特高課長）、西村直己（静岡県特高課警部）、増田甲子七《かねしち》（警保局図書課）等である。国政に強い関心を抱いていたのであろう。

追放解除決定までの経緯

一九四六（昭和二一）年一月四日、占領軍はポツダム宣言に基づき日本民主化政策の一環として「好ましくない人物の公職よりの除去覚書」を発表した。これに基づき約二一万人に及ぶ人物を公職より追放することになった。因みにドイツは一〇〇万人を越している。

追放理由はA項からG項まで七項目が挙げられていたことは、既述の通りである。

一九五〇年代に入り、公職追放者の解除の検討が進められることになる。具体的には、公職資格訴願審査委員会事務局が作成した「公職追放者訴願審査について」（一九五二年一〇月一三日）によると、「一、今回の公職追放恩赦に関する訴願審査の結果は次の通りである」との通達が公表されている。

そこには㈠公職追放者概数として、二〇万六〇〇〇名とし、そのうち㈡として訴願を提起した者の総数を三万二〇八九名としていた。つまり、被追放対象者のうち、一五％程度しか追放解除請求をしていないということだ。

その結果、㈢特免することを決定せられた者が一万九〇名としている。つまり、解除請求しても、この段階では請求者の三〇%程度しか解除が許可されなかったのである。

因みに、特免することが決定せられたる者の内訳は、在郷軍人会関係が三四五六名と最も多く、次いで陸・海軍関係者三〇七二名、翼賛会翼壮団関係二二六八名と続いた。弥三に関係する特高警察関係は、この時わずか九名であった。

この一方で、㈣特免しないことと決定せられたるものが、二万一八七〇名と多い。その理由として死亡や本人からも申出なかったものが三五名、書類不備の者が二六名、そしていわゆるメモランダムケースとして審査不能の者が六八名と記録されている。[141]

弥三にとって、公職追放解除を待つまで落ち着かない日々が続く。

しばらくの時を経て、追放解除の可能性が出てきたのであろう。弥三の一九五一年以降の日記は繰り返し追放解除に関わる情報を入手しようとする動きを記す。例えば、こんな具合だ。

「警視庁に田中〔榮一〕総監と古屋〔亨《とおる》〕刑事部長を訪ねる。追放解除申請の件で田中君に相談して尚受付けているかどうかをただしてもらった処《ところ》、軍人干〔関〕係の分丈《だけ》は受付けているが、警察干〔関〕係者は昨年五月で一応打切っているとの話で聊《いささ》かがっかりした。」（一九五一年一月一二日の項）

さらには、「追放解除の訴願が受付けられないと云うので出かける用件がなくなって毎日家に引きこもっていることがつらい。」（同年一月二〇日の項）と嘆息《たんそく》する。

ここで登場する田中榮一は、一九二七年に内務省に入省した弥三より七年後輩にあたる。戦後は東京都の経済局長から、一九四八年には警視総監などを歴任した人物。一九五八年に施行された第二八回衆議院総選挙に自由民主党の公認で出馬し当選。弥三と同じ道を歩んだ。

古谷亨は、弥三と同じ岐阜県の恵那市の出身。一九三四年に内務省入省で弥三の大分後輩にあたる。一九五四年に警視総監代理など歴任した後、一九六七年に施行された第三一回衆議院議員選挙で、政界引退した弥三の地盤を引き継ぎ出馬。一九八五年に自治大臣兼国家公安委員会委員長などを務めた。

田中、古屋にとって弥三は大先輩にあたり、弥三にとっては貴重な情報源でもあった。

公職追放解除に向け、勢い頼りにしたい気持ちも大分あったのであろう。特に古屋は同郷で、後で国会議員の地盤を譲るほどの深い関係の先輩後輩であっただけに、その落胆も一入《ひとしお》であったろう。

ＧＨＱによる人権指令により、特別高等警察に在籍していた官僚・警察官は、公職追放の対象にな

141　以上は、「内閣官房内閣事務局　公職追放者の訴願審査について　第三次吉田内閣閣議資料綴　昭和二五年一〇月」（アジア歴史資料センター、Ref.A17111982400）。

ったものの、戦争犯罪人として指定され、問責・処罰の対象となった者は、内務省・特高警察関係者には一人もいなかった。

そもそも公職追放の中身を追えば、本来ならば追放対象者と思われる人物もかなり外されている。特に官僚の追放は極めて恣意的で、国家主義や国体思想を抱く保守人脈が結果的に無傷のまま温存される格好となった。

その温存の仕方も巧妙で、既に述べたように特高関係者は戦後の公安警察に吸収されたり、国会議員の八割が追放処分とされたが、その地盤や看板は世襲候補が受け継いだりしていることは周知の通りである。

要するに、一連の公職追放によっても、戦前の保守権力は事実上生き残った。その彼らが、現在に続く分厚い保守基盤を形成しているのである。

それに関連して弥三の日記には、「田中君用事で一足先に帰る。氏の話で自分の追放は日本共産主義者事件、労評事件、今一つの三事件に干〔関〕係あり。後で今の処全面的解除に努力中であるが、まだ確実な処まで行かぬと云っていた。聊《いささ》か小生の予想と異なった処がある。」（一九五一年五月二七日の項）と記す。思い通りに追放解除の手続きが進まないことに苛立つ心境を吐露する。

そうするうちに弥三にとっては、明るい展望が見え始める。

日記には、「来る七日頃追放解除の発表があるだろう。」との、恐らく親交のあった記者の情報をもあったのか、「今朝の東京タイムスに解除者の氏名が出ていたが、特高干〔関〕係で全然余と仝《おな》じ干

〔関〕係にある」特高官僚の氏名が掲載されていたこともあり、「私の解除もどうやら実現し相《そう》だ。この発表される迄はまだ安神《ママ》〔心〕する訳にはいかぬ。」（同年六月五日の項）と強い期待感を綴る。

この時、弥三は確かに追放解除の訴願をしていたはずだが、この時は追放解除対象者の名簿には記載がなかった。その理由について、一九五一年六月一五日の項に以下の記述がある。

すなわち、「追放解除の問題も簡単にはいかない様で、政府が鳩山氏をめぐってメモケースの解除を進駐軍からのものと同一に取り扱うと申し出ているのを、ゴタゴタしている事に何の政策的にわざわざぐずぐずしているのだという声が段々高くなって来る。解除確実の人名のなかに小生の名も毎日新聞に出ていたと田中の叔父からの話し。」（一九五一年六月一五日の項）と。

一九五一年の日記には、このように日本の敗戦に伴う公職者の大量追放者の一人となった弥三が、追放解除に至る直前までの思いが随所に綴られる。

因みに、ここではメモランダムケースを「メモケース」と記しているが、「メモケース」とは、占領軍によって実行された追放パターンのひとつで中央、地方の公職適否審査委員会の審査による追放指定のほか、重要な者には総司令部覚書による直接指定（メモランダム・ケース）があった。

総司令部による直接指定は、追放理由の明確でない場合でも、恣意的な解釈で追放対象者に加えることが出来たため、いわば政略的な観点から追放指定することが可能となるものであった。

まさに、占領軍の権力が自在に発揮されたケースである。

条件付き解除

そのメモケースに絡んで、一九五一年六月二〇日の記録を書き残す。

すなわち、「今日第一次追放解除発表メモケースの石橋湛山、三木武吉《ぶきち》、……」（一九五一年六月二〇日の項）と続けて、「今回は七万の追放解除者があり、余のことでは個人審査で第二次に恐らく入るであろう。」（同日の項）と期待感を示している。

確かに、段々と解除の動きが明らかになりつつあった。

だが、「伊藤君の話では特高干〔関〕係は、三つまでの者は解除確実だと云っていたので、自分は大体解除になると見ていい様にも思われる。然し発表までは安心ならぬ。」（一九五一年六月二四日の項）と慎重だ。

知人への手紙を書くなかで、「最後に余の追放解除が大体確実となったことを知らせてやる。」（同年七月二五日の項）と記すが、解除が決定するまでは円滑裡《り》とは行かなかったようである。

「九時過ぎ出かけて平河町の自由党本部に行く。待つこと暫く、増田君やって来る。何の用事かと思ったら、追放解除の件で三四日中に理由を書いて出せと云うことだったので、承《うけたま》はって直ぐ帰る。結局請願的なものを書くよりしかたなかろう。様子では特高干〔関〕係はかなり面倒らしい。」（同年八月一四日の項）と綴る。

さらに、「夜浩三〔弥三の七男〕に追放解除御願の書類の原稿を口述し、書き取ってもらう。」（同年八月一七日の項）とも。この前後、弥三は体調を崩していた。

続けて解除の手続きに関わる作業が続く。

「増田君に提出すべき書類を一日がかりで書き急ぐ」（同年八月一九日の項）とか、「自由党本部に増田君を訪ね書類を見てもらう。丁度総理府の河合君が来て居られてその書類を見てもらったが、一寸見当の違う様子で総理大臣官房の人事課長栗山廉平君の処で修正してもらい、……どうも解除はかなり六《むつ》かしい様子だ。」（同年八月二〇日の項）とかと記す。どうも思い通りにはことが運ばない様子で、苛立ちの心境を覗かせる。

その後、「夕刊に特高干《（ママ）》〔関〕係の追放大部が解除せらるとあり。……今度は自分も解除せられたのであろう。」（同年九月八日の項）と安堵する心情を吐露する。

そして、最終的には「追放解除決定の報告をなす。警察、法務省、文部省には採用されないと云う条件が附せられ、結局役人関係には先ず復帰の望《のぞみ》なし。然し最後に解除せられて、ともかく気は和《やわら》かになったと云え様う。」（同年九月九日の項）と記す。こうして兎も角弥三は、公職追放解除となったのである。

「指定理由取消書」

ところで、弥三の追放解除は無条件ではなかった。

警察官僚出身ということで軍事官僚と同様に、追放解除に当たっては、それなりの条件が附せられた。そのことを示す資料として、日記の補遺欄に「指定理由取消書」が筆写されている。以下の内容である。

指定理由取消書　　　　　　　　　　　　　　　　　　　緕緕彌三

公職に関する就職禁止退職等に関する勅令（昭和二十二年勅令第一号）四条の二に規定す。左記に掲げる指定の理由を取り消す。

昭和廿六年九月八日　　　　　　　　　　　　内閣総理大臣

記

特高警察

覚書該当者としての理由取消について

本日貴殿に対し別紙の通り覚書対象者として指定の理由を取り消すという通知がありましたが、これは貴殿の経歴のうち指定理由の取消書に記載された事項を追放の該当理由としないという意味であって、今後公職に就かれる又は公選による公職に立候補されるとき並びに公職に関する就職禁止退職等に関する勅令（昭和二十二年勅令第一号）第五条第三項に規定する受給権の回復をしようとされる場合は、内閣総理大臣または都道府県知事に対し公職資格審査の調査表を提出し、非該当の確認を受けなければなりませんから、念の為申し添えます。

又国又地方公共団体の官吏また吏員になられるときは、予め任命権者から任命しようとする地位及び任命予定日を内閣総理大臣に報告する必要があります。尚、貴殿は警察法務省文部省には採用されませんから、念の為申し添えます。

この「指定理由取消書」を弥三自身が如何に受け止めたかについて、直接の述懐は記載されていない。条件付きだとは言え、公職追放解除とされ、再就職の途が開けたことを率直に喜びたい心境であったことは想像できる。

やや古臭い表現をすれば、堅忍持久《けんにんじきゅう》の時代から捲土重来《けんどちょうらい》の時代が到来した、といった心境であったかも知れない。

戦前における特高官僚や知事の経験は、戦後新たな出発にあたってデメリットとなるか、反対にメリットとなるか。そこの判断は、恐らくこの時点ではつきかねていたであろう。

だが、直ぐに弥三は政治家としての転身の機会を得ることになる。逆を言えば、自身の警察官僚としての実績が活かされる職域は、戦後にも保守色が極めて強かった政界だけだったかも知れなかった。

神職を離れる

追放解除が本決まりとなり、弥三は神職から離れる手続きに入る。それに触れて、「宮司《ぐうじ》更迭の具申書添付書類として余の履歴書をかく」（一九五一年九月一一日の項）と、やや晴れがましい思いを記す。

そして旧内務官僚の親睦組織であった霞が関会の追放解除を祝う会に出席した様子を記録する。そこには、「霞が関会に追放解除者のお祝いの席に出席」（同年九月二九日の項）とある。

この会場に佐藤尚武《なおたけ》氏が挨拶し、岸、本島、日高、松本、石井康、西、田代、上村、星崎、井口、須磨、太田、芳沢、有田、栗山、石射、内山、沢田等の大先輩諸氏が同席したとある。

公職追放解除が決まった後、弥三は神職から離れる手続きに入った。神主としてのこれまでの務めを果たし終えるには、それなりの悶着もあったようだ。

次のような記録がある。

「九時過ぎ田口宮司来社。月始祭司祭、御祭り費用の大要を話す。少しあまったかねを宮司更迭の披露に使ひ度《た》いと云ったら、聊《いささか》の不平らしく、余った金は分けてもらわねば困ると云われた。何もしないで金をとること計《ばか》り考えて居られたのには、全くあきれる。」（一九五一年一〇月一日の項）と憤慨する。

さらに、次の記録も記す。

「三時から出かけて田口叔父に辞令を渡す。……田口を追出しの策動をしたかに誤解。けんかしたが結局禰宜《ねぎ》をやると云う意志が固いので、その様に話をつけて帰る。辞めたことに就て不愉快に思って居られることは明らかだからやむをえない。」（同年一〇月七日の項）と。

六所神社の神主を辞することに、叔父の田口氏は面白くなかったようだ。弥三と田口氏との間に、如何なるトラブルなり、行き違いがあったかは定かでない。

なお、弥三は六所神社で神主を務めたが、その役職は宮司職に就いていたのか、その下位の位である禰宜であったのかははっきりしない。

日記には「田口宮司」とあり、また、弥三みずから「宮司更迭の披露」を執り行うための費用の話がでているので、そこから宮司職であったと推察できる。弥三の紹介では、大体が「宮司」と記されている。

しかし、田口叔父が「禰宜《ねぎ》をやるという意志が固い」の話も出てくるが、神社職の位では、宮司をトップに、その宮司の補佐役として禰宜、そして権禰宜《ごんねぎ》と続く。ここで出てくる田口叔父と、弥三との神職をめぐる位置関係は不確かである。

それは兎も角として、弥三の日記からは神職に精励し、務めをしっかり果たしていたことは窺える。

歴史書を読む

ここでまた、この時期の弥三の読書に関する記録を拾い上げておこう。

官僚生活を終えて、神主として生業を立てつつも、敗戦前後の歴史事実への関心を寄せている。

このうち、辻政信《まさのぶ》に関する書物を取り上げる。

それは、「辻政信の潜行三千里を読む。戦犯をまぬがれる為に僧形に変装藍衣社《らんいしゃ》の者を連絡重慶に潜り、この辺までは聊《かりそめ》にも参謀本部作戦部員として敗戦の重責を負うべき軍人として処々《しょしょ》にその責任を痛感して、何時でも立派に死ぬ覚悟のあることが記述されては居るが、どうも気に食わぬ感が一杯だった。」（一九五一年一月七日の項）というものである。

辻政信は旧陸軍の参謀畑を歩いた著名な軍人。ノモンハン事件、マレー作戦、ガダルカナル作戦の参謀として指揮系統を無視した独善的な作戦指導を強行し、多くの犠牲を強いた。

「作戦の神様」などと評されるが、実際には無謀な作戦指導で多くの戦死者・餓死者を出した失敗の作戦の連続であった。指揮系統を無視した独善性は、辻自身の強い個性と相俟って、どの独走にも上層部も正面切って歯止めをかけられず、結局は追認に次ぐ追認となって重大な結果を招いた。

それでも辻に対する信仰に近い支持熱が戦後も続き、辻は衆議院議員を四期、参議院議員を一期務めた。一九六一年四月、ラオスを視察中に行方不明となり、一九六八年七月二〇日に死亡宣告がなされた。波乱万丈の人生を送った人物である。

戦後、辻が立案指導した作戦の内容が詳細に知られるに至り、その責任を問う声は深まっていくが、弥三が日記に記した一九五一年当時は、辻への崇拝に近い心情が強かった時代でもある。その辻の自伝に「どうも気に食わぬ感で一杯だ」と記した弥三の心境は注目される。

要するに辻の戦争時代の参謀ぶりに批判的な目線でそう記したのか、自決の覚悟を表しながら、実行しようとしない、その生き様に納得いかないのか。その書きぶりは、辻の行動を安直に是認したくない思いを吐露したものであることは間違いないであろう。

それは弥三のかつての帝国陸軍へのスタンスの一端を窺わせるもの、と読み取ることも可能である。

因みに、辻は多くの戦記物を著し、ここに出てくる『潜航三千里』は、現在もなお次々と復刻出版が繰り返されている。

また藍衣社は、蔣介石《しょうかいせき》直属の国民政府の情報・工作機関のこと。正式名称は三民主義力行社また中華民族復興社と称する。

弥三はこの著名な軍人の代表作を読んで結局は、辻が死ぬ覚悟を示しながら、戦犯指名を回避するために変装してまで逃亡する行動に同意しかねる感慨を披瀝していたのである。

恐らく辻を責任意識が、結局は低い軍人だと見定めていたのであろう。

ついで、弥三は『西園寺公と政局』への感想を綴る。

それは、「最後の元老」と評され、昭和天皇にも深い影響力を発揮した西園寺公望《さいおんじきんもち》公爵の語りが、秘書的存在であった原田熊雄《くまお》により編纂されたものであった。今なお昭和政治史研究の基本文献の一つである。

「今日から西園寺公と政局第二巻をよみ始める。南〔次郎〕陸相の無責任な態度、二宮〔治重《はるしげ》〕、小磯〔国昭《くにあき》〕、建川《たてかわ》〔美次《よしつぐ》〕らの策謀が記述されている。建川はともかく、あとの将軍に就てはむしろ意外な感を受ける。」（同年二月一八日の項）と記しつつ、「西園寺公と政局第二巻をよみ、夜に入って読了。満州事変を廻《めぐ》って軍部の横暴、重臣の憂慮、陛下の御心配、当時を回想して感慨無量。出先軍隊が勝手なまねをして云うことをきかない。全く軍規は紊《みだ》れ、その後大東亜戦争に突入した。敗戦は当然の事だ。」（一九五一年二月二二日の項）と記す。

日本陸軍の権謀術数《けんぼうじゅっすう》ぶりを遺憾なく発揮した様子が、本来日本陸軍の好戦的姿勢に批判的であった西園寺によって語り尽くされている日記である。

西園寺からすれば、結局、そうした日本陸軍の体質や好戦性が日本をして戦争に引きずっていったのであって、昭和天皇には戦争責任なるものは無いとする立場を採る弥三であってみれば、この書は大いに支持する内容であったのだろう。

再軍備問題

弥三は当時話題となっていた再軍備に関連しても、自らの見解を吐露している。具体的には、警察予備隊設置構想に関心を持っていた記録が綴られている。

例えば、「保科《ほしな》〔善四郎〕君がやって来られ、予備隊問題の件を是非実現してくれと云う。」（一九五一年一月二八日の項）との記述がある。

保科は、旧日本海軍の少将で海軍軍務局長を務めた旧軍人。旧軍事機構の人脈の温存と復権を射程に据えつつ、政治工作として「終戦工作」が敗戦直前まで行われた。保科は、その中心人物の一人である。

戦後は吉田茂の軍事ブレーンとなり、再軍備の実行者のひとりとなった。保科たちは、「海上警備隊創設準備員会」（通称Y委員会）を立ち上げ、新日本海軍の創設に奔走する。

その保科と弥三に接点があった点は興味深い。保科が戦前の内務官僚にも接触を求め果敢に動いていたことは知られているが、弥三もターゲットの一人であったのであろう。

保科は、一九四七年一一月二八日に公職追放の仮指定を受け、一九五二年四月二二日に追放解除となっている。そして、一九五五（昭和三〇）年二月二七日の第二七回総選挙に旧宮城一区から日本民主党公認で出馬し、当選している。

戦後国政に参画する経緯は弥三と同じである。つまり、弥三も第二七回総選挙で初当選を果たす。保科とは国会議員で同期となる。

弥三は既述の如く、公職追放時代にいくつかの会社の顧問などの資格で会社の経営に参画しており、会社名として、「ス井フト」なる社名が頻繁に日記に登場する。

一九五三年六月一日の日記には、「今日より美和商事ＫＫの名前で発足すると云う訳。余は顧問と云うこと。」の既述や、一九五四年五月二四日付の日記には、「ス井フト」なる社が「浅草雷門近くにビル」を建設する等の記録がある。官僚を引退後、敗戦まで弥三は様々な会社の顧問としての生活を続けていたようだ。

弥三が顧問を始め、複数の会社の幹部として、具体的な活動をしたかの内容は日記に出てこないが、単なる名誉職ではなく、会社経営にそれなりにコミットしていたことは、日記の随所から読み取れる。

ただ、神職にしても会社幹部にしても、弥三としては仮の姿であった。

戦後の弥三にとって、国政の場で自ら警察官僚として追い求めてきた国体思想の定着のため、活躍の機会を得ようとしていたことは間違いないであろう。

繰り返すが、その意味で弥三にとって、敗戦を跨《また》いで戦前と戦後は繋がっていたのである。言い換えれば、「新たな戦前」を日本社会で形成していくことを宿願としていたのである。

警察官僚としての日本共産党弾圧、文部官僚としての国体思想の徹底普及の試みは、戦後において国会議員として紀元節復活に奔走する姿から、弥三にとって戦前は終わっていなかったことを想起させる。

次章では、そのことを国会の論戦を紹介しながら追ってみよう。

Ⅳ　紀元節復活に奔走する

～新たな戦前の開始～

第七章　旧特高官僚たちの国政参画

1　出馬の意欲

偶然に掴んだチャンス

弥三は追放解除となって以後、身の振り方について、早々に考えていたようだ。そこに出てきたのが国政選挙出馬への思いである。

出馬問題について、最初に日記に出てくるのは、一九五一年一〇月一一日の項である。この時、弥三は故郷蛭川《ひるかわ》村に帰省中であった。

そこで道雄（弥三の三男）から、以下のような督促を受けることになる。

そこには、「道雄から今度の選挙に打って出る決心をしろと盛《さかん》にすすめる。自も大いに関心があることとて、大体やってもいいと云うことを明《あきら》にする。そうなれば早く名のりを上げた方がいいと云うことになった。よって翌日は役場に村長を訪ねて、その意思発表をすることに決める。噂では平野三郎氏も既にかなりの事前運動を試みている。長谷川俊一《しゅんいち》君もやっていると云う。」（一九五一年一〇月一一日の項）との記述がある。

先ずここに登場する平野三郎なる人物を少し紹介しておこう。弥三の、いわば政界におけるライバルの一人となる人物である。

平野三郎は、庄川事件（庄川流木争議・庄川ダム争議）で活躍した衆議院議員の平野増吉《ますきち》を父に、戦前の農民運動家で戦後片山哲内閣の農林大臣を務めた平野力三《りきぞう》を叔父に持つ政治一家の出身である。平野三郎自身は岐阜県郡上《ぐじょう》郡八幡《はちまん》町（現在の郡上市）に生まれ、慶應義塾大学在学中に左翼運動に関わり検挙された経験を持つ。戦後になって一九四七年に八幡町長に当選して政治家としての第一歩を踏み出していた。

もう一人登場する長谷川俊一は、一九三九年一〇月一六日に岐阜県議会の副議長、一九四五年一二月三日から同県議会の議長を経験。何れも官選の時代である。

一九四七年四月二五日、戦後最初に施行された、第二三回衆議院総選挙に岐阜二区から民主党公認で出馬し、新人ながら四万九一二三票を獲得して初当選した。弱冠四四歳の時である。しかし、次の第二四回衆議院議員総選挙（一九四九年一月二三日施行）では、新自由党から出馬するも落選の憂き目に遭っている。この後政界から身を引いた。恐らく民主党を何らかの経緯から離党し、新しく結党なった新自由党に鞍替えしたことが響いたのであろう。

それにしても弥三にとって、選挙となると出馬する地盤の問題がある。父が郡会議員を務めていたとは言え、時間の経過もあり、また蛭川村という小さな集落の出身。同時に選挙資金にも恵まれていた訳ではない。

さらに決定的なのは、出馬するならば恵那郡を始めとする東濃地区になること。実は恵那市を中心とする東濃地区では、戦前から藤井家と古屋家という二つの、いわゆる名望家出身者が地元政界を牛耳《ぎゅうじ》っていた。

戦前から古屋善造《ぜんぞう》、慶隆《よしたか》の親子が二代続けて衆議院議員を務め、一方の藤井家では藤井神一《しんいち》が県会議員（一九二七年一〇月から第三六代の県会議長就任）を務めていた。従って、弥三が国政に打って出るには、この両家との何らかの関わりが必要であった。

もともと、藤井家と古屋家には、ある約束事があった。地元新聞に、その事情が後日の記事に記されていた。それは、以下の内容である。

「戦前、古屋慶隆氏が代議士、藤井神一氏が県議会の重鎮だったところ、慶隆氏のあとは藤井家に代議士を譲る約束があった、という。しかし、慶隆氏が東京大空襲で突然亡くなり、藤井家にはそれを襲《つ》ぐ人がいなかった。代議士の座は戦後、緢緢弥三氏に移り、（古屋）亨《とおる》氏が譲りうけた。[142]」

要するに、弥三の政界進出には藤井家の事情があった訳で、弥三は思わぬチャンスを掴んだことになる。後になるが、弥三が引退後、内務省の後輩である古屋亨に地盤を譲ったのも、こうした古屋・藤井両家の張り合いのなかでの、ある意味で当初から約束された事情であったようだ。

因みに、弥三から地盤を譲られた格好となった古屋家では、古屋亨の引退後には甥の古屋圭司《けいじ》が衆議院議員に、一方の藤井家では藤井丙午《へいご》と、その三男であった孝男《たかお》とが参議院議員職に就いている（藤井孝男は、一九九三年から衆議院議員）。日本の民主主義を歪める地盤と看板が物言う政治が、幅を利かす世界である。その間隙を縫っての弥三の国政への出馬であったのである。

その意味で言えば、後に弥三が政界引退後、古屋亨に地盤を譲ったのも、当初からの経緯に従ったものと言える。つまり、地盤を「譲った」のではなく、「返した」と言った方が正確かも知れない。

ライバルたちの動き

横路にそれたが、弥三のライバルであった平野三郎は、一九四九年施行の第二四回衆議院議員総選

142　『中日新聞』（岐阜県版、一九九〇年四月九日付、三〇面、「追跡　票と金　第一部　買収の現場から」）。

挙に民主自由党の公認候補として、旧岐阜二区から立候補し初当選を果たす。四期までは自由党公認、最後となる第二八回総選挙は自由民主党公認で五期目の当選を得る。後、二回出馬（第二九、三〇回）するが連続で落選し、国政から退いている。

その平野三郎の名を今日まで知らしめているのは、いわば「平野文書」と呼ばれる報告書である。平野は内閣総理大臣を経験した幣原喜重郎《しではらきじゅうろう》衆議院議長の秘書官をしていたことから、報告書「幣原先生から聴取した戦争放棄条項等の生まれた事情について」を憲法調査会に提出した。これがいわゆる「平野文書」である。

憲法改正議論が起きている今日、憲法第九条の原案は、一体誰が書いたのかが学界をも含めて長年論争の的となってきた。戦前期の外交官として「不戦条約」など非戦思想や運動に関心を持っていた幣原喜重郎が、原案作成者の一人ではないか、との説を証明する資料として受け止められている。[143]

因みに平野三郎は、その後一九六六年九月一八日施行の岐阜県知事選挙に出馬し、現職であった松野幸泰《ゆきやす》を破って初当選し、汚職事件で辞職を余儀なくされるまで、三期一〇年間知事職にあった。

弥三の動きはどうか。

出馬の決意を固めた弥三は、ライバルたちの動きを気にしながらも、活発な動きを開始する。帰省中だった弥三は、「役場に村長を訪ねる。選挙に打って出る気持ちあることと、出るとすれば自由党からと云うことを話す。村長は賛成の様である。」（一九五一年一〇月一二日の項）と記す。

こうして弥三は上京するまでの一週間余の間に、蛭川村周辺の集会などに積極的に顔を出すことになる。

このように国政進出の機会を窺っていた弥三は、出馬準備に余念がなかった。果敢な行動が目立ってくる。

先ず、一九五一年一〇月二三日には、自由党の役員室で増田と面談する。そこでの内容を、「立候補の意思を発表。直ちに自由党に入党しろと云ふ。牧豊《ゆたか》も東濃を地盤でたたれることも云っていた。問題はあるが賛成だと云う。」（一九五一年一〇月二三日の項）と記す。

増田とは、当時自由党幹事長を務めていた増田甲子七のことである。

一九二二年に京都帝国大学法学部を卒業しており、弥三とは同学の先輩にあたる。しかも、内務省に入省するところまで弥三と同様の道を歩んだ。

戦後、福島県知事や北海道庁長官などを歴任。その長官時代に経験した炭坑労組や国鉄労組によるストライキへの強硬方針を貫いたことが、当時の吉田茂に注目され、吉田内閣の運輸大臣に登用され

143　二〇一八年に出版された伊藤千尋著『9条を活かす日本―15％が社会を変える』（新日本出版社）や最近出版された笠原十九司『憲法九条と幣原喜重郎　日本国憲法の原点の解明』（大月書店、二〇二〇年）も、「平野文書」の重要性を指摘している。また、平野三郎自身も生前に『平和憲法の水源―昭和天皇の決断』（講談社出版サービスセンター、一九九三年）を著し、自説を強調している。

るという異例の出世コースを辿る。

その後、長野四区から第二三回衆議院総選挙に出馬し当選を果たす。以後、一〇回の当選を重ねる。吉田茂の最側近の一人とされ、労働大臣、官房長官、建設大臣など要職をこなしていく。そして、一九五一年には自由党の幹事長に就任し、自他とも認める大物政治家となった人物である。

弥三も、この増田との長年の交友関係から、強い後押しを受けての出馬決意であったことは容易に想像できる。

揺れ動く心境

それから、二年ほどが経過する。

だが、国政への出馬の機会は、なかなかやって来ない。いつしか、一九五三（昭和二八）年の年度初めに入る。

日記の冒頭に「愈々《いよいよ》四月となった。エイプリルフールの日だが、人に嘘をつく丈《だけ》の心のゆとりもない。」（一九五三年四月一日の項）と、実に弱気な心情を吐露する。

弥三を神妙な気持ちに追い込んだのは、国政への足掛かりを掴みたいと思いながら、なかなか思うようにことが進まないことに、少々焦りが出ていたためか。

それでも、政界出馬に向けて動き続ける。

例えば、「多治見《たじみ》市の自由党支部結成大会の懇親会に出られた方々約四十名と旅行中に御厄介になった方々への礼状を書く。殆《ほとん》ど一日をこの為に費やす。」（一九五三年一月二〇日の項）なる書き込みがある。地元東濃地方の有力都市である多治見市での、事実上の選挙運動である。明らかに出馬を踏まえての振る舞いだ。

同時に、政治の動きに敏感に反応する記事もある。それが読書の選択にも反映されてくる。「自由党政調シリーズ8　教育上の当面の諸問題をよむ。日教組の政治的偏向、教育内容の改善をめぐる諸問題が大いに参考となる。」（一九五三年一月二〇日の項）と記し、この段階で早くも日教組の「政治的偏向」への批判を述べる。

因みに「自由党政調シリーズ」とは、自由党政務調査（一九五〇～五五年）を出版元とする自由党の政策を解説したシリーズの一つである。弥三としては来るべき日に備え、政策の勉強にも精を出していたのであろう。

この時期、弥三は相変わらず就職などの斡旋を依頼されることが多かった。例えば、「留守中藤井社長来宅、子供さんの早稲田大学工学部第一次入試にパスしたので入学出来る様に骨折ってくれと頼んで帰られたと云う。」（一九五三年三月二一日の項）といった具合だ。

こうした依頼に弥三は、実に細かく対応し、その日の日記の終わりに、「藤井社長の出社を待ち回り道、早大に部長を訪ね依頼する。」（一九五三年三月二一日の項）と自らの人脈をフルに使い、翌日には動いているのである。

それにしても、正規ルートでない進学の途が、公然と罷《まか》り通っていたのであろうか。弥三の対応ぶりは、早くも政治家のそれであった。

叙位叙勲歴を誇る

弥三は官僚経験者として、その「功績」を示す叙位叙勲に与《あず》かっている。先ず、一九三七（昭和一二）年九月四日付で従《じゅ》五位から正《しょう》五位に一つ位階《いかい》を上げている。

その叙位を記す資料がある。

それは「兵庫県書記官纐纈彌三外千六百六十一名叙位ノ件」（叙位裁可書・昭和十二年・叙位　巻三十九　昭和一二年九月四日）と題する通達が内務省により、当時の内閣総理大臣近衛文麿の名前で公表されている。

そこには、「叙正五位　昭和七年九月一日従五位　五年以上経過昭和七年七月三〇日　与叙高等官三等兵庫県書記官従五位勲四等纐纈彌三　右文武官叙位進階内則第二条ニ依リ謹テ奏ス」[144]と記されている。

また、戦後国会議員を務めあげた功績として、一九六五（昭和四〇）年の秋の叙勲の折、勲二等瑞《ずい》宝《ほう》章を授与されている。

天皇の官僚と自負する弥三が、叙勲に強い思いを抱いていたと想像できる。その意味で戦前戦後と叙勲の機会を得たことは、弥三にとっては大いに誇らしい出来事であったろう。

弥三のそうした自負心が、国会議員時代に紀元節復活に奔走する大きな動機付けとなったと思われる。

2　旧特高官僚たちの復権

公職追放解除始まる

戦前、公の職に就いてその権力を振るい、軍国主義に加担した政治家や官僚たちで、戦後GHQにより公職追放の処分にあった人物はおよそ一〇万人に達していたとされる。

だが、日本と同様に敗戦国となったドイツの場合には、おおよそ一一〇万人が公職追放処分となっている。日本はドイツの一〇分の一に過ぎない。

天皇制を中核とする戦前権力は、敗戦を「終戦」と読み替え、「終戦」を天皇の功績として位置付けようとした。そのために案出されたのが、戦争終結こそ聖断によって実現したという虚構であった。先の戦争は「聖戦」であり、それゆえ「聖戦」を「聖断」によって止めたのだとするストーリーを創り上げた。それによって天皇だけでなく、これを担った人々、支持した人々の責任を棚に上げてしまった。そのことは本書の第六章で述べた通りである。

144　「兵庫県書記官纐纈彌三外千六百六十二名叙位ノ件」〔アジア歴史資料センター　Ref. A11114515000〕。

実際に天皇の官僚たち、取り分け圧倒的な権力を握っていた内務省の官僚たちは、戦後建設省、自治省、厚生省などに官僚組織を分散させながら、その温存を図ることに成功していく。

まさに戦前の天皇制権力は、「聖断」の名により戦後権力の中核として戦後にスライドしていったのである。

軍部官僚にしても同様であった。確かに極東軍事裁判（東京裁判）で東条英機、板垣征四郎《せいしろう》を含め八人の陸軍軍人と、首相や外相を務めた文官の広田弘毅を加えて九人が絞首刑となった。

しかし、数多《あまた》の軍人が戦犯指名されはしたものの、一方で少なくない旧軍人たちが戦後再軍備政策のなかで警察予備隊の幹部へと転身を果たし、再び権力を握り始める。

このことは内務省の警察官僚も例外ではなかった。公職追放された警察官僚も一九五一年前後には公職追放を解除されて、再び様々の分野でその地位を築いていった。

治安維持法犠牲者国家賠償要求同盟の調べ（二〇一五年）によれば、特高警察の拷問などで命を奪われた人は五一四名、検挙された人は六万八二七四名、検束・勾留者となると数十万名に達する。その人道に悖《もと》る行為を職務の口実で行った特高達およそ約五〇〇〇名が公職追放の対象となった。

このうち特高課配属の下級警察官は職を失い、事実上路頭に迷うことになるが、特高官僚たちの多くは戦後復権の機会を与えられ、要職に就いていった。

選挙戦へ

弥三は、公職追放後、しばらくの時を経て、ようやく政界入りを果たす。ただ、それまでに二度の落選の憂き目に遭っている。

そこで、弥三が国会議員となるまでの経過を要約しておく。衆議院事務局編『衆議院総選挙一覧』を参考にする。

最初の選挙となった第二五回衆議院選挙時には、自由党公認で出馬する。一九五二（昭和二七）年一〇月一日施行の第二五回衆議院総選挙である。そこで、岐阜二区から自由党公認で出馬するも落選。

当時の選挙区である旧岐阜二区は定数四議席。高山市、多治見市、中津川市、瑞浪《みずなみ》市、恵那市、美濃加茂市、土岐《とき》市、可児《かに》市、郡上《ぐじょう》郡、加茂郡、可児郡、土岐郡、恵那郡、益田郡、大野郡、吉城《よしき》郡の岐阜県東濃及び中濃地方を中心とする選挙地域である。

弥三はこの時、三万七票（得票率九・九％）を獲得。得票数六位の順位だった。当選者は、自由党所属の牧野良三（七万一一七票）、同平野三郎（五万七四八〇票）、社会党左派所属の楯兼次郎《たてかねじろう》（三万八〇六七票）、改進党の安東義良《あんどうよしろう》（三万三三四七票）であった。弥三は、ライバル平野三郎の後塵《こうじん》を拝することになったのである。

弥三は初の選挙であり、同じ自由党から三人も出馬しており、しかも新人である。平野三郎が、既述の通り一九四七年に岐阜県郡上郡八幡《はちまん》町（現在の郡上市）の町長に就任するなど、逸早く政治家としてのキャリアを積んでいたことも当選の決定的理由となった。その意味で政治家としては無名に近い存在だった弥三には、最初から厳しい選挙であった。

それでも出身の蛭川村では二二二〇票、恵那郡では得票数の三分の二に相当する一万九六四八票を獲得している。出身地域に偏在するのは古今東西変わらないが、本来人口が多くない地域を主要な地盤にしていたことも関係したのであろう。

因みに、当日における岐阜二区の有権者数は三八万四八五七人、投票率は七九・七七％で約八割が投票所に足を運んだ。

年が明けて一九五三（昭和二八）年を迎える。

弥三は続けて、一九五三年四月一九日施行の第二六回衆議院総選挙にも出馬する。今度は吉田自由党からの出馬であったが、再び落選。

吉田自由党とは、当時第一党であった民主自由党が分裂した民主党の合同支持派と合流して結党した党である。

同党は名の通り、吉田茂の強い指導力で戦後日本の再興を強力に牽引した。サンフランシスコ講和条約を締結して日本の国際社会への復帰を果たし、同時にアメリカとの間に日米安全保障条約を締結するなど、戦後日本の歩む方向を大きく決定していったのである。

二回目の挑戦では、三万八二六八票を獲得。前回比で約八〇〇〇票と、獲得票を伸ばし、得票率も一三・二％と一割強と増えている。恵那郡での投票数は二万六七六一票（蛭川村でも二一八三票）で、約前回比七〇〇〇票を増やしてはいる。

同回の選挙では、獲得票増加のほとんどを出身地の恵那郡で獲得したことになる。他地域での票が伸び悩んでいるということも言えようか。これは後まで影響し、次回選挙でも当選は果たすものの、常に三位か四位という苦しい選挙戦を経験することになる。

人口過疎地域を地盤としているせいか、また内務官僚出身ということもあってか。また、警察官僚出身の候補者ということも、有権者の投票行動を充分に引き出せなかったのかも知れない。それに加えて、古屋家の地盤を譲り受けての出馬であり、言わば自前の選挙地盤を形成しきれていなかった、という弱点を抱えていたからか。

何れにせよ、弥三は選挙に強い政治家には最後までなれなかった。当選するためには、地域に密着し、古屋家や藤井家をはじめ、在地の有力者に縋《すが》るしかなかった、というのが実情であった。

警察畑で活動してきた弥三にしてみれば、国民を監視し、左翼組織を弾圧する役回りから、常に国民を上からの目線で追ってきた手前、今度は頭を下げ、支援を懇願する立場には直ぐには馴染めなかったかも知れない。

本書の冒頭でも紹介したが、選挙運動の最中、筆者の実家を訪ねてきた弥三の挨拶は、子ども心にもとても選挙支援の要請には感じられなかった。ある意味威風堂々とした雰囲気を残し、実家を後にした思いが強い。

初当選を果たす

その弥三が初当選を果たすのが、一九五五（昭和三〇）年二月二七日施行の第二七回衆議院議員総選挙であった。この時、弥三は日本民主党からの出馬だった。

その折には五万六〇四九票を獲得する。三位当選であった。得票率は一八％と初出馬当時の二倍に増やす。

日本民主党からはトップ当選の牧野良三（八万八八三票）の二人であり、二位当選の平野三郎との得票差はわずか一四七票であった。勝因の一つには、社会党右派の前議員加藤鐐造《りようぞう》の伸び悩みに助けられたこともあった。この時投票率は八一・二八％、当日の有権者数は三八万六一二九人と記録されている。

この選挙で前職の右派社会党所属の加藤鐐造と自由党所属の岡本利右衛門《りえもん》が落選の憂き目にあう。自由党は既に平野三郎が当選しており、二人目を当選させる力はなかったのである。

また加藤の落選は左右社会党の対立の深刻化と保守再編の動きが出始めた頃でもあり、左右社会党が統一の方向で両派とも激しい駆け引きが始まっていた。その煽りを食った感が強い。

それで、弥三と同じく岐阜県恵那郡の出身で、治安維持法国家賠償要求同盟大阪府本部会長や大阪府会議員を務めた柳河瀬精《やながせただし》の『告発　戦後の特高官僚―反動潮流の源泉』（日本機関紙出版センター、二〇〇五年）によると、特高関係者を含め、いわゆる警察官僚から国会議員となった者は、実に五四名に上るという。

なかでも地方警察の特高課長経験者が多いのに気づく。そして、同じ特高課長でも、地方警察の特高課長ではなく、ひとつ格上とされた警視庁の特高課長に就いた弥三の位置は大きい。煩《はん》を厭《いと》わず、それを以下に書き出しておく。（　）は戦前の職名である。

- 大久保留次郎（警視庁特高課長）
- 増田甲子七（警保局図書課）
- 松浦栄（秋田県特高課長）
- 大村清一（警保局長）
- 鈴木直人（広島県特高課長）
- 岡田喜久治（警視庁外事課長兼特高課長）
- 青柳一郎（熊本県特高課長）
- 鈴木幹雄（警視庁特高部外事課長）
- 中村清（京都府特高課長）
- 西村直己（静岡県特高課警部）
- 館哲二（内務次官）
- 町村金五（警保局長）
- 池田清（警視庁外事課長・警視総監）

・今松治郎（警保局長）
・大麻唯男（警保局外事課長）
・岡田忠彦（警保局長）
・岡本茂（新潟県特高課長）
・河原田稼吉（保安課長、内務大臣）
・菅太郎（福井県外事課長兼特高課長）
・薄田美朝（大阪府特高課警部・警視総監）
・田子一民（警保局保安課長兼図書課長）
・館林三喜男（警保局事務官活動写真フィルム検閲係主任）
・富田健治（警保局長）
・灘尾弘吉（内務次官）
・丹羽喬四郎（京都府特高課長）
・古井喜実（警保局長）
・山崎巌（警保局長）
・吉江勝保（滋賀県特高課長）
・相川勝六（警保局保安課長）
・雪沢千代治（兵庫県外事課長）

・橋本清吉（警保局長）
・保岡武久（大阪府特高課長）
・伊能芳雄（警視庁特高課長）
・大達茂雄（内務大臣）
・後藤文夫（警保局長）
・寺本広作（青森県特高課長）
・広瀬久忠（内務次官）
・大坪保雄（警保局図書課長）
・岡崎英城（警視庁特高部長）
・唐沢俊樹（警保局長）
・纐纈弥三（警視庁特高課長）
・亀山孝一（山口県特高課長）
・川崎末五郎（警保局図書課長）
・高村坂彦（鳥取県特高課長）
・重成格（警保局検閲課長）
・増原恵吉（和歌山県特高課長）
・桜井三郎（警保局事務官ローマ駐在官）

・湯沢三千男（内務大臣）
・安井誠一郎（神奈川県外事課長）
・奥野誠亮（鹿児島県特高課長）
・古屋亨（岩手県特高課長）
・金井元彦（警保局検閲課長）
・原文兵衛（鹿児島県特高課長）
・川合武（長野県特高課長）

現職の強み

一度当選すると、やはり現職は有利となる。党からの信頼と期待、そして知名度の向上など条件が整うからだ。弥三も現職の有利さを肌で感じたのであろう。

一九五八（昭和三三）年五月二二日施行の第二八回衆議院議員総選挙でも、弥三は三位につけ、二回目の当選を勝ち取る。得票数は五万九五四八票（得票率一七・八％）であった。

弥三は一九五五（昭和三〇）年一一月に結党されていた自由民主党に籍を置いたが、今回の選挙では自由民主党（自民党）から平野三郎、纐纈弥三、牧野良三の三名が出馬する。

定数四議席のなかで三議席確保を意図したのである。そこで割を食ったのは前職の牧野良三であった。この時、自民党二議席（平野と纐纈）、残りの二議席を加藤鐐造と楯兼次郎という、自民党結党前の一九五五年一〇月に合同結党した社会党の二人が議席を獲得した。岐阜県でも、自民党と社会党の保革伯仲状態が早くも始まっていたのである。

この選挙における、有権者総数は、四〇万五一四二名、投票率八三・〇八％と高水準を保持していた。次いで、第二九回衆議院総選挙が、一九六〇（昭和三五）年一一月二〇日に施行された。

自民党の新人であった前田義雄が六万九二三六票を獲得し、一躍トップ当選を果たして話題をさらった。その影響もあったのか、弥三はこの時、五万四〇四三票で最下位当選。次点の平野三郎とわずか二〇〇〇票ほどの票差であった。

そして、弥三の最後の選挙となったのが、一九六三（昭和三八）年一一月二一日施行の第三〇回衆議院議員総選挙であった。この時も美濃加茂市の初代市長を務めた四五歳の新人渡辺栄一が自由民主党から出馬。六万九七六票を獲得。弥三は、五万四八六一票で三位につけた。

トップ当選の渡辺から三位当選の弥三まで自民党の独占であった。最後の四議席目に楯兼次郎が入り、元職の前田義雄（自民党）と平野三郎（無所属）が、落選の涙を飲んだ。この時の投票率は、八六・八八％に達している。

第八章　戦前期日本への回帰

1　紀元節復活の背景

国会で何を語ったのか

弥三は、一九五五年二月二七日施行の第二七回衆議院総選挙で初当選以来四期にわたり、衆議院議員を務めることになった。

第二期は一九五八年五月二二日から、第三期は一九六〇年一一月二〇日から、第四期が一九六三年一一月二一日からである。衆議院選挙の施行回数からすれば、第二七、二八、二九、三〇期となる。

以下、インターネットで「纐纈弥三　衆議院議員の実績　国会議員白書」で検索すると出席回数、発言回数、発言内容などすべて詳細に記録されている。そこから、弥三の国会での動向を追っておきたい。

弥三は衆議院本会議での発言は決して多いとは言えない回数であった。すなわち、衆議院在籍時通算で七回（第二七期＝〇回、第二八期＝三回、第二九期＝四回）に留まった。もちろん、多数の衆議院議員がいる中であるから、本会議での発言の機会が与えられることも決して多くはない。

国会議員は必ず何れかの委員会に所属することになるが、弥三は「在籍期別委員会出席・発言数」の記録によると、衆議院在籍時通算で五五二回の出席、委員長代理など幹部として通算二三三回の出席、発言回数は一四九回とある。

因みに、弥三が所属した委員会は、地方行政委員会、内閣委員会、予算委員会、科学技術振興対策特別委員会、文教委員会、災害対策特別委員会、補助金等の整理に関する特別委員会、大蔵委員会、社会労働委員会、逓信委員会、建設委員会、公職選挙法改正に関する調査特別委員会、災害地対策特別委員会、農林水産委員会、商工委員会、オリンピック東京大会準備促進特別委員会、法務委員会、決算委員会、石炭対策特別委員会である。

国会議員時代と思われる纐纈弥三

このうち、最も多く出席したのは地方行政委員会の三五三回、次いで内閣委員会の九七回、三番目に予算委員会の二八回である。また、発言回数別でみると、最多は六四回の地方行政委員会、次いで四八回の大蔵委員会であった。

以下、弥三の発言として取り上げるのは、内閣委員会である。そこでの発言回数は八回となっている。九七回出席して八回の発言だから、割合で言えば多くはない。しかし、弥三の歴史認識などが表出した機会としては、本書にとり重要で無視できない発言が記録されている。

また、議会や政府の役職については、第二八期に地方行政委員長代理、第二九期に文部政務次官、地方行政委員長代理、大蔵政務次官、第三〇期に大蔵政務次官、科学技術政務次官、科学技術振興対策特別委員会動力炉開発に関する小委員長代理を歴任している。

紀元節復活を強調

ここでは国会議員となった弥三の国会での発言録を追っていく[145]。

内務官僚出身の国会議員は実に多かったが、その一人として弥三の発言録から、何が浮かんでくるのであろうか。

少し長い引用となるが、弥三の戦後思想を知る上では不可欠なので辛抱願いたい。

先ずは、一九五七（昭和三二）年五月一三日開催の第二六回衆議院内閣委員会での発言である。

最初は、紀元節復活の是非をめぐる弥三と受田《うけだ》新吉《しんきち》委員との丁々発止の論戦である。出典は、『第二六回国会衆議院　内閣委員会議事録　第三九号』（一～一八頁）である。

同内閣委員会（相川勝六《あいかわかつろく》委員長）のメンバーには、理事として保科善次郎（元海軍中将）、辻政信

（元陸軍大佐）、真崎勝次《まさきかつじ》（元海軍少将）ら旧軍出身者や、委員長の相川勝六をはじめ、纐纈弥三、薄田美朝《すすきだよしとも》、町村金五《きんご》ら内務官僚出身者が目立った。

同委員会に弥三はじめ、三七名が「国民の祝日に関する法律の一部を改正する法律案」（衆法第一号）を提出していた。

本案提出者の中心を担った弥三は、同内閣委員会で受田委員から極めて的を射た質問を浴びることになる。

若干の要約を加えながら、しばらく弥三と受田の質疑応答を紹介してみよう。

同委員会当日は、間に大村清一《せいいち》、稲村隆一《りゅういち》、北昤吉《れいきち》、斎藤正、滝本拝彦《おがひこ》らの委員の発言もあるが、議事録で見ると一頁から一六頁に亘り、ほとんどが弥三と受田の論戦の格好となっている。弥三の国会における発言でも最も長く、意気込んでの論戦であった。

受田は、当時日本社会党衆議院議員で青年学校長、中学校校長、山口県教職員組合副委員長を経て

145　弥三は、国会の場以外でも紀元節問題に絡めて、いくつかの論稿を残しているが、二つだけ挙げておく。纐纈彌三「聞捨てならぬ皇居解放論」（経済時代社編『経済時代』第二四巻第六号、一九五九年六月、二一五～二一六頁）、「紀元節の復活を提唱す」（『新政界』第二巻第五号、一九五六年五月、七四～八〇頁）。

政界入りした。

最初は無所属として議員活動を開始、その後日本社会党に入党し、社会党の左右分裂以後民社党の結党に参画。一九六〇年一一月の第二九回衆議院総選挙から民社党公認で出馬する。党中央執行委員や国会議員団長に就くなど民社党の中堅議員として活躍した人物で、自他とも認める「大衆政治家」と鳴らした。

選挙上手としても知られた受田は、通算で当選一二回を誇る。瀬戸内海に浮かぶ周防《すおう》大島（山口県大島郡大島町、現在の周防大島町）出身の議員として名を馳せた実力者であった。

受田の質問は、一貫して紀元節の復活を目的とする本案の主旨に懐疑的な姿勢を見せる。それが戦後歩き出したばかりの民主主義の発展に阻害要因となり、軍国主義や侵略主義を再び肯定するばかりか、憲法改正にまで繋がっていく恐れを率直に表明する。

先ずは、受田委員の質問である。冒頭質問でもあるためか、言い回しは穏やかである。


「顧みれば、この新しい祝日を作りましてちょうど十年の歳月がけみせられておりますが、あの当時を振り返ってみますと、終戦後の混乱の中で国民の落ちついた気持を取り戻すために、何とかして感覚を新たにしたお祝い日を作ろうじゃないかという世論が巻き起り、革新政権の片山内閣の当時に話題が提供されまして、社民連立内閣の芦田内閣においてこれが実を結んだという、これはいわく因縁《いんねん》の深いお祝い日であります。

ところが当時からちょうど十年たった今日の日本の祝祭日を再検討してみますと、新しい問題が起っておる。それはたとえば九つの祝祭日のうちに、文化の日とかあるいは勤労感謝の日とか、何だか国民の祝日としては文化性があり過ぎて、少しさばけ過ぎた名称のお祝い日じゃないかという声が国民の一部にあります。

また成人の日を作り、子供の日を作っておる以上は、当然母の日や年寄りの日も作るべきではないかという国民の声もある。その他クリスマスとかあるいはメーデーとかいう、いわゆる民間行事として高く評価されているものの取扱いをどうしたらいいかという世論も起っておるわけです。日本の祝日全般についてこの際再検討を加えるという気持が、提案者の頭脳の中にはなかったのであるかどうか、まず御答弁をこいねがいたいのであります。[146]」

受田は、いきなり「二月一一日」の話を持ち出さず、決定済みの祝日日の意義を説きつつ、それとは異質の政治的思惑を秘めた「二月一一日」を差別化するために、こうした質問で入ったのであろう。

これに対して弥三は、次の如く答弁する。

146　『第二六回国会衆議院　内閣委員会議事録　第三九号』（一九五七年五月一三日、一頁）。

「ただいまのお説のように、いろいろ祝祭日につきましては再検討の要《よう》のあるものもあるのではないかというふうに、私どももちろん考えたわけでありますが、特に二月十一日の問題があの委員会において論点の中心となり、結局委員長の決に待つということで、占領軍の方との折衝をせられまして、バンス宗教課長との数回にわたる折衝の後に、ついに占領中は絶対にまかりならぬという命令的の強い言葉がありましたために、これはやむなく保留となったのでございます。

そこで御承知のようにサンフランシスコ講和条約が成立後独立をかち得たために、この問題が再燃して参りまして、国民の間において、この留保になった問題をぜひ取り上げて祝日に加えてもらいたいという世論が、非常に強くなって参ったわけであります。

また一面には、御承知のように、その後年々国民の奉祝大会というようなものも盛んになって参りまして、そうした民意を尊重するという意味におきまして、とりあえずあのときに留保となった問題をまず祝祭日に入れたい、こういうのが私ども提案者の考え方でございまして、もちろんほかの現行の九つの祝祭日に対しましても、もう少し検討をする必要があるであろうということは考えておったわけでありまするが、とりあえず二月十一日の問題を一つ解決したい、こういうつもりで提案したわけであります。[147]」


弥三は決して戦前への回帰を目指すものでもなく、また一部の右翼や軍国主義者に与《くみ》するのではなく、すべての日本国民が国家成立を祝うことの重要さを指摘していく。現在まで続く靖国思想の一例である。

質疑が進むにつれて、受田の舌鋒《ぜつぽう》は次第に鋭くなっていく。

これに反し、弥三の回答には深まりがなく、防戦一方の展開となった。軍国主義思想復活や憲法改正の可能性を否定してみせるが、どう見ても迫力不足は否めない。本来、無理のある説明の仕方だから深まりようがないのかも知れない。

鮮明となる戦前回帰志向

本案は「二月一一日」を指定する方向性のなかで議論されており、戦前の紀元節復活を目途《もくと》することは、最初から明らかであった。

占領期中に紀元節復活を止められていた経緯を明らかにしつつ、弥三は、「二月十一日の問題を一つ解決したい、こういうつもりで提案したわけであります。」[148]とその本音を最初から口にしている。

戦前の国体思想の復活こそが、弥三の宿願であったことが知れる。戦前期日本が強行した戦争の中身をまったく吟味していない皮相な発言である。その基調は、以後における受田の質問への応答でも

147　同右。
148　前掲『第二六回国会衆議院　内閣委員会議事録　第三九号』(一頁)。

変わることがなかった。

それは以下の質問内容であった。それどころか弥三は、次の内容を敢えてする。

それは、質問者の受田委員の立場を意識しつつ、「社会党の幹部の方にも執行部から御相談申し上げたのでありますが、結局私どもの判断では、全然考え方が違っております。」[149]と婉曲《えんきょく》ながら、本案の施行に反対姿勢を貫く社会党を批判する。

弥三がかつて弾圧の矛先を向けていた日本共産党がまだ力を取り戻していない状況下では、弥三にとっては日本社会党への警戒心を吐露せざるを得なかったようである。

それで、受田から「二月一一日」の根拠を繰り返し質問されて、弥三は「もちろん歴史の点からいきまして、いろいろの疑義はあるでありましょうが、私どもは少くとも日本の正史として伝えられて参りました日本書紀にはっきりとその日が出ている。」と説明に躍起である。

そして、「これをやはり一つの根拠としてこの日を祝日にしたい。」[150]と、神話の世界を根拠として同日指定の説明を行っている。

続けて、「私どもは少くとも二千六百年の間日本の歴史というものを尊重してきました国民感情というもので、国民の間にそういう古い歴史を持っているということこそが、やはり民族の発展の一つの誇りであり、またどこの国を見ましても、国の歴史を尊ぶということが国の発展の上に非常に大きな寄与をいたしておる」[151]とする。

後日、紀元節復活の動きが盛んになるなかでも繰り返された極めて復古主義的な歴史観を述べる。

神話の世界に埋没

さらに、「神武《じんむ》天皇が天の子として大和に都をお作りになって、当時としてはあるいは部分的であったかもしれぬけれども、近代国家から見て一つの国の形というものができてきたというふうに私どもは見ておるわけであります。」と神武天皇が神話の天皇ではなく、実在する天皇という前提で堂々と皇国史観を口にする。

弥三にとって神武天皇は実在の天皇であった。日本は天皇＝神の国だと確信することは戦後、新憲法が制定された以後も不変であったようだ。

例えば、新憲法施行の翌年一九四八（昭和二三）年二月一一日の日記の冒頭に「今日は紀元節だ」（同日の項）と晴れがましい心情を書きつけている。

先程の続きの答弁でも、「今日の日本の国の初めとすることは、必ずしも、私は無理でなく、むしろ自然ではないかと考えておるわけであります。」と付け加える。

149　同右（二一頁）。
150　同右。
151　同右。

続けて、「やはり神武天皇が御即位になったそのほんとうの趣旨というものが平和主義であり民主主義であるというようなことが、誤まり伝えられてきたことに非常に疑念を起しておるわけであります。」（傍点引用者）とまで。

神武天皇を実在の天皇であるばかりか、さらに神武天皇が民主主義者であり平和主義者であったと言う。

神話の天皇である神武天皇の〝御即位〟の趣旨なるものが、平和主義や民主主義の実現を企画するものという虚構すら堂々と口にする。

この次元で、ほとんど質疑応答を成立させる世界ではなくなっていく。弥三の発言に示されたような、これほど神話の世界に埋没する言辞を繰り返す答弁を探すのは容易ではない。

さすがにここに至っては、受田委員は次のような発言をせざるを得ない。

それは、「この二月十一日にも全国的な紀元節の奉祝祭が各地で行われておるのでありまして、その奉祝をされた主催者はやはり神社関係で、ある特定の神社の前に集まられた方々がいわゆる右翼の部類に属せられる方々であった。[152]」と弥三の提案が紀元節復活以外のなにものでもない、と正面から批判する。

そして、「郷友会《きょうゆうかい》―昔の在郷軍人会の中には、昔の軍服を召して胸にさんぜんたる勲章をつけて出た人もあるやに伝え聞いておるのであります。そういうようなことになると、紀元節というとこれは、古めかしい昔をしのび慕う人々の祝う式だというようなことにもなるし、また天皇中心主義の思想を復活するような儀式にもなるという印象を与えるわけなんです。[153]」（傍点引用者）と発言する。

非常に説得力があり、勘所を突いた発言である。

弥三の、言うならば皇国史観にどっぷり浸かった古色蒼然《こしょくそうぜん》たる答弁の軽佻《けいちょう》ぶりが浮き彫りにされている。

弥三によって示されたこの皇国史観には、天皇制を国体とし、「神国日本」の誤ったイデオロギーの縛りのなかで、戦争に突っ込んでしまった戦前期日本の在り様への真摯な反省が見事なまでに欠落しているのだ。

もちろん、それは弥三という政治家一人の問題ではないであろう。戦前の権力者の多くに露呈されていく、言わば皇国史観や国体思想の表明であった。

そうした史観の持ち主が有力保守党、政権政党の党員として、一九五〇年代初頭から、後に紀元節の復活として成立する「建国記念の日」（一九六六年制定）の法制化の先頭に立つことになる。

152　同右（四頁）。
153　同右。

戦前イデオロギーの呪縛

もう少し、弥三と受田委員との論戦を追ってみよう。

受田委員は憲法改正との関連性についても、以下のような危惧《きぐ》を表明している。

すなわち、「また憲法を改正して天皇の地位を高めようと考えておられる政府与党の方針と、この紀元節復活とが一致したような形に印象せられては困るので、それとは別なんだ、憲法改正とは違うのだという形で、この提案をされていなければ、これは国民が納得しないのです。それはいかがですか。」[154]と畳み込む。

弥三は、「私どもは、これは憲法改正とからんでいるなどとは、全然考えておらないのであります。」[155]と答えるのが精一杯であった。

そもそも弥三が新憲法を如何に受け止めていたか定かではないが、政教分離を謳う新憲法と、弥三が中心となって提出した法案は、真っ向から対立するものであることは言うまでもない。

憲法改正との絡みは否定せざる得ないことが新憲法を理解したうえのことか、それとは別次元で提案に及んだのかも明らかでないが、政教分離が、戦前期の過酷な宗教弾圧の史実を踏まえて教訓化されたことを、弥三が知らない訳はなかった。

実態は、国体護持や神国日本というイデオロギーへの呪縛《じゅばく》から解放されていなかったからであろう。そうした弥三の見解を受田は、正面から批判していく。換言すれば、教育的批判と言える内容であった。

戦後になっても、基本的に祭政一致の原理を肯定する弥三の答弁を、到底受け入れることはできなかったのである。

すなわち、受田は「近世の祝日大祭日の制度を見たときに、日本の置かれている政治的な性格は神を中心とした政治である、祭政一致、政治は常に神を祭ることにあるというところに問題があった、かように私は考えるのでございますが、先生もそうお考えでございましょうか。[156]」と問いかける。

弥三は、「祭政一致の問題は、神武天皇御即位のときの詔勅にも、やはり天《あま》つ神のいつくしみにこたえんというような言葉が出ておりまして、やはり神を中心として祭政一致のまつりごとがずっと続けられてきた。その国柄が、ああいうふうに明治以後において日本の歴史を尊重する意味におきましても、そういうことになったのでございましょう。[157]」と婉曲な表現ながら肯定する。

つまり、弥三にとって「祭政一致」とは、実在の天皇と捉える神武天皇即位以来の、まさに「国

154　同右（六頁）。
155　同右（七頁）。
156　同右（一〇頁）。
157　同右（一一頁）。

柄」であって新憲法下においても、それは不変である、という考えを述べているのである。

憲法を超越するものとして、天皇の存在と天皇制という名の国体を固く信じて疑わない。

当然ながら受田は、「あまりに神格化してこれを非常なユートピアの世界のような考え方に後世が指導していくということは、誤りだと思うのです。やはり神としてあげてあっても、神も人間であってそうもあるのだ、あやまちもあったのだ、だからこそあやまちを犯し、まことに罪汚れを払いたまうという意味で祝詞《のりと》ができているということを考えたならば、あまりにも古代の神格化を強調することは、これは現実の日本の国としては時代逆行の傾向があると思うのです。[158]」（傍点引用者）と弥三を諭すような発言ぶりだ。

受田の説諭

さらに受田は続ける。

「強制的に個人の自由意思に反してある方向へ無理やりに気持を押しつけていくという政治的な策謀も実を結ぶような結果になった、それが戦争へ発展し、敗戦にも導かれたということを考えざるを得ません。だからこの祝日ということで国全体をあげて祝い感謝し記念するのには、どうしても国民全体が納得して、その背景にはある政治的意図が全然ないように仕向けたものでなければならぬということが、結論として生まれるのではないでしょうか。」と。至極もっともな言い回しである。

だがそれでも弥三は、これに対抗する言説で切り返そうとする。

すなわち、「戦争で死なれたみたまを靖国神社に祭るというようなことも、これは日本の古来からの風習であって、何も明治時代になってから特にそういう神様を中心にするような私は政治的な意図でもってそういうことをやったのでなしに、これは日本の昔からのならわし」[159]であると譲らない。

さらには、「しかもその神に祭られた人は、必ずいろいろの点においては、これは人間ですから欠点もあったでございましょうが、非常にこの人の功績というものをたたえて、これがやはり祖先を崇敬する、同時にまた日本の古い歴史をとうとぶ、これは日本の国民の民俗性なんです。」[160]と。

この二人の必ずしも論戦にならない論戦は、敢えて言えば平行線を辿る。言うならばトートロジーの世界に入っていく。

もちろん、そこには弥三自身の応答能力の問題も介在しているかもしれない。だが、新しい時代の新しい思想を摂取しながら、これからの日本の在り方を真剣に問おうとしている受田との乖離は明らかになる一方だ。このことは、二人の天皇観にも及ぶ。

158　同右。
159　同右。
160　同右。

天皇の神格化をめぐって

受田の質問が続く。

これも少し長いが煩を厭わず引用する。とくに天皇及び天皇制をめぐる二人の質疑にも着目しておきたい。

弥三にとって、表向きの変容ぶりはあっても、中身の天皇及び天皇制は、戦前と何ら変わっていないのだ、とする強弁ぶりが続く。

受田は言う。「お話が余談になりましたけれども、私どもは神格化された皇室、神格化された国家というものの中には、偏向された思想と背景がひそんでおる。政府の方々や与党の方々の中には、日教組の教育の偏向性をとなえておられる方々がおられますけれども、そうした神格化された皇室を考え、あるいは神格化された国家を考えるということが偏向であって、あらゆる観点からわれわれは片寄らざる中正の教育をこいねがい、そういう国家をこいねがっておる」[161]と。

受田は、戦後における新憲法体制下にあって、天皇の神格化こそ偏向性に富むものであって、平和主義や民主主義の実現を目標とする日教組を偏向していると批判するのは、御門《おかど》違いだと難ずる。

続けて言う。「そういう意味から、紀元節すなわち建国の記念日を作ることについては、特に慎重を期していかなければならぬと思うのです。私今申し上げました日本の皇室を極端に神格化するよりは、むしろ平民的に見て、同じく人間としての行為、人間としての思想、そういうものに束縛のない、全くさばけた形で皇室と国民をつないでいくという形の政府というものを纐纈先生はお考えでないでしょうか。これを一つお答え願いたい。[162]」と迫る。

弥三は答える。

「国民はすでに戦後十数年たって、そういうふうに訓練されてきているわけでありまするから、ここでそうしたような復古調というものが出る心配は毛頭ない、どうもそういう心配をなされることはあまり思い過ぎであり、同時に日本国民を信用されない結果ではないかと思うのでありますが、私どもはやはり陛下もいわゆるあらひと神として神格化されるようなことのないように、人間としてほんとうに少しでも、もっともっと国民と接触されまして、ほんとうに一般国民と同じような気持になっていただくべきだと思う。[163]」と。

そして相変わらず神武天皇の即位という、弥三が信じて疑わない事例を引き合いにだしながら、「ただその日に即位されたのが神武天皇であるのですから、そこに結びつけられるのでありましょうけれども、私は紀元を、国の初めを祝うということについては、天皇制も、軍国主義も、侵略主義

161　同右（一二三頁）。
162　同右。
163　同右。

も、全然そこにはない。紀元をお祝いするという言葉はそのまますなおに一つ受け取ってもらいたい、こういうふうに考えておるのであります。[164]」と答える。

そこには言うところの政治的偏向やイデオロギーとは無縁であり、ましてや軍国主義や侵略主義もまったく介在していない、とする持論を繰り返す。

弥三の思いが何処にあれ、実態としては、こうした法案が成立した暁には、いわゆる復古的かつ反動的な動きに拍車がかかることは、どの時代にも必至となる。

如何なる立場に身を置こうとも、起こり得る事態をも想定しつつ発言をするのが、国民に責任を果たすべき政治家の公明正大な立ち位置であるはずである。

そのことを踏まえて、受田は、「しかしそのごく一部にある、どの一角かに小さくうずくまっている勢力が、紀元、建国記念日ができたことを契機にして、わが世の春をうたうがごとくに、その一角が、ちょうどあのばい菌がだんだん分裂してふえていくがごとくに、ほうはいとした燎原《りょうげん》の炎と化するおそれを私は案じておるのです。[165]」と説明する。

確かに受田は、紀元節復活に反対の立場である。

しかし、ただ反対だけでなく、国民生活に混乱と不安を招きかねない事態をも含みこんでの説得であった。

それをさらに分かり易く具体事例まで持ち出して、何度も諭していく。

すなわち、「これは人間の思想というものは自由ということでありますけれども、動あれば反動ありで、こうした時世に紀元節ができた、ああいいことだとわが世の春をたたえるごとく、この人々が動くことは、この間のメーデーの日にメーデー反対の一団がメーデーの大会場に乗り込んで、ちょっとした紛争を起したことを纐纈先生御存じないかと思うのです。[166]」と。

2 拍車かかる戦前回帰志向

憲法改正問題

弥三の国会発言から浮かぶのは、戦前回帰志向が極めて鮮明であることである。それは憲法改正問題や既述の発言をも含め、復古主義的な認識が発言に表われている。

弥三が提案した法案の根底に憲法改正の意図が潜んでいるのではないか、と危惧の念を抱く受田は、この問題について弥三を問い詰める。実に明快な発言である。

164 同右。
165 同右（一四頁）。
166 同右。

「私はこのあとに続くものとして、憲法改正という問題がひそんでいることを否定できません。この憲法改正には、当然天皇の御地位を国の元首として復活するという意思のあることは、岸総理も言明しておられることです。

国の元首として天皇の御地位を復活させるということになるならば、おそらく国際的に見て、日本の国を代表するいろいろな儀礼的な行為に、天皇の行為に権威を持たせるということになるでしょうし、同時に政治的な責任の衝《しょう》に立たされる羽目に陥らせられるだろうし、天皇の国事項が一そう強化される形になるでございましょうし、残念でございますが、天皇神聖に一歩近づくおそれがある。[167]」

さらに加えて言う。「同時に憲法の規定を変えて、軍隊を堂々と持てる形にもこれが発展するということになると、ちょうどこれは極右団体の得《え》たり賢《かしこ》しと待望している一点でございますので、紀元節復活を喜んだ人たちに所を得しめるという結果にもなると思うのでございます。憲法改正を意図しておられる政党の一員としての纐纈先生の御見解をただしたいと思います。[168]」と。

当時の岸信介政権が、本来憲法改正論者でもあったことから、当該期はいわば憲法改正の気運が与党内とその周辺で強くなりつつあった時代でもあった。

そうした空気を象徴するように、憲法記念日を祝う行事を取りやめる事態も起きていた。

それに触れて、受田の「憲法記念日を政府与党が奉祝する行事をやめられたということは、これは将来憲法を改正されることを前提としてやめられたと世に批判をしておりますが、さようでございますか。[169]」との問いに、弥三は、「まことに残念でありますが、私はそうしたいきさつについては全然承知をいたしておりません。[170]」と答えるばかりだった。

自民党員でありながら、憲法奉祝の行事の有無について与《あずか》り知らないと答える弥三の姿勢は理解できない。ただ、正式に聞き及んでいないと言うのみであった。

受田がここで拘っているのは、憲法記念日を蔑《ないがし》ろにする一方で、紀元節復活を意図する法案が提出される事態の深刻さである。新憲法が改正される可能性を読み取ってのことである。

それで受田は、「国民に憲法の普及徹底をはかり、周知徹底をはかる形式的な仕事だけでも相当な影響力があるのですから、わずかな予算で仕事ができるのです。それすらもやらなかったというところに、私は憲法軽視の魂胆《こんたん》を発見せざるを得ません。[171]」と憤慨《ふんがい》して見せる。

167 同右。
168 同右。
169 同右。
170 同右。

そして弥三を含めた法案提出者たちへの総批判として、「提出者でいらっしゃる先生たちの御意見を伺いましても、祝日とは言うてもどうせ改正しようとしておるのだから、あまりこれを祝うと憲法に賛成したようでへんに思われるからというような、大へんな浅はかなお気持でやられたのではたまらぬです。もっと政治をまじめに考える必要があるのじゃないでしょうか。[172]」と痛烈な言葉を発する。

これに対して、弥三は「私どもはこの法案をなるべく早く通していただきたいと考えておったわけなんです。そこで憲法発布の祝日までには通ることかと実は思っておったのですから、そういうことを十分にやっておらなかったことは、あるいは軽率のそしりがあったかと思いますが、そういう気持で私どもは憲法記念日の問題を取り扱っておったわけであります。率直に申し上げます。」と抗弁する。

弥三の答弁は、敢えて言えば非常に安直な内容である。

成熟した議論を想定せず、しかも新憲法と著しく反する内容の法案が、無事に通過するとの判断をしていたのである。期待感からも、そのような思いであったろう。

しかし、明らかに憲法に抵触する法案を、岸政権下であったとしても、深い議論を経由せずに通過させることが可能とする判断は、一国会議員としての驕《おご》りと批判されても仕方あるまい。

その点に関連して、受田は鋭く批判する。

すなわち、「きわめてずるいお考えです。憲法記念日までには通るからというようなことではいよいよもってずるいですよ。私はこの法案の審査に応ずるのが非常に不愉快になったのです。[173]」と、先ず不満の心情を吐露する。

そして、「憲法の記念日は一応できている。その方は歴史的な十周年さえもしない。しかも憲法記念日までにこの法案は通るだろうという逃避的なお考えを提案者から伺った以上は、この質問を続行することは、はなはだ不満足なんでございます。[174]」と怒りを露わにする。

しかしながら、弥三には、この受田の怒りが、どうも伝わっていかないようである。それは、次の弥三の答弁に表れている。

すなわち、「私どもは最初から申し上げているように、この紀元節の問題は憲法改正とは何も結びつけて考えていないのです。そういうこともありましたのですから、こういう事態になったことは、私ども予想いたしておらなかったのです。[175]」と相変わらず、受田の問題提起を正面から受け取ろうとしない。

それればかりか、「ずるい考え方ではなく、まことにまじめに考えて、この問題を憲法の改正と結びつ

171　同右（一八頁）。
172　同右。
173　同右。
174　同右。
175　同右。

けるというような考えがかえってずるい考えであったかと思いますが、そういう考え方を持たずにこの問題を私は扱ってきております。今日も私はそのつもりでおります。[176]」と意に介さない姿勢を見せる。

こうして受田と弥三の質疑応答は、最後まで嚙み合わない。それどころか、弥三は受田の発言の真意を真摯に汲み取ろうとせず、自らの立場のみを一方的に述べるに終始していたのである。

正面から受け止めることで論破されることを警戒したのか、受田の発言主旨を理解できなかったのか、また、自らの信じる判断に忠実たろうと徹底しようとしたのか、の何れかであろう。

しかし、少しばかり長いやり取りを引用紹介したが、これを通じて看て取れるのは、弥三の硬直した思考パターンと、そもそもコミニュケーションへの関心の欠如であった。

双方向的な議論の積み重ねの中で、あるべき未来を構想し、実践していくべき民主主義の基本原則が、長い官僚生活のなかでは身につかなかったと捉えれば、それはそれで合点は行く。

だが、今は上意下達を原則とする官僚ではなく、国民の声を吸い上げ、それを国政の場でしっかり反映させることが、国会議員の使命であるはず。

残念ながら、その国会議員としての立場を意に介さず、戦前期の天皇制官僚としての自らの出自に囚われ、時代が大きく変容しようとしていることに無頓着なのである。

こうしたスタンスを頑《かたく》なに抱き続ける国会議員が保守系議員の多くに見られることは、実は現在にまで続いている。そうした典型事例を、この弥三の答弁のなかに見出してしまう。

国民の祝日を議論

ここに示された弥三の極めて復古主義的な歴史観念は、一九五八（昭和三三）年二月二八日に開催された第二八回衆議院内閣委員会の席でも繰り返された。

これも少し引用しておく。出典は、『第二八回国会衆議院　内閣委員会議事録　第七号』（一～一九頁）である。

先ず、「国民の祝日に関する法律の一部を改正する法律案」を議題とする淡谷悠蔵《あわやゆうぞう》との論戦を追ってみよう。

淡谷は、かつて武者小路《むしゃのこうじ》実篤《さねあつ》の「新しき村」運動に共鳴して、その青森支部を結成。社会主義への同調者として、特高から監視されるところとなり、三・一五事件で検挙された体験を持つ。中野正《せい》剛《ごう》らと日中平和を唱えて運動を展開。戦後は日本社会党青森県支部連合会結成に参加。一九四六年には青森県連合会会長も務めた。

しかし、戦前期中野正剛らと一緒に東亜連盟に参画していたことが理由となって公職追放の身となる。追放解除後、一九五二年一〇月一日実施の第二五回衆議院総選挙で社会党の公認候補として初当

176　同右。

選を果たす。

一九六一年二月の予算委員会の席上、所得倍増計画で一躍注目された池田勇人《はやと》首相に、「農民にも所得倍増はあり得るのか」と質問し、首相を絶句させた、との逸話の持ち主でもある。

淡谷は三・一五事件で検挙され、弥三はその事件で指揮を執ったことから、二人の論戦は、その意味でも注目される。

これより後の逸話も紹介すれば、この淡谷は成田空港問題（三里塚闘争）が起きた折、三里塚新空港反対闘争会議議長・社会党新空港反対特別委員長を務め、一方の弥三は晩年、一九六七年二月から一九七四年七月まで、強制代執行まで強行して開港した新東京国際空港公団の監事を務めた。

少なからぬ因縁のある二人だが、そのやり取りを紹介しておきたい。

先ず、淡谷が、「建国の日を制定することで、国民の中にいろいろな意見の対立を生じ、抗争が起こるということは、私は好ましくないと申し上げている。この二月十一日の紀元節を復活させることに、すでに世論の中に一つの反対の風潮が強く出て参って、この一年間非常に変わってきている。[177]」との情勢分析を踏まえたうえで、紀元節復活を説く議論に触れて、紀元節の復活は日本書紀に基づいたという提案理由に関し、その根拠を問う。これに対して、弥三は次のように答えている。

「日本書紀は、御承知のように、皇室が命じて編さんさせました、いわゆる日本としての正史として長く伝えられてきたものでございます。……

私どもといたしましては千三百年以上の長い間正史として伝えてきました日本書紀というものは、日本の歴史として私どもは尊重していくべきものだというふうに見ておるわけであります。[178]」

弥三の歴史観念が、ここに集約されている。

淡谷は、弥三が言う虚構の歴史を根拠として祝日を決定する、言わば歴史否定主義の不当性を正面から突く。同時に紀元節の設定に、客観的な歴史研究の蓄積を踏まえて反対する和歌森太郎《わかもりたろう》、林屋辰三郎《たつさぶろう》、遠山茂樹、野原四郎などの見解をも踏まえた議論を展開しているのに対しても、弥三はこれを受け付けず、頑なに自説を繰り返すのみであった。

すなわち、弥三は「学者が日本の歴史をいろいろの見地から研究され、異論がありますことについては、私どもその研究をされたことについては大いに敬意を表するものでございます。しかし、そういう学者の皆様方の研究されたことがすべて定説であって、日本書紀がすべてでたらめだというふうな説をとられることにつきましては、私は異論があるわけであります。[179]」と譲らない。

177　『第二八回国会衆議院　内閣委員会議事録　第七号』（六頁）。
178　同右。
179　同右（七頁）。

結局ここでも堂々巡りに終始した議論の応酬であった。議論は淡谷委員が冷静に筋だって質問を繰り返すが、纐纈委員は、エキサイティングな様子を呈する。例えば、次のような発言である。

「ちょっと淡谷委員は私の言ったことを誤解されておるようですが、私は日本の歴史はでたらめだと言った方々があるということを言ったのでありまして、学者が言ったわけではありませんが、そういうことを今の反対の方々が言っておられるということを申し上げたわけであります。[180]」

やや答弁が支離滅裂となり、意味が充分に通っていない。纐纈委員は、日本書紀の歴史事実が客観的かつ科学的でないと論ずる研究成果を認めようとしないのである。

つまり、津田左《そ》右《う》吉《きち》以来の日本書紀研究を否定するに等しい論を張り続けていたのである。これでは淡谷委員ならずとも、納得がいかないのは当然である。

淡谷委員からすれば、客観的かつ科学的根拠を踏まえたうえで国民の祝日を決定するならばまだしも、非科学的かつ皇国史観とも呼ぶべき歴史認識を根底に据えた歴史認識による祝日日の決定方針には、到底合点がいかなかったのである。

特高課長時代の経験を持ち出す

弥三が国会活動のなかで、戦前の特高官僚時代の経験を語ってみせたことがあった。普通ならば、前歴でも戦後の評価を受け止めた場合には自制するものと思われるが、弥三は次の答弁のなかで触れることになる。

それは一九五七年五月一四日、第二六回内閣委員会文教委員会連合審査会でのやり取りのなかでの発言である。出典は、『第二六回国会衆議院　内閣委員会文教委員会連合審査会議事録　第一号』である。

ここでも紀元節の復活を策する纐纈委員らへの批判の論陣を張った一人である社会党の佐藤観次郎《かんじろう》が先ず質問に立つ。

佐藤委員は、戦前に『中央公論』編集長や中京新聞社取締役を務めたジャーナリスト出身の社会党議員である。

ジャーナリスト時代に、特高から監視を受けた体験にも触れる。議員歴は八期一九年に及び、「サトカン」の愛称で親しまれた国民にも人気のある政治家だった。その佐藤は以下の意見を表明する。

佐藤は、「なるほど紀元節は初期の目的において、いわゆるその制定の当時は必ずしも今小川さんが言われるように、軍国主義的なことではなかった、けれども御承知のように、戦争が始まる数年前からちょうど二月十一日ごろ一日を目ざして建国祭というものが盛んに行われました。この建国祭と

180　同右。

いうものは、御承知のごとく、ファッショの動きでありまして、当時右翼の人がこれを主催したわけであります。[181]」と述べ、紀元節が建国祭などの形をとってファシズム運動として戦争へと誘導していった戦前の歴史を教訓とすべきだと発言する。

佐藤委員は、さらに続ける。

「戦争の起る数年前から、二月十一日をその当時の軍国主義と結びつけて非常に国民を戦争の方にかり立てたということは事実だと思います。こういう点について、その当時相川さんもたしか警保局長か情報局長をやっておられましたが、それから纐纈さんも警視庁の特高課長をやり、民衆を圧迫するようなことをやっておられましたが、私どもはその当時は中公の編集長で発売禁止などを非常にやられました。

そういうようなことは、小川さんは関係ありませんけれども、それはその当時の政治的な情勢だから仕方がないといえば仕方がないけれども、どう考えても、相川さん、纐纈さんの顔を見ると、もう一度昔のようなことをやられるのじゃないかという感じがしてならないのであります。[182]」

紀元節を国民の祝日日とする提案者の一人であった纐纈委員の特高課長の前歴をも引き合いに出しながら警戒感を披瀝する。

ここで登場する「相川さん」とは、弥三の紀元節を巡る受田との論戦として紹介した委員会の相川勝六内閣委員会委員長のことである。前日の五月一三日に開催された内閣委員会の冒頭で登場している。相川は一九一九年に東京帝国大学法科大学卒業後に内務省入りし、一九二六年徳島県労務課長から警視庁刑事部長に就任。神奈川県警察部長などを歴任後、一九三四年に内務省警保局保安課長となり第二次大本教《おおもときょう》弾圧などを指導した人物である。

一九三七年、宮崎県知事時代に「八紘之基柱《あめのつちのもとはしら》」（現在は「平和の塔」と改名）建設を推進したことでも知られる。戦後、宮崎一区から衆議院議員となり当選八回を数え、厚生大臣など歴任した人物である。

佐藤委員は、今度は纐纈委員と小川委員を名指しして、その真意をただしている。以下の通りである。

「これは先日もラジオ討論会に纐纈さんと一緒にやりまして、個人的には私は非常に懇意でございますけれども、思想的にはどうしても受け入れられないような考え方があるわけであります。そこで小川さんは建国祭なんかについての何らかのお考えを持っておられると思うが、われわれは、

181　『第二六回国会衆議院　内閣委員会文教委員会連合審査会議事録　第一号』（一頁）。
182　同右。

最初のときの紀元節は決してそういう動機はなかったけれども、戦争に敗れる前に数年間ずっと建国祭というものが行われて、今もやはりその当時の残滓《ざんし》が残っておりまして、この間の二月十一日にもそういうようなことが行われたように考えております。

そういう点で、日本は今の憲法は平和憲法で、戦争をしないという憲法ができている以上、そういうような思想をもう一度植えつけることについては、われわれが反対をし、心配しなければならぬ点があるように思いますが、この点はどういうようにお考えになるのか、小川さん並びに纐纈さんに一つお願いをいたします。[183]」

ここで弥三と並んで名指しされた「小川さん」とは小川半次のことである。小川委員は、京都市議会議員、京都府議会議員を経て、一九四六年の第二二回衆議院議員総選挙に日本進歩党より出馬し、初当選。以後衆議院一〇回、参議院一回当選。改進党、日本民主党を経て保守合同で自由民主党に参加。所属派閥は岸派から福田派に所属した国会議員であり、弥三と似通った歴史観念の持ち主であった。

小川委員は衆議院の文化委員長として祝日法の制定に大きな役割を果たした。その後、一九六九年五月、岸信介を会長とする自主憲法制定国民会議の第一回大会開催時には国民運動本部長として出席した経歴がある。

小川委員と一緒に名指しされた纐纈委員は、次のように戦前の特高課長の職歴にも触れて反論を試みる。

「近ごろのいわゆる進歩的文化人というものは、戦争中には非常に戦争を謳歌した著書なんかちゃんとあるのです。そして今いわゆる進歩的文化人として相当思想的には変っております。私どもは当時はお役目で警視庁におったのでありますが、それは昭和二年から四年のころのことでございます。

佐藤先生は私の人柄は御存じだろうと思うのですが、私も筋金は通しておりますが、国の時世の進歩また国民の動向というようなものは十分に察知しつつ自分の行動をとっていこうと考えておるわけでございまして、紀元節は昔、戦争中そういうことがあったというようなことをしきりにおっしゃいますけれども、一部の人が利用されたことはあるいはあるかもしれませんが、今小川先生がおっしゃったように、紀元節それ自体というものは平和主義につながり民主主義につながる神武天皇の即位の御詔勅の趣旨にのっとって、そうして日本の古い歴史をたたえるために行なったものでありまするから、これは今佐藤先生がおっしゃるような、紀元節それ自体は絶対に軍国主義、侵略主義につながっておるものでないということを、私は確信いたしておるのであります。[184]」

183　同右。
184　同右（二一頁）。

弥三は、いわゆる「進歩的文化人」への不満をちらつかせつつ、相変わらず戦前の歴史事実を正面から見ようしない。

それどころか、紀元節自体あるいは神武天皇即位時の詔勅には平和主義が貫かれたものとする見解を改めて披瀝。神話を歴史事実と認定しつつ、恣意的な歴史解釈の上での答弁を重ねる。

特高課長時代に相当する「昭和二年から四年のころ」を念頭に据え置きながら、「私も筋金は通しておりますが、国の時世の進歩また国民の動向というようなものは十分に察知しつつ自分の行動をとっていこうと考えておるわけでございまして……」と答弁をする件《くだり》は、流石《さすが》意味深長である。

纐纈委員の言う「国民の動向」を「十分に察知」しつつ、自らの行動や紀元節を祝日日とする提案をしていこうとする答弁のなかに、旧内務官僚としての矜持《きょうじ》を披瀝しつつ、強面《こわもて》で威嚇的とも受け取られる答弁ぶりである。

この佐藤とのやりとりを通じても、弥三の歴史観念や国家観念は、戦後の保守政治家の多くがそうであったように、戦前の頭で戦後を思考しようとする呪縛から解放されないままであったと言えようか。

弥三は、後に自民党内の治安対策特別委員会に籍を置き、さらには文教部会長にも就任する。

これに触れて柳河瀬精は、『特高官僚　戦後の反動潮流の源泉』のなかで、「纐纈は自民党内の治安対策特別委員会にも籍をおきましたが、文教部会長にもなった文教族で文部行政にも口を突っ込んでいたのです。田中義男や、緒方信一が文部省の中枢にいた当時にも、特高官僚の先輩顔を利かせていたのではないではないでしょうか。[185]」と指摘している。

ここに登場する田中義男と緒方信一も共に特高官僚出身者で戦後文部次官を務め、国会議員となっている。

文部次官時代には、教員の政治活動を禁止した法律である「教育公務員特例法一部改正法」および「義務教育諸学校における教育の政治的中立の確保に関する臨時措置法」（いわゆる「教育二法」）制定に携わった人物である。一九五四年の吉田茂内閣の時であった。

ここで付記しておけば、戦前と戦後に亘り、弥三は二度叙勲を受けていることは既述の通りである。叙勲についても、先ほど引用した柳河瀬は、弥三が「三四年四月に日本共産党弾圧に功ありとして、特別に勲五等に叙せられ旭日双光章という勲章をもらっています。そして六五年一一月勲二等瑞《ずい》宝章《ほうしょう》をもらいました。[186]」と記す。

因みに、三・一五事件当時の内務大臣鈴木喜三郎は旭日桐花大綬章《きょくじつとうかだいじゅしょう》、内務省警保局長であった山岡萬之助は勲一等瑞宝章の叙勲を受けている。

叙勲が国体護持と発展に如何なる程度に貢献・寄与したかを計量する制度として設定されたとすれ

185　前掲『特高官僚　戦後の反動潮流の源泉』（七二頁）。
186　同右（七三頁）。

ば、弥三や鈴木・山岡ら日本共産党弾圧を指揮した官僚や政治家たちの位置を示す一つの指標となろう。

そして、もうひとつここで強調しておきたいことは、繰り返すが、これまで追ってきた国会議論のなかで、弥三発言のなかで色濃く浮かびあがってくる戦前回帰志向である。

弥三の発言からは国体思想を根底に据え置いた国家観念や歴史観念が、或る意味で意図的に、時には挑発的に語られている。それは、当該期の戦前期官僚出身や旧陸海軍出身の国会議員の多くに具現された語りだ。

そこには新しい戦後の出発を牽制《けんせい》するかの如く、戦後日本社会の展望には消極的である。むしろ、戦後日本を否定するに等しい言辞を繰り返し弄することで、戦前日本国家と戦前権力の再構築を目論んでいるかのように受け取れる。

そこにおいて戦前日本への回帰志向を、この時点で最もよく示しているのが、一連の弥三の言動であった。

3　新たな戦前の開始

復古主義的政治家

ここまで長々と引用を続けてしまったが、前節で追った弥三の国会答弁から、その政治姿勢や国家観念が復古主義や国粋主義に偏していたことが理解される。これは戦前期の官僚に押しなべて共通する観念や意識であったろう。それに内務官僚であったことも加味しておく必要もある。

ただ、明確に指摘可能なのは、こうした政治姿勢や観念・意識を頑迷にも保持していた旧官僚が戦後日本の保守政治の中枢部分に食い込んでいたことである。弥三の国会答弁でも明らかになったように、こうした極端な国家主義や復古主義の持ち主は、それゆえか、政治のリーダー的存在にはなれなかった。

しかし、こうした頑迷な保守政治家が日本の保守政治を背後から支え、時にはリベラルな動きをも牽制する役割を演じることになったのである。

そこで本章「1」「2」節では弥三の国会答弁を追ったが、本節では国会議員時代に公表した弥三の評論の幾つかを取り上げておきたい。

ここでも弥三は一貫して紀元節の復活を説く評論や講演を行っている。

例えば、「特集　日本人と紀元節」を組んだ『経済時代』に、「民族再建の一礎石に」と題する一文を寄せている。以下、その一部を引用しよう。

「日本の歴史を軽んじたあまり、もう一つ飛躍してしまって、神武天皇が橿原宮で即位されたのは事実でない。あの歴史はまるっきりの作りごとであるといいだし、神武天皇も架空の人物であるということにしてしまったんです。これはもちろん文字のないときのことですから、実際正確なことはいえないかもしれないが、しかし神話とか伝説は本当の国民感情というものが秘められていて、だから今日先進国でも神話とか伝説などが尊重されているんです。[187]」

国会質疑のなかでも、繰り返して主張した弥三の神武天皇実在論である。神武天皇実在論の否定は、日本の歴史を軽んじることだとする強引な自己肯定論の典型である。そのうえで弥三は、神話や伝説の尊重が欧米にも見られる普遍的な現象とまで言い切る。

神話や伝説が文化として、また芸術などの素材として人間の自由な解釈のうえで、人間の感情表現のひとつとして創作の対象とされたり、表現されたりすることはあろう。しかし、それが政治解釈として固定化・強制化され、そのうえで法整備の根拠にまでされることは許されるものではない。

政治と文化には、その意味では明確な線引きが有り得る訳である。この弥三の論理では、政治も文化も同一次元で何らの躊躇《ちゅうちょ》なく持ち出されてくるのである。

文化や宗教が政治行為を実現するための手段として、戦前の日本政治に恣意的に動員され、それが平和主義や自由主義を駆逐してきた歴史があった。そのことを弥三は、まったく考慮に入れないのである。

弥三は、同じく『経済時代』に「復活運動の将来と問題点」を寄せて、制定への決意を以下のように記す。

「私個人としても政治生命をかけて建国記念日の実現に努力する覚悟であるが、建国記念日、紀元節という問題は、それを祝おうという国家の自覚が一番大切な問題であり、そういうムードが国民の中から盛り上ることが肝要である。[188]」

弥三をして政治生命までかけると言わしめているのは、一体何であったのか。

そこには、神話の世界を真実の歴史とする思い込みのなかで、出発間もない戦後国家の在り様への根本的な否定や非難の思いが込められていたのか。理想とする国家とは、天皇が一元的に国民を束ねていく上意下達型の天皇独裁国家であったのだろうか。

政治生命をかけた紀元節復活

ところで戦前の紀元節は、一九四八年に戦前における国民の祝日《しゅくじつ》日《び》を制定した「休日ニ関スル件」

187　纐纈彌三「民族再建の一礎石に」（経済時代社編『経済時代』第二三巻第九号、一九五八年九月、三五頁）。

188　纐纈彌三「復活運動の将来と問題点」（経済時代社編『経済時代』第二五巻第二号、一九六〇年二月、三三頁）。

（昭和二二年勅令第二〇五号）の廃止により、終焉《しゅうえん》を迎えた。

しかし、その直後から紀元節復活に向けた動きが開始される。それは早くも一九五一年頃から顕在化しており、それは日本の民主化の動きと真逆のものであった。

民主化の動きにブレーキがかかり、いわゆる逆コースの流れの中で、自由民主党の衆議院議員等が議員立法として、「建国記念の日」制定に関する法案を提出するに至る。弥三の国会や評論の活動における紀元節復活論も、その流れに沿ったものであった。

その後、日本社会党や日本共産党などの反対により審議未了などが相次いだ。こうして「建国記念の日」の設置を定める法案は、併せて九回にわたり提出と廃案を繰り返すことになった。

そして、紆余曲折を経て最終的には、「建国」が歴史事実として二月一一日に行われたのではなく、「国が建てられた」（建国）という事象を記念する意味を込めて「の」を敢えて入れ、「建国記念の日」とすることで妥協が図られた。

そこでは神武天皇の即位という虚構は曖昧《あいまい》にされたまま、「二月一一日」が選定されるという妥協の産物として祝日日とされたのである。

この結果、「建国記念の日となる日を定める政令」（昭和四一年政令第三七六号）を定めて公布し、即日施行した。それが、一九六六年に制定され、翌年一九六七年二月一一日から適用されることになった経緯は良く知られている通りだ。

こうした、「二月一一日」を敢えて祝日日としたことは、結局のところ神話の世界を真実化する結果となり、それは歴史を否定する行為に等しいものであった。これには数多《あまた》の批判が各界から寄せられたが、そのうち一つだけ引用しておきたい。

批判の矢面に立つ

そうしたなかで、国会における紀元節復活を説く弥三の歴史認識を批判する書物がある。それは、大正天皇の第四皇男子（昭和天皇の実弟）である三笠宮崇仁《たかひと》が編者となって出版された『日本のあけぼの―建国と紀元をめぐって』である。

紀元節をめぐる議論が沸騰していた当時、極めて重要な観点が三笠宮の絶妙な編集方針の下、「三　歴史家の見た紀元節」と「四　紀元節問題をめぐって」において、山本達郎《たつろう》、関晃《あきら》、家永三郎、南博、辻清明《きよあき》、和歌森太郎ら錚々《そうそう》たるメンバーが寄稿している。

実は、ここに寄稿された小論で、弥三の国会発言が厳しく問われていた。

先ず、政治・行政学者の辻清明「紀元節問題の政治的視角」は、「K委員（自民党）」の発言を引用する。この「K委員」とは、言うまでもなく纐纈弥三のことである。

引用した個所は、「紀元節は、軍国主義につながるとか、あるいは天皇制につながっておる、関係があるというようなお話が、ちょいちょいでますけれども、紀元節それ自体の意味というものは、軍国主義につながっておらない。」という件《くだり》である。

辻は「この個所が、提案者（纐纈委員等）の意図を、もっとも明快に表現している」[189]としつつ、以下のような批判を展開する。

「紀元節復活に潜んでいる政治的意味は、したがって過去の天皇制や軍国主義が、同じ形で再現されるという直接権力の面にではなく、むしろ、ここで述べたように、必要に応じて自在に民衆の心理を特定の方向に操作できる象徴として、この上もなく政治的機能の効果が多き祝祭だという面にあることを理解し、同時に警戒すべきである。[190]」

社会矛盾への不満や反発を慰撫《いぶ》する政治行為として、天皇制及び天皇の行為を無条件に受容する国民意識と、それに抗しようとする人々への暗黙の抑圧、あるいは同意の強制性の問題は、繰り返し議論されてきた。そのことを辻は鋭く指摘しているのである。

さらに、同書に収められた東洋史学者の三島一《みしまはじめ》の「紀元節が復活したら」でも、次のように述べる件がある。

当時放送されていた文化放送の「マイクの広場　紀元節論議をめぐって」を聞いた一視聴者の声を先ず紹介する。

その声とは、「『〈復活賛成者の身元を洗ってみることですね。皆、むかし国民を不幸にした人たちですよ。〉と中野重治《しげはる》氏。ほんとに私たちはだまされてはならないと思いました。』と驚いている。[191]」としたうえで、以下のように記している。

「ここで、中野重治さんは、善意の復活賛成者をさしていない。同氏のさしているのは、「紀元節復活案説明の、うってつけの材」として、一昨年来、衆議院における「紀元節案」の提出者の代表的存在であるK代議士などである。氏は元特高課長、神官出身の肩書をもっている。[192]」

三島はこれも先ほどから国会審議における弥三の発言などを紹介し、その日本歴史観を徹底して批判する。「紀元節復活案説明の、うってつけの材」とされた弥三の歴史観を次のように指摘する。

「万世一系、八紘一宇、つまり明治帝国憲法の第一条「大日本帝国ハ万世一系ノ天皇之ヲ統治ス」であり、このような歴史を説き、教えさせることで、「愛国人」をうち立てようというわけである。これこそ現行憲法の改正、教育勅語への道をひらこうとするものだ。

189　三笠宮崇仁編『日本のあけぼの―建国と紀元をめぐって』(光文社、一九五九年、二一七頁)。
190　同右(二二〇頁)。
191　同右(二五二頁)。
192　同右。

この行き方が紀元節復活の真の意図であり、これに反対し、日本の歴史を科学的に研究し、また、それにもとづいて正しく教えようとするものは、いっさいアカときめつけて、今日に至っている。これで復活論者が、日本をどうひっぱっていこうとしているか、ほぼ、あきらかであろう。[193]」

完膚《かんぷ》なきまでの批判であり、事実上の紀元節復活である「建国記念の日」が制定されてしまった現在においても、繰り返しこの指摘の重みを確認していく必要があろう。

そのことを通じて、現在の日本社会に潜む戦前回帰の流れの起点が、どこにあって、しかもどのような内容を含みこんで存在しているかの問題に立ち返りつつ、それを教訓として未来を切り開いていく方途を紡ぎ出していくべきであろう。

193　同右（二五三頁）。

おわりに　平和と民主主義を実現していくために

現在、顕在化している戦前への回帰志向の、ひとつの出発点が最後の章で触れた「建国記念の日」制定にあるとすれば、戦後日本の右翼化・反動化に拍車をかけることになった弥三の言動の持つ意味は頗《すこぶ》る大きい。

因みに、「建国記念の日」は、「国民の祝日に関する法律（「祝日法」、一九五八年七月二〇日　法律第一七八号）に基づき制定された。同法律の第二条には、「建国記念の日」の趣旨を、「建国をしのび、国を愛する心を養う。」と規定する。

現在、日本には数多の祝日日が設けられているが、すべてが「祝日法」の規程に従い、日付が結締《けつてい》される。しかし、「建国記念の日」のみが「政令」で定めるとされ、当時の佐藤栄作内閣が「建国記念の日となる日を定める政令」（一九六六年　政令第三七六号）を定め、「建国記念の日」を「二月一一日」とした経緯がある。

制定には反対論を躱《かわ》すため、非常に回り諄《くど》く、ある意味で手の込んだ手法を用いた。それと言うのも、「建国記念の日」を一九四八年に廃止された「紀元節」と同じ日とすることに執着し、それを断固死守しようとした結果であった。

つまり、それだけ「建国記念の日」が事実上、「紀元節」の復活再生であることを確保しておきたい、との思惑が感じられる。

弥三は宿願であった「建国記念の日」が制定された折、次の評論を公表している。

「二月十一日という日を紀元節としたことは科学的根拠がないという反対論には承服できない。我々が我国の歴史としても伝えられている日本書紀に「辛酉歳《かのとのとりのとしの》春正月《はるむつきの》庚申《かのえたつの》〔辰〕朔《ついたち》神武天皇橿原宮《かしはらのみや》に即位、この年を天皇の始めとす。」と明記されている。

我が国の起源に六〇〇年のずれがあると説かれた那珂《なか》〔道世《みちよ》〕博士、神武天皇の存在は否定されていない。物質科学の範ということこそ、科学的根拠による究明は必要であり、また、可能であるが、人文科学の上で科学的根拠を云々することは無意味であり、むしろ不可能である。」[194]

弥三が引用しているのは、『日本書紀』のなかの「神武天皇元年正月朔《ついたち》の条」における「辛酉歳春正月庚辰朔　天皇即帝位於橿原宮　是歳為天皇元年」の一節である。

この年の春正月（立春）に一番近い庚辰日は、グレゴリオ暦換算で二月一一日に当たるとされ、それが日本の建国記念の日の由来とされてきたものである。

それにしても、弥三は先ほど引用した歴史観の危険性と非科学性への指摘を何と受け止めるだろうか。

ここに登場する那珂博士とは、「東洋史」の歴史概念を定義づけたことで著名な東洋史学者。ここで紹介されている「辛酉《かのととり》革命説」に基づいて、日本の紀年問題を研究したことで知られる。

いずれにせよ、戦後の新しい旅立ちのなかで、国の内外に向けて指針として掲げた平和と民主主義を実現する努力が、再び戦前的な価値観や国体思想等によって歪められ、現行憲法の理念をも棄損する画期として、「建国記念の日」の制定がある。

その画期とは「新たな戦前」を準備しようとするものと言える。その「新たな戦前」づくりに奔走したのが元特高課長の纐纈弥三であった。このことの意味は頗る大きい。

本書の「はじめに」で課題として三点を挙げたが、資料を引用しながら、その課題に答えるべく述べたつもりである。そこで得た一つの結論として、本書でも繰り返し強調したが、戦後に紀元節復活に奔走した弥三の行動が、やはり三・一五事件に示された日本共産党弾圧と結びついたものではないか、ということである。

弥三は戦後国政の場で、戦後版の〝三・一五事件〟を実行したことになる。

平和と民主主義の実現に向かうべき時代に神話の世界を盾にとり、国体思想を実体化しようとする

194　纐纈彌三「祝日法案の成立に思う」（経済時代社編『経済時代』第三一巻第七号・一九六六年七月、一一二頁）。

試みは、文字通り新たな戦前を用意するものである。その限りで、弥三の言動は、平和と民主主義の未来を切り開くためにも、批判的に検討しなければならないのである。

戦前において、生命の危険を賭して国体思想からの脱却を求め続けた日本共産党員やその支持者たちを弾圧し、戦争への道を内部から支えた弥三が、戦後は国会議員の身分となって、戦後理念を真っ向から否定しようとし、それが法制化される事態に及んだのである。

弥三自身が、そのことをどれだけ意識した上で、紀元節復活に奔走したかは俄《にわ》かに判断できないが、国会の内外での言動を総じてみた場合、そのように指摘せざるを得ないのである。

確かに戦前の如くの弾圧や拷問は無くなったかも知れない。しかし、事実において平和と民主主義を実現しようとする人々への規制と、精神への〝弾圧〟は不変である。それは精神的かつ思想的な弾圧と呼んでも良い。

三・一五事件と「建国記念の日」の制定は、国体思想の定着を図ったという点において、同質・同次元のものと言って良いのではないか。

そして現代政治のなかで、再び国体思想が幅を利かそうとしている。そうした動きを敏感に察知し、平和と民主主義を実現していくためにも、改めて纐纈弥三の軌跡を批判的に総括していくことが必要である。

そうでなければ、治安維持法と特高によって犠牲を強いられた人々の無念の思いは、いつまでも消えることはないであろう。

あとがき

本文でも触れたが、本書執筆の最大の動機は、纐纈弥三に関するたくさんの資料を閲覧する機会に恵まれたことである。「弥三日記」と本書で称した六年分の日記は、弥三の人柄を実に良く示すものであった。

非常に細部に亘り、家族や弥三自身の起伏の激しい感情表現から、読書や趣味、そして会社経営や神職への精励ぶりなど、その記述は多方面に及んでいる。

日記という性質上、他人に読まれることを前提として書かれていないだけ、それは「人間纐纈弥三」に自ずと肉薄可能な内容となっている。しかし、戦後になって弥三自身、日記がオープンにされることを覚悟の上で、これらの日記の実物を六冊、すなわち六年分を提供している。私は幸運にも実物を手にし、そのすべての複写を入手できた。

ただ、残念ながら警視庁特高課長時代の一九二七年から二八年にかけての日記は不在である。この両年に限り、日記は付けなかった訳ではないはずなので、何処かに存在しているかも知れない。

本書は、お読み頂ければ解るように、纐纈弥三には、ある意味大変に厳しい評価を下す結果となった。戦後日本社会の平和と民主主義の発展と成熟を願う立場からして、戦前回帰を志向する弥三の言動に賛意を表することは、どうしても出来ないからである。

だからと言って、それはあくまで弥三の歴史観念や政治思想に関わってのことであって、纐纈弥三には、同郷同姓の誼《よしみ》で言う訳ではないが、その郷土愛や家庭愛には心打たれるものも少なくない。日記に記述された弥三自身と御遺族にとっては、プライバシーに関ることも登場するが、彼が生きた時代の郷土や家庭をも含めて人間纐纈弥三に少しでも迫りたいと思ったが故のことであり、御了解頂きたいと思う。

実は、本書を執筆する過程で中津川市役所から纐纈弥三に関連する記念館があると聞き及んだ。それは、弥三の親族の方が運営する「大津屋記念館　さかぐら」（中津川市蛭川中切区一〇七三番地）のことである。その二階部分に纐纈家所有の美術品や関係写真などが展示されているという。但し、常時は開館していないとのことである。

私の実家の近くでもあり、事前に管理者の方に連絡し、帰省のついでに訪問させて頂こうと準備していたが、今日のコロナ禍で帰省も記念館訪問も諦めざるを得なかった。

本書を書き終えて心残りであるが、コロナ禍の終焉は見込薄にしても、終息の兆しでも出てきたら訪問したいと思う。

弥三は、国会議員を辞した後の一九六七年二月から一九七四年七月まで、新東京国際空港公団の監事に就いた。それから、四年後の一九七八年に東京都墨田区にある同愛《どうあい》記念病院で肺炎のため死去する。

その日は奇しくも、三・一五事件が起きた日と同じ、「三月一五日」であった。偶然とは言え、何かしら因縁を強く感じてしまうのは、この間たくさんの資料を通じて纐纈弥三と向き合ってきた故であろうか。

ところでコロナ禍で一段と厳しさを増す出版状況のなかで、このような本を出版できたのは、ひとえに新日本出版社の田所稔社長の御蔭である。

同出版社からは『「聖断」虚構と昭和天皇』（二〇〇六年）、『憲兵政治―監視と恫喝の時代』（二〇〇八年）、そして田所氏に御世話になった『戦争と敗北―昭和軍拡史の真相』（二〇一九年）に続き、四冊目となる。

田所氏からは前作に引き続き、本書の内容についても的確なアドバイスと、いくつかの資料を提供頂いた。重ねて御礼を申しげたい。

二〇二〇年夏　戦後七五周年を迎えた八月一五日の日に

纐纈厚

【纐纈弥三の略歴】

一八九三年　岐阜県蛭川村に生まれる（12月19日）
一九二〇年　久子と結婚（2月）、京都帝国大学法学部卒業（3月）、内務省に入省（7月）、愛知県属（10月）。高文試験合格（10月）
一九二一年　北海道庁警視・警察部保安課長（12月）
一九二三年　北海道石狩支庁長（3月）、北海道空知支庁長（10月）
一九二四年　北海道庁事務官（12月）
一九二五年　兵庫県外事課長（1月）
一九二六年　長男康夫病死（10月）、久子病死（12月）
一九二七年　警視庁特高課長兼外事課長（5月）
一九二九年　シマと再婚（4月）、茨城県警察部長（5月）
一九三一年　静岡県警察部長（6月）、三重県警察部長（12月）
一九三二年　外務省アジア局第二課事務官（8月）、領事・上海在勤（11月）
一九三四年　兼関東局書記官（4月）、勲五等旭日双光章を叙勲（4月）
一九三五年　宮城県警察部長（1月）
一九三六年　兵庫県警察部長（4月）、以後大分県知事就任まで、茨城、静岡、三重県の警察部長を歴任
一九三七年　従五位から正五位に叙位（9月）
一九三九年　大分県知事（4月）

一九四一年　文部省社会教育局長（1月）
一九四二年　文部省普通学務局長（5月）、文部省国民教育局長（11月）
一九四三年　退官（1月）
一九四六年　公職追放（10月）
一九五一年　公職追放解除（10月）
一九五五年　衆議院議員・岐阜二区（2月～六六年12月）
一九六〇年　文部政務次官（12月～六一年7月）
一九六三年　大蔵政務次官（7月）
一九六四年　科学技術政務次官（7月）
一九六五年　秋の叙勲で勲二等瑞宝章を受賞（11月）
一九六七年　政界を引退（1月）、新東京国際空港公団監事（2月）
一九七四年　同辞任（7月）
一九七八年　肺炎のため同愛記念病院で死去（3月15日）

纐纈　厚（こうけつ　あつし）
1951 年岐阜県生まれ
一橋大学大学院社会学研究科博士課程単位取得退学。
現　在　明治大学特任教授（研究・知財戦略機構）、国際武器移転史研究所客員研究員。山口大学名誉教授。政治学博士、日本近現代史、現代政治論専攻。
主な著書　『「聖断」虚構と昭和天皇』『憲兵政治』（ともに新日本出版社、2006、2008 年）、『防諜政策と民衆』（昭和出版、1991 年）、『侵略戦争　歴史事実と歴史認識』『暴走する自衛隊』（ともに筑摩書房、新書、1999 年、2016 年）、『日本海軍の終戦工作　アジア太平洋戦争の再検証』（中央公論社、新書、1996 年）、『日本陸軍の総力戦政策』（大学教育出版、1999 年）、『近代日本政軍関係の研究』『文民統制　自衛隊はどこへ行くのか』（ともに岩波書店、2005 年）、『戦争と平和の政治学』（北樹出版、2005 年）、『監視社会の未来』（小学館、2007 年）、『侵略戦争と総力戦』（社会評論社、2011 年）、『日本降伏　迷走する戦争指導の果てに』（日本評論社、2013 年）、『日本政治史研究の諸相』（明治大学出版会、2019 年）、『重い扉の向こうに　歴史和解と戦前回帰の相克』（緑風出版、2020 年）など多数。

戦争《せんそう》と弾圧《だんあつ》——三《さん》・一五《いちご》事件《じけん》と特高《とっこう》課長《かちょう》・纐纈《こうけつ》弥三《やぞう》の軌跡《きせき》——

2020 年 10 月 30 日　初　版
2021 年　2 月 15 日　第 2 刷

著　者　纐　纈　　厚
発行者　田　所　　稔

郵便番号　151-0051　東京都渋谷区千駄ヶ谷 4-25-6
発行所　株式会社　新日本出版社
電話　03（3423）8402（営業）
03（3423）9323（編集）
info@shinnihon-net.co.jp
www.shinnihon-net.co.jp
振替番号　00130-0-13681

印刷　亨有堂印刷所　　製本　小泉製本

落丁・乱丁がありましたらおとりかえいたします。

ISBN978-4-406-06513-9 C0031　Printed in Japan